GOLD HOLZ STEIN

Stefan Wiesner
Gisela Räber

GOLD
HOLZ
STEIN

Sinnliche
Sensationen
aus Wiesners
alchemistischer
Naturküche

Fotografiert von
Andreas Thumm und
Gerhard Poschung

AT Verlag

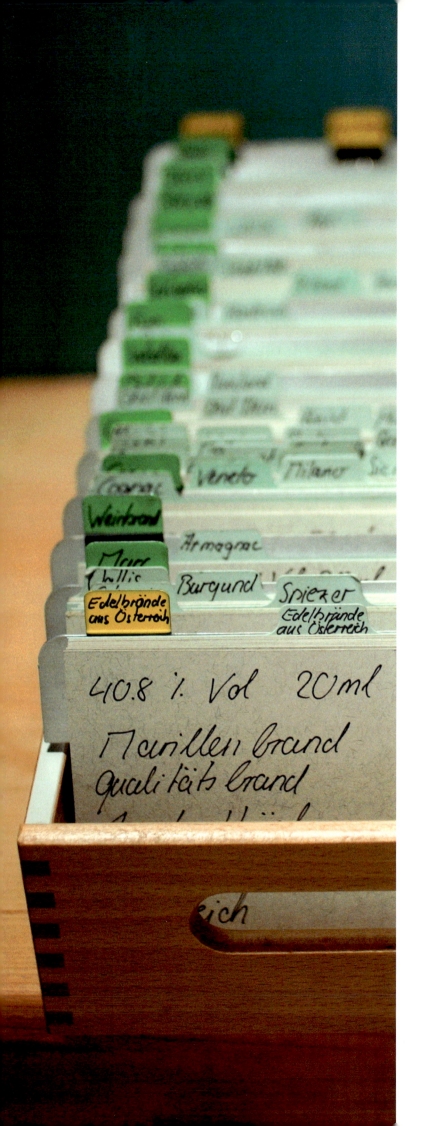

Vorwort	7
Wiesners Welt I	**9**
Der Kochpoet Stefan Wiesner	11
Stefan Wiesners Kochphilosophie	12
Alchemistisches Geköch	14
Kochphilosophische Überlegungen	15
Ingredienzien	**17**
Ingredienzien: Markus Zehnder, Drogist	18
Gold und Silber	20
Napfgoldfieber/Heu und Emd vom Brandhoger: Franz-Josef Wicki, Biobauer und Goldwäscher	22
Heu und Stroh	24
Unser Klassiker: Heusuppe	25
Holzküche	26
Holz: Franz Stadelmann, Schreiner	29
Holzkohle	30
Napfköhlerei: Willi Renggli, Köhler und Bauer	31
Asche	32
Stein	33
Moos, Farn, Alpenrosen & Co.	34
Sinnliche Sensationen:	
Acht Menüs im Lauf der Jahreszeiten	**36**
Menü 1: Amy und Jo	**37**
Weisse Salamisuppe mit Zimt-Scampi-Spiess	38
Thunfischcarpaccio mit Tomatenmarinade, Olivenöl-Ingwer-Sorbet und schwarzen Olivenmeringues	40
In Marsala geschmorte Lammhaxe auf Rucolasalat und Rhabarberküchlein	42
Würfelravioli, gefüllt mit würzigem Rindsmark und Wasabikern auf Fischrisotto-Sauce	44
Rothirschrücken in Wacholderkruste auf Campari-Gin-Hirschragout mit Curry-Joghurt-Hirschwurst	46
Holunderblüten-Quarkköpfchen auf Rüeblitorte und Rüebli-Crème-Brulée mit frittierten Holunderblüten	48
Entlebuch, das erste Biosphärenreservat der Schweiz	50
Biosphäre Entlebuch: Theo Schnider, Direktor	52
Mühle: Jakob Wicki, Müller	56
Puuremärt: Pia Wicki, Bäuerin	57
Direktvermarktung: Elsbeth und Walter Thalmann, Bauern	58
Menü 2: Frühlings-ROLLE	**59**
Rosenholz-Sirtensuppe mit Frischkäse	60
Damhirschtatar mit Sommertrüffel auf Sauerrahmküchlein mit Löwenzahnblüten- und -blätteröl	62
Gitziwürstchen mit Morcheln auf Brezelknödel mit Wildspargeln und Champagner-Hollandaise	64
Mit Sardellenpüree gefülltes Eigelb auf frischen Bärlauchnudeln mit milder Specksauce, Portweinjus und Bärlauchstroh	66
Kalbsfiletmedaillon, mit Rottanne geräuchert, und irischer Lachs in Kartoffel-Brennnessel-Mousse	68
Spanisches Brot mit süssen Gemüseessenzen und Auberginen-Limetten-Glace	70

Inhaltsverzeichnis

Edle Würste	72
Wurstrezepte	74
Bergbachforellen: Franz Portmann, Fischer	76

Menü 3: Druidentum — 77

Alpenrosenblätter-Schrattenstein-Suppe mit
Alpenrosenblütenöl und Alpkäse-Chips — 78

Forellenparfait mit Johannisbeersauce auf Kressegelee,
mit Forellentatar und aschiertem Forellenlebertruffe — 80

Gebratene Entenbrust, Orangenravioli mit Entenkeule
und Entenleber, Entenfiletmousse im Haselnussblatt — 82

Kaninchen-Strudelteigtäschchen auf rotem und gelbem
Peperonicoulis mit Lavendel und Amarettibrösel — 84

Ying-Yang von Sommerrehbock-Rücken und Kalbsfilet
in der Poulethaut, auf grünen und roten Linsen — 86

Sorbet von schwarzem Pfeffer auf Erdbeer-Erbsen-
Kompott, garniert mit Kefenpralinen — 88

Käse und Käsereien	90
Alpkäse: Regula und Toni Vogel	91
Dorfkäserei: Fredy Studer	92
Käsespezialitäten: Pia und Heinz Stalder	93
Biogemüse: Anita und Ruedi Lischer, Biohof	94

Menü 4: Badenixen — 95

Kirschensuppe total — 96

Bachforellenfilet und Schokoladen-Blutwurst auf
Zwiebelbrot, mit Olivenölcreme und Tomatenkonfitüre — 98

Stubenküken im Cohiba-Zigarrenrauch mit
Polenta und Maisgarnitur — 100

Schwarze Tortellini mit geschmorten Tauben und
Tintenfisch, mit Thunfischsauce und Moscardini — 102

Rehnüsschen vom Sommerbock mit Schwarztee
geräuchert, mit Sonnenblumen-Rehhackplätzchen — 104

Heidelbeerkompott mit Heidelbeerblättern,
Heidelbeersorbet, Sauerrahm und geröstetem Mehl — 106

Wein: Ines und Thomas Bisang, Dagmersellen	108
Edelkrebse: Guido Muff, Fischer	112

Menü 5: On the Road — 113

Stein-Moos-Suppe mit Forellennocken — 114

Kalbskopf mit Thaicurry-Kutteln und Soppensee-Krebsen — 116

Wachtelbrüstchen im Birkenblatt, mit Wachtel-Birkenholz-
Confit gefüllte Cherrytomaten auf Zwiebel-Tarte-Tatin — 118

Kartoffelkugeln, gefüllt mit Steinpilzen, garniert mit
Farnsprossen und mit Nussbutter übergossen — 120

Geräuchertes Alpschweinmedaillon, Hühnerwurst mit Kaffee
und weisser Schokolade, Stroh-Talisker-Whisky-Sauce — 122

Leicht flüssiger Schokoladenpudding mit Sauerkraut-
Limetten-Glace und Blattsilber — 124

Jagd im Entlebuch: Hans Zemp, Jäger	126
Gemsjagd: Fritz Portmann, Jäger	128
Pilze: Erika und Sepp Bieri, Bergbauern	130

Menü 6: Berg und Meer — 131

Reh-Tintenfisch-Kürbis-Päckchen mit schwarzem Tinten-
fischgelee und Eichenholz-Gemüse-Tintenfischbrühe — 132

Pilz-Trüffel-Tiramisù mit Portwein-Honig-Sauce — 134

Chorizo-Rehwurst mit Crevetten, Borlottibohnenküchlein,
Hagebuttensalsa und panierte Kokosnussmilch — 136

Steinbockpfeffer-Crêpe-Köpfchen mit Espresso — 138

Gamsrücken, gefüllt mit Stockfisch, Miesmuscheln in
Apfelweinsauce, Lauchstroh, Goldhirse-Pinien-Apfel — 140

Süsses Rehleberparfait auf Kakaoblätterteig — 142

Räuchereien	144
Selber räuchern ganz einfach	145
Feuer und Schnee: Geräucherte Schneeflockensuppe	146

Menü 7: Schneegestöber — 147

Geräucherte Schneesuppe mit Trüffel-Eischneehaube — 148

Weihnachtskarpfen, mit Essig und weissem Kabis gebeizt,
mit Karpfenmortadella, Kohlesenf und Dörrbohnenpüree — 150

Alpgänselebermousse auf gebratener Lebkuchenscheibe — 152

Radicchioklösse mit Salami an weisser Kaffeesauce — 154

Gebratenes Rindsfilet in der Lederschleife, mit Ochsenschwanzköpfchen, Avocadocreme und Muskatkürbispüree — 156

Zigerpudding mit Marc auf Eisweinparfait, Weinschaum,
Traubensaftsauce, Trester und Rebenholzasche — 158

Edelbrand: Käthi und Ivano Friedli-Studer, Destillerie	160
Luzerner Fasnacht	162

Menü 8: Geister — 163

Rottannenholzsuppe mit Vongole — 164

Forelle blau mit eingesäuerten Karotten an Buttersauce — 166

In Barolo pochierte, gebratene Kaninchenwurst auf Griess-
schnitte, gesottene Kaninchenleber, Gewürzpaste — 168

Mangoldwickel, gefüllt mit Daube de Bœuf,
an saurer Most-Baumnuss-Sauce — 170

Lammkarree in der Weidenrinde auf Lasagne aus Lammbolognaise, Sbrinzsauce, gebackenen Kastanienteigblättern — 172

Randenküchlein und weisses Heu-Schokoladenmousse,
Kumquatskompott und Cassis-Kürbiskernöl-Sauce — 174

Ausklang: Schlafen auf dem Bauernhof	176

Wiesners Welt II — 177

Gasthof Rössli	178
Gaschtig	179
Monika Wiesner	180
Das «Rössli»-Team; Christian Häfliger und Lukas Zihlmann	182
Beat Müller, 3. Lehrjahr	183
Sonja Brun, Köchin	184

Grundrezepte — 186

Adressverzeichnis	190
Rezeptverzeichnis	191
Dank, Bildnachweis und Literatur	192

Widmung

Der Natur und den Geniessern...

Ich schätze die Natur, dass ich bei ihr Gast sein,
ihre Erzeugnisse und Kraft benutzen darf,
sie mich gewähren lässt und wir so in Einklang leben können.
Ebenso sind die Geniesser Gast bei uns,
sei es im «Rössli» oder im Buch.

Vorwort

Neue Denkhorizonte in der Küche

Haben Sie schon einmal daran gedacht, durch Apfelblüten getropftes Regenwasser aufzufangen, um damit eine Apfelblütensuppe zu kochen? Das ist Stefan Wiesners neuste Idee.
Für uns ist er der ungewöhnlichste und inspirierendste Kochpoet, den wir kennen. Jedes seiner Menüs ist ein Strauss von Überraschungen, von bisher nie geschmeckten, nie gedachten Kombinationen, und ständig wachsender Neugierde auf den nächsten Gang, das nächste Menü. Gastronomie, wie wir sie uns wünschen, die nicht nur den Bauch, sondern auch Kopf und Herz mit neuer Nahrung füllt. Ein poetischer Genuss für alle Sinne …

Wir waren bereits langjährige, treue und begeisterte Gourmet-Gäste und Fans von Stefan Wiesner, als uns die Idee kam, zusammen mit ihm und über ihn ein Kochbuch zu schreiben. Gemeinsam hatten wir schon unzählige Diskussionen geführt über Koch- und Gastrophilosophisches, Spitzenküche, regionale Produkte, seine neusten Ideen. Was anfangs noch bei jedem neuen Besuch als «running joke» zwischen uns hin und her ging – jaja, das Kochbuch, Stefan Wiesner war das Ganze noch gar nicht geheuer –, nahm mit der Zeit immer mehr konkrete Gestalt an, bis wir uns im Frühling 2002 auf die Suche nach einem Verlag machten und ihn sogleich in unserem Wunschverlag AT fanden.

So viel Idealismus und spielerischer Mut, sich von gängigen Vorstellungen über das Kochen zu lösen, so viele innovative Ideen und humorvolle Betrachtungen sollten, das war unsere Überzeugung, einem grösseren Publikum zugänglich gemacht werden – von den Rezepten ganz zu schweigen. Von Anfang an war uns klar, dass es sich nicht um ein reines Kochbuch handeln konnte, so wie Stefan Wiesner nicht einfach nur Koch ist. Es sollte ein poetisch-philosophisches Koch-Geschichten-Buch werden und dem Leser eine ganze Welt eröffnen, die Denk- und Lebenswelt eines ungewöhnlichen Kochkünstlers. Von seinen Anschauungen erzählen und vom Entlebuch, in dem sie gewachsen sind. Von den Produzenten, dem Ursprung der Produkte. Vom Team und dem ganzen Netzwerk, das Stefan und Monika Wiesner über die Jahre unermüdlich geknüpft haben nach dem Motto, «es kann uns nur gut gehen, wenn es allen rundum gut geht».

Es ist auch das Porträt einer Region, die neue Wege sucht und geht in Landwirtschaft, Tourismus und nachhaltiger Entwicklung – mit dem ersten Unesco-Biosphärenreservat der Schweiz. So einzigartig die Geschichte vom «Rössli» und vom Entlebuch einerseits ist, steht sie doch zugleich stellvertretend für die derzeitige Entwicklung vieler Regionen. Eine Entwicklung hin zu neuem Bewusstsein für regionale Eigenheiten und Spezialitäten sowie die Nutzung eigener Ressourcen. Ebenso gibt es noch viele andere Querdenker, die Bestehendes hinterfragen und unerschrocken Visionen verwirklichen.

Mutige Kochavantgardisten bringen die Kochkunst erst weiter. Uns persönlich hat Stefan Wiesner neue Ess- und Kochhorizonte – und im Kochen neue Denkhorizonte – eröffnet, uns damit tief inspiriert, und das möchten wir gerne mit Ihnen teilen.

Gisela Räber und Markus Kuhn

Rückkehr ins Entlebuch

«Bevor ich abzweige zum Haus an der Entlen, wo ich viele freie Tage verlebt habe, fahre ich hinauf zum Finsterwald. Was für ein dichterischer Name für eine Erdgasfundstelle und zugleich für ein Langlaufgebiet mit Loipen durch unberührte gefrorene Moorlandschaften! Gibt es ein Land, das nach Rothenthurm reicher ist an Torf- und Hochmooren als das Entlebuch? Fuchserenmoos, Geuggelhusermoos, Mettelimoos …
Auf Finsterwald bietet sich gegen die Abendsonne hin ein einmaliger Ausblick über das ganze Tal. … Und überall am Strassenrand die kleinen, geheimnisumwitterten weissen Häuschen.»

Dominik Brun, Entlebucher Schriftsteller
(«Notlandung im Entlebuch»)

Wiesners Welt I

Der Kochpoet Stefan Wiesner

«Kochen, was Gott verboten hat»

Stefan Wiesner, frecher Goldsucher und Steinsieder, bescheidener Küchenzauberer, kulinarischer Alchemist, scheuer Handwerker mit Tiefgang, ist in seinem Denken und Erleben ein Künstler. Einer, der sich künstlerisch in der Küche auslebt und Kochen als Poesie erfährt. Es sind diese sprudelnde Kreativität, die Verrücktheiten, die Inspirationen, die von überallher kommen, der Drang, sich damit auseinander zu setzen und sie umzusetzen in Geschichten und Gerichten. Geschichten führen zu seinen Gerichten, Gerichte erzählen Geschichten. Er malt auf die Leinwand des Tellers, und das Kunstwerk ist diesmal zu unserer Freude essbar.

Der Künstler und der Wirt liegen aber auch ständig im Widerstreit miteinander und zwingen Wiesner, Kompromisse einzugehen. Mit den Jahren hatten die «Rössli»-Gäste, die Dorfbevölkerung und einige Durchreisende, seine Küche immer weniger verstanden. Er war ihnen zu weit gegangen. Die Einheimischen aber sichern dem «Rössli» das Überleben. So musste er einen Weg finden zwischen den Gegebenheiten einer traditionellen, bodenständigen Umwelt und dem Ausleben seiner künstlerischen Ader. Zwischen Altbewährtem und unkonventionellen Neuinterpretationen. Eine ständige Gratwanderung.

«Blickt nicht nach links oder rechts, sondern hat seine Küche im Alleingang entwickelt» (GaultMillau), «ein praktischer Visionär, der das Unglaubliche kochend herbeizaubern will» (NZZ), «die Kühnheit eines mächtigen Talents», «erdverbundener Gastrosoph mit galoppierenden Ideen», «furiose Meisterschaft des Geschmacks», «Weiser des Magens», Ausnahmeerscheinung und Naturkoch-Rebell, und was der Attribute sonst noch waren, die er über die Jahre erhalten hat: Sie beweisen, dass sich sein beharrlicher, unerschrockener Weg gelohnt hat, entgegen allen Warnungen, sich fernab von Städten auf das Experiment Gourmetküche einzulassen.

Stefan Wiesner erhält seine Inspirationen aus Landschaft, Jahreszeiten, Natur. Aus seiner Umgebung und Heimat, dem Entlebuch. Aber ebenso auch aus der weiten Welt, von Reisen, Menschen, Kulturen, oft nur schon aus gehörten Geschichten. Es ist dieses Spannungsfeld von Heimat und Ferne, von Vertrautem und Fremdem, das aber auch wieder keines ist, da sich Nah und Fern durchdringen. Er will sich denn auch nicht reduzieren lassen auf den Entlebucher Regionalkoch. Er geht durch die Welt mit grosser Offenheit und unbändiger Neugierde, nimmt alles auf und verarbeitet seine Eindrücke, einheimische wie exotische, in der Küche. Er extrahiert die Essenz aus Pflanzen, Hölzern, Steinen. Er tüftelt, probiert, erfindet, um einen Gedanken zu verwirklichen oder verblüffende neue Geschmäcker und Düfte zu entdecken. Das ist der Alchemist, der alles irgendwie Essbare, das die Natur hervorbringt, in «Gold» zu verwandeln versucht – Gold im Sinne eines kostbaren Schatzes, der uns über den Gaumen und über alle Sinne bereichert. Die geschmacklichen Schätze liegen oft verborgen in unscheinbaren Dingen im Wald oder am Wegesrand. So ist seine Küche auch keine offensichtliche Naturküche. Eher selten präsentiert die Natur sich mit Blumen, Kräutern und Blättchen ursprünglich und üppig und um ihrer selbst willen auf seinen Tellern. Sie ist verborgen, Essenz, subtil hineingearbeitet, raffiniert verpackt.

Wiesner liebt es zu philosophieren, seine Welt ist magisch und poetisch, alles ist mit Leben erfüllt. Gleichzeitig ist er ein Perfektionist am Herd, der höchste Ansprüche an Qualität und Verarbeitung stellt. Und ein Idealist, der immer gross und weit denkt, an alle rundherum, das Team, die Familie, das Dorf, die Bauern, die «Gaschtig». Es soll allen gut gehen. Er will alles, was er tut, richtig und ehrlich tun. Bescheiden, witzig und nie ganz zufrieden mit sich selbst. Immer weiter auf der Suche nach Neuem, nach der perfekten Harmonie.

Stefan Wiesners Kochphilosophie

«In allem die geschmacklichen Schätze suchen»

«Mir geht es vor allem um drei Dinge: Ehrlichkeit, die Verbundenheit mit der Natur und das Hinterfragen. Um etwas zu verstehen, muss ich es sehen, muss um den Hintergrund wissen und genau fragen, weshalb etwas so ist. Und wieso es nicht auch anders geht. Daraus ergeben sich Gedankenkreise, Verbindungen, logische Überlegungen und Weiterentwicklungen.

Man kann zum Beispiel ein bestehendes Gericht auseinander nehmen und neu zusammensetzen, so wie ich es beim Ratatouille gemacht habe, das zu einer Auberginenglace mit süssen Gemüseessenzen geworden ist. Wenn der Wein in Eichenfässern lagert, weil das Eichenholz ihm die Säure nimmt und Aromen abgibt, kann ich als logische Weiterentwicklung auch Sauerkraut mit Eichenholz kochen, um den gleichen Effekt zu erhalten. Oder ich finde neue Kombinationen, weil gewisse Dinge zusammen in einem Gedankenkreis stehen, wie Torf, Alpschwein, Stroh, Talisker-Whisky und Kornblume, oder zusammen im gleichen Lebensraum vorkommen, wie Bachkieselsteine, Moos und Forelle. Ich frage mich immer, weshalb kann man dieses und jenes nicht auch anders machen?

Das Durchdenken, Fertigdenken eines Gerichts ist mir ebenfalls wichtig. Alles zu verwenden, was zu einem Thema oder einer Zutat gehört, alles, was eine Pflanze hergibt, so etwa beim Riesling x Sylvaner den Wein, den Marc, den Traubensaft, aber auch das Rebholz und den Trester. Oder wenn ich das Mistkratzerli, das mit Mais aufgewachsen ist, mit allen Teilen vom Mais serviere. Das Forellenparfait mit Forellenhaut und -leber. Die Kirschensuppe mit der Frucht, dem Stein, dem Stiel und dem Holz der Kirsche koche, die ganze Pflanze verwende, nicht nur die eigentliche Frucht. Zum Fertigdenken gehört für mich manchmal auch, den Kreislauf der Natur mit Asche zu schliessen, indem ich eine Zutat verasche.

Die Natur ist meine grösste Inspiration, sie ist das Grossartigste überhaupt. In der Natur erhole ich mich und habe gleichzeitig die meisten Ideen. Ich schaue genau hin bei meinen Streifzügen, spinne Gedanken und träume. Ich bin im Entlebuch aufgewachsen und kenne es wie meine Hosentasche. Meine Küche ist sehr stark verwurzelt mit meiner Heimat. Am besten koche ich da, wo ich alles kenne. Das Thema ist die Enge und Begrenztheit des Entlebuchs, des Tals. Sie drückt sich in der Begrenztheit der Zutaten aus – beispielsweise zunächst nur die Gemüse-, Früchte- oder Fischsorten zur Verfügung zu haben, die hier vorkommen.

Aber ich will mich auch nicht beschränken auf das Entlebuch und mich nicht darauf begrenzen lassen. Gleichzeitig bin ich weltoffen und will die Welt zu mir holen. So wie die importierte Fremde auch im Entlebuch eine Realität ist. Wir sind nicht mehr ein von der Welt abgeschlossenes Tal. Wie die Muscheln in der Rottannensuppe oder die Crevetten in der Heusuppe, diese Meerestiere in Milch, Rahm und Heu, das ist für mich ein Bild für die importierte, allgegenwärtige Fremde in der Heimat. Ich gehe einen Schritt weiter und gebe dem Traditionellen noch einen Kick. Ich kann ja nicht auf der Alp sitzen bleiben … Wir setzen das Holz oder das Heu in die Welt hinaus, so dass es auch in Hamburg oder New York gut daherkommt.

So weit wie möglich und erhältlich verwende ich nur einheimische Produkte. Erzeugnisse aus der Region sind frisch, unverfälscht und saisongerecht. Sie sind auch preiswerter und qualitativ besser, sie brauchen keine langen Transportwege, und die Wertschöpfung bleibt in der Region – es gibt nur Vorteile. Gerne verwende ich Bioprodukte, aber die regionale Herkunft kommt für mich ganz klar vor der Bioqualität. Ich kenne die Nahrungskette bis zum einzelnen Bauern, kenne seine Einstellung und Überzeugung und kann ihm vertrauen. Die Bauern sind mir sehr wichtig, und ich habe sie ermutigt, eigene Produkte herzustellen und selbst zu vermarkten, gemeinsam einen Bauernmarkt aufzuziehen oder Übernachtungen auf dem Hof anzubieten.

Ich engagiere mich für die Biosphäre und bin Mitglied der Markenkommission ‹echt entlebuch› und von ‹Biosphären-Gastropartner›. Ein Biosphärenwirt verpflichtet sich, vorwiegend Produkte aus der Region zu verwenden, so weit es sie im Entlebuch gibt, und verwirklicht damit die Biosphärenidee täglich im eigenen Restaurant.

In meiner Küche geht es darum, aus einfachen, einheimischen Produkten etwas Spezielles, Ungewöhnliches zuzubereiten. Bäuerliche Produkte faszinieren mich. Armeleutegerichte und alte überlieferte Rezepte, in denen verwendet wurde, was es gerade gab, sind vielfach der Ausgangspunkt. Der Inbegriff dafür ist für mich die Wurst, ein Resteverwerter. Solche einfachen Gerichte zu veredeln, das Einfache zu ehren ist mir ein Anliegen.

Man spricht von Exotisch, Crossover, Spinnerei … Eigentlich aber ist alles alt, alles hat es irgendwo schon gegeben. Das Entlebuch war vor Millionen von Jahren noch ein subtropisches Meer, in den Felsen finden sich überall versteinerte Muscheln. Berg und Meer – alles durchwirkt sich, wenn man weit genug denkt. Die Kombination von Fisch und Fleisch beispielsweise kommt in vielen traditionellen Küchen vor, die Paella in Spanien, das Vitello Tonnato in Italien. Oder die Schokolade in der Küche des Piemonts oder Mexikos, das ist alt, gilt aber hier gleich als «verrückt». Neu sind nur meine Sachen mit Stein, Holz, Kohle, Stroh.

Alles kann ich nicht erklären in meiner Küche. Vieles sind einfach Gedanken oder Gefühle, die dann zu etwas führen. Ich bin den ganzen Tag im Kochdenken drin, in einer anderen Denkwelt, da hat man manchmal einfach Gedanken, die nicht erklärbar sind. Inspirationen – oft auch auch nur Gedanken oder Gefühle – kommen von überall her und verdichten sich zu einer Wolke von Möglichkeiten und Ideen. Ich denke über die Herkunft oder Geschichte von Zutaten nach, und eine Idee taucht auf. Oder etwas ergibt sich zwingend, wenn ich an die Körperarbeit der Verdauung denke. Mir schwirren auch viele Kochbücher und Kochzeitschriften durch den Kopf. Dann kombiniere ich und überlege, was ich mit meinen einheimischen Produkten in dieser grossen weltoffenen Küche machen kann. Wie kann ich etwas davon bei mir einfliessen lassen, welche Techniken von Ferrá oder anderen kann ich übernehmen und in meine Küche übersetzen?

Mein Vorbild ist die Küche des Piemonts, wo nur gekocht wird, was dort auch gedeiht. Meine Vor- und Leitbilder unter den grossen Köchen Europas sind mein ‹Kochgötti›, der Chrüteroski (Oskar Marti), dann Michel Bras, Adrian Ferrá – der wohl extremste Koch der Welt –, Gualtiero Marchesi, Stefan Marquard, Eckart Witzigmann, Hans Haas, Jean Christophe Novelli, Johanna Maier, Karl und Rudi Obauer – vor ihnen allen habe ich grossen Respekt.

Ich bin nicht unbedingt ein sehr guter Praktiker, sondern mehr ein Analytiker, der neue Verbindungen schafft, nach dem Wieso und Warum fragt. Ich weiss, was gut ist und wie etwas sein muss. Und um das zu wissen, muss ein Koch unbedingt gerne essen.

Der Kochberuf ist ein Handwerk. Eines, bei dem man rundherum in andere Handwerke hineinsehen kann: in das des Metzgers, des Käsers, des Bäckers, des Weinbauern, bis hin zur Herstellung von Spirituosen und Zigarren. Ich frage selbst noch die Schreiner und Sager, die Bauern, die Jäger, Steinmetze und alte Leute aus. Da ist überall riesiges Wissen vorhanden. Das Interesse für das alte Kochhandwerk nimmt wieder zu, man will vieles wieder selber herstellen. Die neuen Entwicklungen mit Fertigprodukten und Convenience-Food machen mir Sorgen, aber sie bringen auch verstärkt eine Gegenbewegung hervor, das Bewusstsein und Interesse für unverfälschte Produkte, für naturgerechten Anbau, für echtes Geniessen. Der Erfolg der Slow-food-Bewegung ist ein gutes Beispiel für diesen Gegentrend.

Kunst? Die absolute Kunst ist, etwas so zu machen, dass die Gäste zufrieden sind.»

Alchemistisches Geköch

Trennen, reinigen, zusammenführen …

Genau genommen ist jeder Kochvorgang alchemistisch, ist jede Küche ein alchemistisches Labor: Materie wird durch verschiedene Techniken und Vorgänge verändert und nutzbar, geniessbar gemacht. Substanzen werden in ihre Einzelteile getrennt, von allen unbrauchbaren oder ungeniessbaren Bestandteilen gereinigt, mit anderen gereinigten Substanzen zusammengeführt und im Sinne einer Veredelung zu einem neuen Ganzen vereinigt, das besser ist als die einzelnen Ausgangsmaterialien. Diese Beschreibung trifft auf jedes Gericht zu.

Alchemie war immer eine Geheimwissenschaft. Alchemisten waren eine Art frühe Naturwissenschaftler, die erkennen wollten, «was die Welt im Innersten zusammenhält». Gleichzeitig waren sie oft auch Ärzte und Philosophen, einer der bekanntesten unter ihnen Paracelsus aus Einsiedeln (1493–1541).
Die Alchemie beruht auf einem ganzheitlichen Weltbild, dem Prinzip «einer in allen Dingen webenden Wechselwirkung» von Natur und Kosmos, Geist und Materie. Auf der Suche nach diesem Zusammenhang aller Dinge durchliefen die Alchemisten drei Schritte: Separatio, die Auftrennung der Materie in ihre letzten untrennbaren Elemente («Atome»), Purificatio, die Reinigung der Elemente oder Substanzen von allen Beimischungen oder Verunreinigungen, und Cohobatio, die erneute Zusammenführung der reinen Elemente zu einer neuen, edleren Substanz. Alchemie ist die Kunst des Scheidens – das Grobe vom Feinen, das Unedle vom Edlen – und die Kunst der Transformation des Essenziellen zu neuer Form und Wirkung. Die Verwandlung der Materie war gebunden an die geistige Wandlung des Alchemisten: Nur durch seine gleichzeitige «seelische Läuterung» konnte die Verwandlung gelingen, da sich Geist und Materie gegenseitig bedingen und durchdringen. Der Versuch, durch alchemistische Prinzipien aus unedleren Metallen Gold und Silber herzustellen, war deshalb für den wahren Alchemisten nur ein Nebengeleise.

Es ging in der Geschichte der Menschheit stets darum, Nahrungsmittel so zu präparieren, dass sie verdaulich oder haltbar wurden. Diese Techniken des Garens und Konservierens eröffneten neue Methoden des Experimentierens und Erkennens. Das Wissen der Nahrungszubereitung und der Alchemie konnte sich gegenseitig befruchten, Erkenntnisse aus dem einen Gebiet auf das andere übertragen werden. Das Grundprinzip des Trennens, Reinigens und Zusammenführens galt hier wie da. Es wurden gleiche Gerätschaften verwendet, das Gefühl für richtige Mengenverhältnisse und Kombinationen musste stimmen, es wurde versucht, die Wirkung der Stoffe durch verwandte Essenzen zu stärken und Harmonie zu erzeugen durch Passendes oder durch Kontraste.

Einzelne Nahrungsmittel kommen erst in Verbindung mit anderen voll zur Wirkung. Für eine gesunde Ernährung braucht es das Wissen, auf welche Art die Nahrungsmittel am besten zubereitet, mit welchen anderen Zutaten sie kombiniert werden sollen. Weinvergärung und Bierbrauerei sind Beispiele für die (koch-alchemistische) Veredelung von Ausgangsprodukten zu einem neuen Produkt.

Stefan Wiesner wird oft als Alchemist in der Küche bezeichnet – dabei hat er selber kein Wissen über Alchemie. Es ist seine intuitive Art und Weise, an Nahrungsmittel, Gerichte und alles Verwertbare aus der Natur heranzugehen, die alchemistische Züge trägt.
Einerseits ist da sein unverstellter, unvoreingenommener Zugang zur Natur und zu den Dingen, der sich nicht einengen lässt durch Tradition, sondern neue Wege im Sinne neuer Verwendungen, Kombinationen, Zubereitungsarten sucht. Da ist seine Beobachtungs- und Kombinationsgabe, die Überlegung zum Beispiel: Was dem Reh oder der Kuh gut tut, nutzt sicher auch dem Menschen. Was im Mineralwasser Wirkung entfaltet, muss auch in der Suppe schmecken. Was dem Wein Geschmack und Rundung gibt, muss auch Speisen bereichern. Was an der gleichen Pflanze wächst wie ein Nahrungsmittel, muss ebenfalls verwertbar sein. Was in der Drogerie als Medizinaltee verkauft wird, ist sicher auch in der Küche interessant … Andererseits sein Drang, bestehende und bewährte Verbindungen aufzulösen und neu zusammenzusetzen – das Urprinzip der Alchemie – und als letzte Zutat, als Vollendung der Harmonie und des Kreislaufs die Materie auch noch in der mineralisierten Form von Asche oder Kohle hinzuzufügen. Das alles ist seinem Geist intuitiv entsprungen. Genau so, wie vielleicht in früheren Jahrhunderten manche Entdeckungen in Wissenschaft und Medizin erfolgten …

Kochphilosophische Überlegungen

«Ein glücklicher Leib beflügelt den Geist»

Philosophie, das ist Nachdenken über die Vorgänge in der Welt, aber auch ein Vordenken, das neue Wege eröffnet und den Horizont erweitert. Sowohl in der Philosophie wie auch in der Küche geht es um Vielfalt und Einheit, um das Auseinandernehmen und wieder Zusammensetzen.

Die Trennung von Körper und Geist, von Seele und Leib oder eben von Denken und Essen hat eine lange und oft traurige Tradition. Der Leib ist der Feind des Geistes, er hindert den Geist an seiner Verwirklichung, so lautet das Credo vieler Kulturen. Fasten und Askese als Sieg über den sündigen Körper sind ein religiöser Akt. Immer gab es aber auch jene, oft waren es die Mystiker, die diesen Trugschluss durchschauten, und nicht die Trennung, sondern die Einheit und den inneren Zusammenhang erkannten. Und das bedeutet: Was dem Geist nutzt, nutzt dem Körper, und was dem Körper gut tut, beflügelt den Geist. Essen kann somit eine durchaus geistige, spirituelle Erfahrung sein. «Wenn Gebet, dann Gebet, wenn Rebhuhn, dann Rebhuhn», sagte Theresa von Avila (1515–1582). Alles zu seiner Zeit, aber dann richtig und ausschliesslich. Nicht nur Religion, Gebet, Nachdenken oder Philosophie haben ihre Zeit im Leben, sondern auch Essen und Genuss. Man widme sich dem Teller vor sich mit der gleichen Hingabe und dem gleichen Interesse wie den Aktivitäten des Geistes.

Manche philosophische Fragestellung und Überlegung stellt sich in der Küche, in Nahrungsmitteln, in Verwandlungsvorgängen viel direkter, lebensnaher und anschaulicher dar. Dies bedingt die Bescheidenheit, sich mit kleinen Dingen zu beschäftigen, wodurch man aber erst die grossen Dinge richtig erkennen kann.

Gold und Silber, Stein und Holz, Heu und Stroh

Ingredienzien

Ungeniessbar? Die ungewöhnlichen Ingredienzien sind das Herzstück von Wiesners alchemistischer Wunderküche. Manche sonst eher in der Werkstatt als in der Küche anzutreffen. Zu sammeln und zu suchen in freier Natur. Nicht beliebig, sondern Wiesnerscher Logik entsprungen. Einzusetzen als geschmackliche Essenz, als symbolische Zutat oder als Gesundheitselixier. Auf dass die perfekte Harmonie der Düfte und Aromen gefunden werde, wie das Gold im Sand der Napfbäche …

Ingredienzien

«Er ist der Schlüssel zu meiner Küche»

Markus Zehnder, Drogist, Entlebuch

Stefan Wiesner, der Koch, und Markus Zehnder, der Drogist, können stundenlang über Kräuter, Pflanzen, Hölzer, medizinische Wirkungen, Dosierungen, Nebenwirkungen fachsimpeln. Zehnder holt Bücher, schlägt nach, überlegt. Wiesner kommt immer wieder zu ihm, um eine neue Idee zu besprechen, Beobachtungen zu diskutieren oder einfach Fragen zu stellen. Heute bringt er das Moos mit, das er für seine Stein-Moos-Suppe verwendet. Um welche Art handelt es sich dabei? Haben Alpenrosenblätter Nebenwirkungen? Was weiss man über Haselnuss- und Heidelbeerblätter? Die Fragen verfolgen Zehnder tagelang, er forscht in seinen Büchern, in Bibliotheken und lässt nicht locker, bis er die Antworten gefunden hat. Und ist dann selber stolz: «Jetzt weisst du wieder etwas mehr.»

Anfangs hat Stefan Wiesner neue Ideen einfach ausprobiert. Und dabei, bestätigt der Fachmann Zehnder, intuitiv stets richtig gehandelt oder überlegt. «Ich kenne mich überhaupt nicht aus mit Pflanzen, ich greife einen Gedanken auf und muss dann nachfragen. Aber ich suche logische Zusammenhänge: Wenn Heidelbeeren gut sind, muss doch das Blatt auch gut sein. Heute sichere ich mich jeweils erst bei Markus Zehnder ab. Ich kann ihn alles fragen. Er ist der Schlüssel zu meiner Küche. Früher habe ich wagemutig drauflos gekocht, heute will ich genau wissen, was ich meinen Gästen vorsetze.»

«Für mich ist die Zusammenarbeit mit Stefan Wiesner eine echte, spannende Herausforderung, ich lerne viel dazu. Das ist nicht wie Aspirin verkaufen, hier wird mein Fachwissen als Drogist wirklich noch gebraucht und gefordert. Die heutige drogistische Praxis ist sehr chemisch orientiert. In jedem Beruf gibt es einen Zeitgeist, der sich ändert. Ist zum Beispiel eine Heilpflanze nur dann gut, wenn ich im Labor alles analysieren und künstlich zusammensetzen kann? Oder habe ich das Vertrauen, dass sie wirkt, auch wenn ich nicht weiss, weshalb?

Ich bin erst mit 37 Jahren zum Drogistenberuf gekommen, nach einem abgebrochenen Medizinstudium und langjähriger Tätigkeit als Sonderschullehrer. Ich bin eigentlich selber immer noch am Lernen. Und wenn jemand mir dann solche Fragen stellt, beispielsweise zu Gold, ist das für mich sehr interessant. Gold ist in der Medizin bekannt, aber die Schulmedizin tut sich schwer damit, weil die Wirkmechanismen nicht mess- und wägbar sind. Der Drogist verkauft keine stark wirksamen Medikamente wie der Apotheker. Drogen ist der Fachausdruck für getrocknete Pflanzen sowie Substanzen und Extrakte daraus, und mit deren Möglichkeiten arbeitet der Drogist. Meiner Meinung nach sollten Drogisten nicht möglichst nah an rezeptpflichtige Medikamente herankommen, sie sind doch Spezialisten für die sanften Methoden, für die Naturheilmittel.

Es fing damit an, dass Stefan zu mir in den Laden kam und nach ungewöhnlichen Kräutern fragte. Ich war sehr erstaunt, dass Stefan die Kräuter aus der Schachtel heraus gleich probiert, sie in den Mund genommen und wie einen Wein degustiert hat. Das fand ich mutig, hatte es teilweise doch recht bittere Kräutlein darunter. So haben wir uns kennen gelernt. Später hat er angefangen, mich nach Wirkungen zu fragen, um den Gästen über ein Gericht besser Auskunft geben zu können.

Stefan macht intuitiv ganz vieles richtig bezüglich Gesundheit, Verdauung, Wirkungen. Ich kann seine Beobachtungen und Meinungen meist nur noch bestätigen. Ich sehe ihn, wie er ganz eigenständig einen Gedanken, eine Idee hat, sie ausprobiert, die Kräuter riecht und kostet. Da merke ich, der meint es ehrlich, der kopiert nicht einfach etwas. Als eher konservativer Mensch muss ich ehrlich gesagt oft schon zweimal schlucken, wenn ich seine Kochideen höre, doch in seiner Aufrichtigkeit und Experimentierfreude bewundere ich ihn. Er fragt sich nicht nur, was gibt meinem Lammbraten ein vielleicht exotisches Aroma, er macht sich weitere Gedanken, er fragt sich, ob es noch eine gesundheitliche Wirkung hat, zum Beispiel für die Verdauung. Das fasziniert mich.

Alchemie und Spagyrik

Alchemie ist eine sehr gute Bezeichnung für Stefans Küche. In der Zeit, als die Alchemie aufkam, stand das Experiment im Vordergrund. Es war vor allem ein Suchen. Wenn man heute Alchemie hört, denkt man sofort an Hexen, Zauberer und Goldmachen, aber da war viel mehr. Die heute noch praktizierte Spagyrik – der Bereich der Heilmittelsuche und -herstellung in der Alchemie – zeugt von der ganzheitlichen Denkweise. Bei der spagyrischen Heilmethode fragt man sich, warum ist eine Pflanze in der Lage, dem Menschen zu helfen oder überhaupt heilende Wirkstoffe zu bilden? Die Pflanze muss demnach beseelt, vergeistigt sein. Man suchte das Tiefere hinter der Pflanze, ihre Seele, ihren Geist, in der alchemistischen Medizin einzufangen. Die Art, wie Stefan über eine Pflanze spricht – was ist mit diesem Moos, jener Alge, wo hilft es noch, was hat es für eine weitere Bedeutung –, lehnt sich wirklich an alchemistisches Gedankengut an. Seine Fragestellungen führen auch zu einer eigentlichen ‹Koch-Chemie›, zur Frage, wann und wie Wirkstoffe wie Koffein oder Gerbstoffe herausgelöst werden, wie lange man etwas kochen oder ziehen lassen muss, damit bestimmte Prozesse eintreten.

Seine Art, ein bestehendes Gericht auseinander zu nehmen und die Bestandteile neu zusammenzusetzen, entspricht dem Grundprinzip der Alchemie oder Spagyrik. In der Alchemie geht es nicht nur darum, die Wirkstoffe einer Pflanze in Wasser oder Alkohol zu lösen, sondern ihren Geist, ihre Seele und ihren Körper – Sal, Sulfur, Merkur – im alchemistischen Sinn auf Mensch und Tier zu übertragen. Die Mineralisation, die Veraschung, steht in der Spagyrik für den Körper, der Alkohol für den Geist, und die ätherischen Öle, die Duftstoffe, für die Seele. Um eine spagyrische Lösung herzustellen, nehme ich die Pflanze also auseinander: Ich mache zuerst eine Hefegärung, um die flüchtigen Inhaltsstoffe freizusetzen, und dann eine Destillation, um die ätherischen Öle zu erhalten. Den Trester verasche ich bei 600 Grad und bewirke damit eine Mineralisation, eine Umwandlung von organischem zu anorganischem Material. Gebe das alles zueinander und erhalte eine Mischung aus hochflüchtigen, mittelflüchtigen und stabilen – seelischen, geistigen und körperlichen – Bestandteilen. Diese Zusammensetzung ist dann ein anderes Produkt als die ursprüngliche Pflanze.»

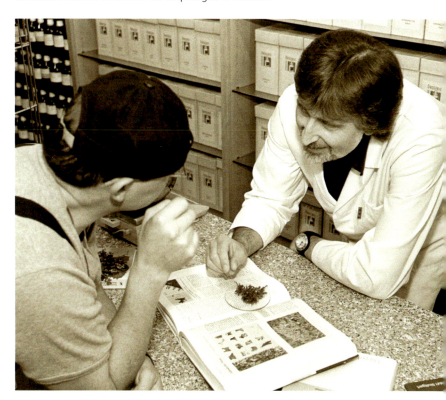

Alle folgenden Sachtexte über die Ingredienzien hat Markus Zehnder für dieses Buch recherchiert und verfasst. Die Angaben zu gesundheitlichen Wirkungen stammen teilweise aus der wissenschaftlichen Phytotherapie, teilweise aus der Volksmedizin.

Gold und Silber

«Wie ein Gewürz ohne Geschmack»

Gold im Mund hat nicht mehr nur die Morgenstund (oder der nobel Zahnkorrigierte), auch dem einfachen Geniesser wird dieser Luxus auf Wunsch zuteil. Jeder fühlt sich wie ein König, der ein Stück glänzendes Blattgold auf der Gabel einfach so einverleiben darf. Ein wohliges Gefühl von Reichtum macht sich breit. Das edelste aller Metalle übt eine gewaltige Faszination aus – mehr noch, wenn es unschuldig auf einer Wurst oder einem Schlüsselblumenparfait liegt, wie ein Gruss aus einer anderen Welt, eine Ahnung von ungeahnten Möglichkeiten. Dabei ist es in dieser Form, als hauchdünnes Blättchen von 22-karätigem Gold, einen Zehntausendstel Millimeter dünn, für jeden erschwinglich: Für zwei Franken ist man dabei. Und kann damit jedes noch so bescheidene Gericht grandios veredeln – vorausgesetzt, dieses verdient es tatsächlich …

«Gold, 22-Karat-Blattgold, ist wie ein gesundes Gewürz, nur ohne Geschmack. In der Küche verwende ich Gold seit vielen Jahren, die Inspiration dazu hatte ich vom Gold-Whisky und vom Gold-Likör von Studer. Es gibt diese schönen Bränder, die mit Blattgold-Flittern durchsetzt sind. Aber auch Confiseure haben früher ihre Pralinen mit Blattgold gekrönt, in Indien werden alle Desserts versilbert oder vergoldet, und Gualtiero Marchesi in Italien hat den Goldrisotto kreiert. In der Medizin ist Gold schon lange als Mittel gegen Rheuma und Arthritis bekannt, in der chinesischen Medizin gilt es als anregend und tonisierend.

Gold gehört einfach zum Entlebuch. Man findet es in allen Napfbächen, und Goldwaschen hat hier Tradition. Deshalb lag es nahe, das Gold, das buchstäblich vor meinen Füssen lag, in der Küche einzusetzen. Es drückt wunderbar das Entlebuch aus, seine Schätze, die in den Tiefen erst gefunden werden müssen, aber immer da sind. Gold und Silber haben für mich vor allem eine starke symbolische Bedeutung: Einfache Gerichte werden durch die Edelmetalle aus ihrem bescheidenen Dasein auf eine neue Ebene gehoben und erhalten dadurch die Wertschätzung, die sie verdienen. Es geht nicht um das Gold an sich, man sollte es nicht wahllos nur um des Effekts willen einsetzen. Für mich muss die Symbolik der Veredelung des Einfachen immer mit dabei sein. Zuerst habe ich das Gold auf meine Würste übertragen, dieses unscheinbare Produkt mit Gold zu veredeln fand ich sagenhaft schön. Später habe ich auch andere einfache Gerichte vergoldet. Das Risotto, ebenfalls Inbegriff einer einfachen Speise in Perfektion, weil es schlicht klassisch ist.

Mein Wissen über Blattgold habe ich von Buffi Emmenegger, Kirchenrestaurator in Luzern, erhalten. Er hat mir gezeigt, wie ich es in der Küche einsetzen kann und wie ich damit umgehen muss. Blattgold reagiert auf jedes Lüftchen und ist nicht ganz einfach auf einem Gericht zu platzieren.»

Mindestens 22-karätiges Blattgold (Orangegold) sowie lebensmittelechtes Blattsilber sind im Fachhandel erhältlich.

Goldrisotto nach Marchesi- und Wiesner-Art

2 Esslöffel (40 g) Schalotten, gehackt
Olivenöl zum Andünsten
240 g Risottoreis (Carnaroli)
150 ml Barbera oder anderer Rotwein
1 Lorbeerblatt
1 Messerspitze Safran (von Mund), gemahlen
nach Belieben einige Safranfäden
20 g getrocknete Steinpilze, in 100 ml warmem Geflügel-
oder Gemüsefond eingeweicht, anschliessend in feine Streifen
geschnitten
400 ml Geflügel- oder Gemüsefond (Grundrezepte Seite 188/189)
100 ml Vollrahm
Salz und weisser Pfeffer aus der Mühle
2 Esslöffel geschlagener Vollrahm
Blattgold, 22 Karat, nach Belieben

Die gehackten Schalotten in Olivenöl andünsten. Den Reis beigeben und glasig werden lassen. Mit dem Wein ablöschen und diesen leicht einkochen. Das Lorbeerblatt, den Safran, die in Streifen geschnittenen Steinpilze, den Steinpilzfond sowie etwas Salz und Pfeffer beigeben. Nach und nach mit dem Geflügel- oder Gemüsefond aufgiessen und den Risotto unter häufigem Rühren bissfest kochen. Den flüssigen Rahm beigeben, etwas ziehen lassen. Mit Salz und Pfeffer abschmecken und den geschlagenen Rahm darunter ziehen. Der Reis sollte eine cremige Konsistenz haben, ansonsten noch etwas Fond beifügen.
In einem vorgewärmten tiefen Teller anrichten und mit Blattgold dekorieren.

Gold (Aurum)

Gold gehört zusammen mit Kupfer zu den ältesten von Menschen benutzten Metallen. Medizinisch wurde Gold seit dem Altertum als Heilmittel gegen Syphilis, Lepra und Tuberkulose angewendet. Bis vor nicht allzu langer Zeit waren Goldtropfen ein verbreitetes Hausmittel bei Herzschwäche. Heutzutage werden Goldverbindungen sowie kolloidales Gold oral oder per Spritze bei chronisch entzündlichen Gelenkserkrankungen eingesetzt. Zwar lassen sich die rheumatischen Beschwerden dadurch nicht heilen – der Einsatz von chemischen Schmerzmitteln kann dadurch aber drastisch gesenkt werden. In der Homöopathie findet Gold in potenzierter Form erfolgreiche Verwendung bei Depressionen. Im Gegensatz etwa zu Eisen, Kupfer und Chrom, die bei allen Lebewesen für die Steuerung von Stoffwechselvorgängen unentbehrlich sind, kommen Gold und Silber in lebenden Organismen nicht vor. Trotzdem sind sie dank ihrer Katalysatorwirkung (sie setzen biologische Prozesse in Gang) therapeutisch nutzbar.

Kupfer-Silber-Gold-Komplexe in mikrokleinen Gaben wirken bakterienhemmend, antiallergisch und entzündungshemmend. Blattgold, wie es zur Vergoldung von Oberflächen und allenfalls in Speisen verwendet wird, besteht genau aus diesen drei Metallen, nämlich zu 70 bis 99% aus Gold, zu 0,3 bis 30% aus Kupfer und zu 0,5 bis 5% aus Silber.

Silber (Argentum)

In der Traumdeutung gilt Silber als Symbol für Gefühl, Mond, Weiblichkeit. Reines Silber wirkt bakterienhemmend; deshalb wird es zur Desinfektion bei Wundbehandlungen eingesetzt. Silbersprays werden bei Schnupfen, Keuchhusten und Akne angewandt. In der Homöopathie dient die Anwendung von potenziertem Silber der Behandlung von Blasenerkrankungen, Migräne, nervöser Gastritis und chronischer Rachen- und Kehlkopfentzündungen sowie Störungen des Nervensystems. Silbertabletten sollten bei Aufenthalten in südlichen oder tropischen Ländern in keinem Reisegepäck fehlen: Mit einer einzigen kleinen Tablette kann ein ganzer Liter Wasser nebenwirkungsfrei entkeimt werden. In diesem Sinne ist Silber bis heute ein Mittel zur schonenden Desinfektion von Gegenständen, der Haut oder des Magen-Darm-Trakts.

Napfgoldfieber

«Das Gold sucht einen nicht, man muss es schon selber finden»
Franz-Josef Wicki, Biobauer und Goldwäscher, Escholzmatt

Alle Napfbäche führen Gold. Keine Nuggets, sondern nur sehr feine Goldflitter oder Goldblättchen – mit 23,5 Karat zählt es aber immerhin zum reinsten Gold der Welt. Seit Jahrhunderten war Goldwaschen im Napfgebiet ein veritabler Beruf, wenn auch kein lukrativer. Es waren meist arme Leute, die für den Kanton Luzern gegen Naturalien über drei Jahrhunderte hinweg 31,4 kg Napfgold herausholten. Napfgoldmünzen, die «Luzerner Dukaten» im Naturhistorischen Museum Luzern, erinnern noch heute daran.

Biobauer Franz-Josef Wicki wäscht seit vielen Jahren leidenschaftlich Gold, es ist sein Hobby, seine Erholung. Es bedeutet zwar anstrengende Knochenarbeit, im kalten Bach stundenlang Kies und Sand zu schaufeln, aber das Plätschern und Rauschen des Wassers wirken gleichzeitig beruhigend und entspannend. Ausserdem muss man Fantasie und Gespür entwickeln, um zu erkennen, wo das Gold sich gesenkt haben oder hängen geblieben sein könnte. Hinter grossen Steinen zum Beispiel oder im Moos auf den Felsen. Die vielen Möglichkeiten, wo das Gold auf einen warten könnte, lassen einem keine Ruhe. Besonders ergiebig ist das Goldwaschen im Sommer nach Gewittern und Hochwassern, wenn der Untergrund umgewälzt wurde und vorher zugedeckte Stellen frei liegen. Das Wasser muss klar sein, bei Regen macht das Suchen keinen Sinn. Mit der Zeit und der Erfahrung spürt man, wo es günstig ist.

Wir steigen in den Bockerngraben nahe Escholzmatt, einen der vielen Napfbäche, die über die Emme und die Reuss schliesslich in den Rhein münden. Das berühmte Rheingold stammt also vom Napf. Wicki legt die Schleuse in die Strömung im Bach und beschwert sie mit Gesteinsbrocken. Hinter grossen Flusssteinen, wo das Wasser ruhiger ist, schaufelt er Kleingeschiebe und Geröll hervor und schüttet es auf die Schleuse. Während das schnell fliessende Wasser den Grossteil des Geschiebes sofort wegspült, sinkt das achtmal schwerere Gold ab und bleibt in der Schleuse liegen. Was sich nach langem Schaufeln darin gesammelt hat, wird endlich im roten Plastikbecken geduldig ausgewaschen. Feiner schwarzer Quarzsand, ein sicheres Indiz für Gold, bleibt liegen. Unsere Augen beginnen zu suchen und zu leuchten – da sind sie, die ersten Goldflitter! Selbst diese winzigen Blättchen ziehen uns sofort magisch in ihren Bann. Wir werden leicht nervös – wäscht Wicki nicht etwas zu schnell, zu unvorsichtig aus? Es könnte ja, bewahre, ein Goldflitter aus Versehen zurück in den Bach gespült werden! Mit zitternden Fingerspitzen werden die kleinen Blättchen aufgetupft und in ein Döschen abgestreift. Und schon hat begieriges Goldfieber uns Neulinge gepackt, trotz des kalten Wassers mag keiner mehr aufhören – vielleicht kommt ja die richtige Schicht erst tiefer, man sollte nochmals graben …

«Das grösste Goldblättchen, das ich hier je gefunden habe, mass 4,5 Millimeter. Seifen- oder Flittergold ist 0,1 bis 1 Millimeter gross. Der Napf gehört zur so genannten dritten Lagerstätte: Das Gold wird aus den Ablagerungen in der Nagelfluh erodiert und gelangt bereits fein vermahlen in die Bäche. Dafür ist die Wahrscheinlichkeit gross, einige Goldflitterchen zu finden. Sie werden irgendwo in Hunderten Millionen von Jahren wieder neue Goldablagerungen bilden. In der Schweiz gibt es auch Fundstellen der zweiten Lagerstätte wie im Bündnerland und im Tessin, an denen die Prozesse, die im Napfgebiet bereits vor Millionen von Jahren geschahen, erst jetzt stattfinden. Dort könnte man theoretisch noch richtige Goldadern finden, Berggold, grosse Nuggets, nur ist das sehr viel schwieriger. Das grösste in der Schweiz, in Disentis, gefundene Goldnugget wog 123 Gramm, der grösste Berggoldfund, auf Quarz gewachsenes Gold, um die 3,5 Kilo. In den siebziger Jahren wurde ein Stollen in die Nagelfluh beim Napf gehauen, eine Goldader wurde aber nicht gefunden.

Nicht viele Entlebucher waschen Gold. Für die meisten ist es eine Spinnerei. Viel Arbeit und kein Verdienst, das können sie nicht verstehen. Aber drei unserer vier Kinder teilen meine Faszination bereits.»

Heu und Emd vom Brandhoger

«Tägiges Emd ist wie alter Emmentaler»

«Wiesner verwendet für seine Heusuppe unser Emd vom Brandhoger, den zweiten Grasschnitt im August oder September. Emd ist süsslicher und schmackhafter als Heu. Es ist reich an Kräutern und arm an Gräsern, beim Heu ist es umgekehrt. Eine Heusuppe, das war mir zuerst schon fremd. Aber das Geheimnis des guten Geschmacks ist der zweite Schnitt, Emd duftet einfach unvergleichlich gut. Das tägige Emd ist das allerbeste, am Morgen mähen und am Abend einfahren, das ist wie ein zweieinhalbjähriger Emmentaler. Emd schmeckt auch den Kühen besser, aber zu viel davon bekommt ihnen nicht, da es jünger und eiweissreicher ist. Ein Gemisch von Emd und Heu, welches mehr Rohfasern enthält, ist für sie am besten.

Die Qualität von Heu und Emd hängt von vielen Faktoren ab, vor allem aber von Wetter, Bodenbeschaffenheit und Düngungsintensität. Wir bewirtschaften gegen 15% extensive, magere Ökofläche, die nur zweimal pro Saison gemäht wird und erst im Herbst nach der Heunutzung als Weide für Jungvieh dienen darf. Deshalb ist sie viel reicher an Blumen und Kräutern. Die Ökofläche dient der Arterhaltung nicht nur von Pflanzen, sondern auch von Kleinlebewesen, Schmetterlingen, auf dem Boden nistenden Vögeln, Feldhasen und anderen Wildtieren. Unser Land gehört der Bergzone 2 an, und auf unseren Bergwiesen wachsen die schönsten Heublumen. Ich kann manchmal einfach dastehen und nur die Blumen bewundern. Meine Frau stellt daraus seit vielen Jahren ein Heublumenbad her. Das beste Land bewirtschaften wir normal-intensiv mit hofeigenem Mist und Dünger, das Hügelland wie den Brandhoger weniger intensiv nur mit Mist. Mist – ‹des Bauern List›, wie ein altes Sprichwort besagt – ergibt viel schmackhafteres Heu, da es die Stickstoffe langsamer an den Boden abgibt, das Gras dadurch langsamer wächst und mehr Geschmacksstoffe bilden kann. Bei der Düngung mit Gülle (Jauche) dringen alle Nährstoffe sofort in den Boden, das Gras wächst schneller und enthält mehr Wasser.

Wir haben 1991 aus Überzeugung auf Bio-Milchwirtschaft umgestellt und sind zufrieden damit. Anfangs haben viele hier gelacht und für Sektiererei gehalten, was wir da machen. Wir hatten schon gegen Widerstände zu kämpfen, aber heute halten sie sich still. Inzwischen sind ja Bioprodukte nicht mehr bloss eine Nische. Momentan ist die Landwirtschaftspolitik für Biobetriebe nicht sehr günstig. Die Grossabnehmer jammern, es gebe im Verhältnis zur Nachfrage zu viel Biomilch, und drücken den Preis. Es ist aber sowieso eine falsche Entwicklung, in Berggebieten Industriemilch herzustellen. Wir sollten unsere Biobergmilch direkt in der Region beim Kunden absetzen können. Eine Umstellung auf Mutterkuhhaltung für Biofleisch wäre eine Alternative zur Milchwirtschaft. Aber auch da ist die Zukunft ungewiss. Der Fleischkonsum allgemein sinkt, und Biofleisch ist immer noch um einiges teurer. Der Normalkonsument will ein günstiges Stück Fleisch, egal wie es produziert wurde und woher es kommt.

Die Biosphäre ist eine gute Sache, nun liegt es an uns, etwas daraus zu machen. Wir dürfen sie nicht verschlafen. Manchmal gestaltet sich die Zusammenarbeit in der Region noch schwierig, ist man sich futterneidig. Dabei sollten wir alle gemeinsam auf Wertschöpfung hinarbeiten. Unsere Bevölkerung ist bäuerlich geprägt, ein Umdenken braucht Zeit und Geduld, und die ideelle Unterstützung muss bei allen noch wachsen.
Der Entlebucher? Er ist dickköpfig, nach aussen hart und knorrig und hat innen doch ein weiches Herz. Harte Schale und weicher Kern. Nur begrenzt offen für Neues, aber wenn er es einmal verstanden hat, ist er begeisterungsfähig. Undiplomatisch, er hat eine direkte Art. Wenn einer neu zugezogen ist, setzt sich ein Entlebucher gleich zu ihm und will erfahren, was er für einer ist. Er holt sich die Informationen nicht im Versteckten, sondern geht direkt auf ihn zu. Neuzugezogene werden schnell akzeptiert, meine Frau kommt aus dem Appenzell und hatte keine Probleme damit.

Für die Verwendung in der Küche sollte das Emd einen Grünstich haben, es darf nicht braun sein. Schwere, nasse Böden ergeben säuerliches Heu, das sich nicht eignet.

Das Emd von unserem Brandhoger besteht aus folgenden Pflanzen: Schafgarbe, Frauenmantel, Wohlriechendes Ruchgras, Glatthafer, Hornkraut, Wiesenschaumkraut, Schierlingskerbel, Margerite, Kammgras, Kraulgras, Bärenklau, Wolliges Honiggras, Spitzwegerich, Sauerampfer, Rotklee, Gelbklee, Zaunwicke, Rautenblättrige Glockenblume, Rotschwingel, Wiesenplatterbse, Schlüsselblume, Gras-Sternmiere und Vogelwicke.»

Heu und Stroh

«Das Geheimnis des Geschmacks ist das Emd, der zweite Schnitt»

«Heugerichte sind vor allem in Berggegenden schon länger bekannt, Lamm, Schinken oder Geflügel im Heu gegart, in Italien Käse in Heu, das hat Tradition. Ich habe den Gedanken weitergesponnen und mit Heu getüftelt – Heusuppe, Heusauce, Fisch mit Heu, Schokoladenmousse mit Heu, Heuschnaps. Es ist genau gesagt nicht das Heu, das in der Küche verwendet werden sollte, sondern das Emd. Emd, der zweite Schnitt, schmeckt viel besser als Heu, ist süsslicher und hat wundervolle Aromen. Heu ist mir geschmacklich zu herb, zu holzig und bitter, oft auch zu säuerlich.

Meine Heusuppe – eigentlich eine Emdsuppe – koche ich seit zehn Jahren, und sie ist von unserer Karte nicht mehr wegzudenken. Für mich ist sie der Inbegriff der Welt des Entlebuchs: Wir leben von der Land- und Milchwirtschaft, von Kühen und Bauern. Heu und Rahm sind die Essenzen des Entlebuchs. Die Crevette als Suppeneinlage hingegen symbolisiert die importierte Fremde, die auch ein Teil des Entlebuchs geworden ist. Fremdes ist langsam und zunehmend in diese geschlossene Welt eingedrungen und ist heute tägliche Realität.
Ich kombiniere Heu auch sehr gerne mit Fisch, da es einen Anisgeschmack hat, oder mit Süssem. Ich verwende es zum Räuchern, und mit der Destillerie Studer haben wir an einem Heuschnaps herumexperimentiert, der aber noch nicht optimal ist.

Bergheu beziehungsweise Bergemd ist geschmacklich am intensivsten, sofern es trocken und auf durchlässigem Boden gewachsen ist. Der Boden darf nicht zu sauer sein, da sonst die Wahrscheinlichkeit von Giftkräutern steigt. Fragen Sie einen Biobauern nach Emd für die Küche, er wird Ihnen genau sagen können, ob auf seinen Wiesen allenfalls Giftkräuter wachsen, und welche Lage die beste ist.»

Heu und Heublumen *(Graminis flos)*

Unter Heu oder Heublumen versteht man ein Gemisch von Blütenteilen, kleinen Blatt- und Stengelstückchen sowie allenfalls Samen verschiedener Wiesenblumen und Gräser. Die Zusammensetzung variiert je nach Ort der Gewinnung. Meistens aber sind im Heu Quecke, Lolch, Trespe, Wiesen-Schwingel, Knäuelgras und Fuchsschwanzgras vertreten. Die stark unterschiedliche Zusammensetzung ist wahrscheinlich mit ein Grund, weshalb die Heilwirkung von Heu(-blumen) lange Zeit wissenschaftlich nur wenig Anerkennung fand. Bisher haben sich darin keine spezifischen Wirkstoffe finden lassen, welche die wohltuende Wirkung hätten erklären können. Immerhin lassen sich folgende Inhaltsstoffe nachweisen: Zucker, Stärke, Mineralstoffe, Spurenelemente, Eiweissstoffe, Gerbstoffe, ätherisches Öl, Cumarine.
Die therapeutische Verwendung von Heu(-blumen) erfolgt in der Regel äusserlich. Es spricht indessen nichts gegen die Einnahme von Heuextrakten. Einzelne Bestandteile von Heu, etwa die Quecke (bei Entzündungen der Harnwege und zur Behandlung von Katarrhen der oberen Luftwege empfohlen), finden sich denn auch in Heilkräuter-Tees. Heublumenbäder, -wickel oder -inhalationen dienen der Linderung von Schmerzen bei rheumatischen Erkrankungen, sie werden bei Erkältungskrankheiten und Entzündungen des Nieren-Blasen-Traktes angewandt. Ebenso schätzt man ihre umstimmende Wirkung bei Unruhezuständen.

Stroh *(Stramentum)*

«Stroh ist süsslich, angenehm, fein. Wie auch beim Brot, das nach längerem Kauen süsslich schmeckt, werden die Kohlehydrate im Stroh in Zucker umgewandelt. Es wirkt harmonisierend wie Glutamat, es macht ganz weich und rund. Es kann zwei ‹eckige› Punkte verbinden und das Gleichgewicht zwischen Süss und Salzig oder Süss und Sauer herstellen. Wie zum Beispiel in der Stroh-Talisker-Sauce: Die herbe, erdige Strenge des Talisker-Whiskys und der kräftige, würzige Jus sind beide sehr eigensinnig, so dass man nur eines nach dem anderen schmeckt anstatt beides gleichzeitig. Stroh verbindet sie und bringt sie zusammen.»

Unter «Stroh» verstehen wir die fruchtentleerten Stengel und Blätter der hierzulande vorkommenden Getreidearten (Weizen, Hafer, Gerste usw.). Stroh enthält vom ernährungswissenschaftlichen Standpunkt her betrachtet wenig Fett, wenig Eiweiss, aber in grossem Masse langkettige Kohlehydrate. Sie sind für unseren Körper sehr schwer verwertbar, leisten aber als Ballaststoffe für die Darmtätigkeit gute Dienste.
Haferstroh (und höchstwahrscheinlich auch andere Stroharten) zeichnet sich durch einen hohen Gehalt an Kieselsäure aus. Kieselsäure begünstigt den Stoffwechsel von Haut, Haaren, Nägeln sowie Bändern und Sehnen. Cellulite oder brüchige Nägel und Haare sind Indikationen für eine therapeutische innerliche Zufuhr an Kieselsäure. Eine weitere Anwendungsmöglichkeit in Form von Bädern besteht bei rheumatischen Beschwerden, bei Nervenschmerzen, chronischen Ekzemen, Neurodermitis und lokalen Durchblutungsstörungen.

Unser Klassiker

Heusuppe

400 ml Vollrahm
200 ml Geflügel- oder Gemüsefond oder auch Fisch- oder Forellenfond
(siehe Grundrezepte Seite 188/189)
1 grosse Hand voll Emd (zweiter Schnitt)
150 ml Schaumwein (Prosecco, Champagner oder Sekt)
Salz und weisser Pfeffer aus der Mühle
1 Spritzer Schaumwein

Den Rahm und den Fond zusammen aufkochen. Vom Herd nehmen, das Heu beigeben und 1 Minute ziehen lassen. Man darf das Heu nicht zu lange in der Suppe lassen, da sie sonst schnell bitter wird.
Die Suppe durch ein feines Sieb giessen. Den Schaumwein beigeben und nochmals kurz aufkochen lassen. Mit Salz und Pfeffer abschmecken. Kurz vor dem Servieren einen Spritzer Schaumwein beigeben. Sofort in vorgewärmte Suppentassen anrichten und auf einen mit Emd belegten Unterteller stellen. Das Emd entwickelt durch die Wärme der Tasse einen wundervollen Geruch.

Tipp: Eine in Stücke geschnittene Riesencrevette oder Forellennocken passen hervorragend als Einlage in die Suppe. Man kann diese Suppe auch als Sauce verwenden, indem man sie einreduziert.

Holzküche

«Kochen mit Holz ist für mich zukunftsweisend»

«Auf das Holz bin ich gekommen, als ich einmal eine Alphüttenparty veranstaltet und dafür den Boden mit Holzschnitzeln ausgestreut habe. Das roch so wahnsinnig gut, dass ich gedacht habe, nimm mal eine Hand voll und koche sie, das wird sicher fein. Und es war sagenhaft gut. Beim zweiten Versuch hat es grauenhaft geschmeckt, und erst unser Dorfschreiner Franz konnte mir erklären, dass ich beim ersten Mal Rottannen-, beim zweiten Mal aber Weisstannenholz erwischt hatte. Weisstanne kann man nicht zum Kochen brauchen, sie stinkt. Er hat mir gezeigt, welches die guten Hölzer sind: Arve, Nussholz, Birke, alle Hölzer von Fruchtbäumen. So hat es angefangen.

Die Logik habe ich dann von den Weinfässern abgeleitet. Holz veredelt Wein, Essig, Schnäpse, alles muss ins Fass, damit es einen edlen Geschmack erhält. Das Holz gibt Vanilletöne oder andere Noten ab, verändert die Aromatik. Auf die Küche übertragen, wird beispielsweise Sauerkraut mit Eichenholz einfach anders, feiner. Das Holz nimmt wie dem Wein auch dem Sauerkraut Säure – genau genommen wird die Säure durch den Gerbstoff überlagert und dadurch als weniger stark wahrgenommen.

Und dann kann man weitergehen. Ich kann das Holz in den Hintergrund setzen, es wie ein Gewürz oder eine Abrundung verwenden, es verbindet und unterstützt die anderen Aromen. Wie das Barriquefass, das im Hintergrund mitschwingt, das Ganze vertieft, verschönert und homogener macht. Aber ich kann das Holz auch prominent in den Vordergrund stellen wie bei der Rottannenholzsuppe. Ganz wie ich es einsetzen will.

Ich koche vorwiegend mit Rottanne, Eichenholz, Birke, Nussbaum und Rosenholz. Rottanne mag ich am liebsten, sie ist sehr fein. Mit Arve, Kastanienholz und Akazienholz, das für Grappafässer verwendet wird, koche ich nicht, weil diese Hölzer im Entlebuch nicht vorkommen, aber sie wären sicher auch sehr gut.

Der Geschmack entscheidet sich beim Kochen, je nachdem, wie lange ich das Holz im Sud oder im Rahm lasse. Am deutlichsten tritt der Holzgeschmack im Rahm hervor, da Fett die Aromastoffe am besten bindet. Je härter das Holz ist, desto weniger Geschmack kann ich ihm entlocken und desto länger ist die Kochdauer. Eichenholz beispielsweise ist sehr hart. Rottanne hingegen darf ich nur kurz ziehen lassen, damit sie nicht zu stark oder sogar bitter wird.

Wir setzen die Hölzer in Suppen, Saucen, Marinaden, Fleisch- und Fischgerichten und in Desserts wie Glace, Puddings und Kuchen ein. Das Eichenholz speziell noch im Sauerkraut. Allgemein eignet sich alles ‹Pürierte› sehr gut für die Verbindung mit Holz.

Frische Holzschnitzel erhalten Sie in der Sägerei von jenen Holzarten, die dort verarbeitet werden. Die restlichen Hölzer können Sie getrocknet am Stück beim Schreiner beziehen. Holz am Stück müssen Sie zum Kochen klein hacken, häckseln oder in dünne kleine Scheitchen zerteilen.

Kochen mit Holz ist für mich *die* zukunftsweisende neue Küche! Wahrscheinlich bin ich der Pionier der Holzküche, sie ist für mich sehr wichtig und ich bin auf sie besonders stolz. Wir haben so viele verschiedene Holzgewächse, dass ihre Verwendung in der Küche noch eine Fülle an Möglichkeiten bietet. Wir stehen erst am Anfang und müssen noch lernen, mit den Hölzern zu spielen. Zum Beispiel könnte man mit geröstetem Holz experimentieren. Das Holz der Barriquefässer ist inwendig durch das Ausbrennen geröstet, was dem Wein zusätzlich Rauch-, Teer- und Kaffeetöne gibt.

Die Weisstanne ist das einzige einheimische Holz, das nicht gut ist, sie stinkt. Ungeniessbar oder sogar giftig ist unter den einheimischen Hölzern nur die Eibe. An ihr ist alles giftig: Holz, Beeren und Nadeln. Nicht alle reagieren gleich auf das Toxin, Reh und Gams etwa macht es nichts aus, wogegen ein Pferd bereits an drei oder vier Eibennadeln sterben kann. Auch für den Menschen ist Eibe tödlich.

Franz Stadelmann hat mich in die Hölzer eingeführt. Er hat mir erklärt, was ich beachten muss, welche Hölzer ich verwenden kann, welche Geschmacksnoten sie haben. Er hat mir eine Holzpalette gebracht und ich habe ausprobiert. Solche Leute mit Spezialwissen zu finden ist nicht leicht, und es sind natürlich nicht alle bereit, auf so ungewöhnliche Fragen einzugehen. Doch der Franz hat mich nicht ausgelacht und hat mir alles über Bäume und Hölzer genau erklärt.»

Hölzer zum Kochen

Geschmacksnoten und Eigenschaften der Hölzer:

Rottannenholz

Vanilletöne, harzig, süsslich, dominant; kann im Vorder- oder im Hintergrund stehen. Nur kurz ziehen lassen (wenige Minuten), da es ein weiches, harziges Holz ist. Kein Harz mitkochen.

Eichenholz

Vanilletöne, Tannin, korkig, holzig; besitzt viel Gerbstoff, der die Säure überlagert; macht weich, rund, fein; milder, sirupartiger Eindruck; steht immer im Hintergrund. Muss lange gekocht werden (1–2 Stunden).

Birkenholz

Herb, erdig, bitterliche Note, sehr dominant, starke Gerbsäure. (Sie passt für mich deshalb gut zu Tomaten, da beide viel Säure haben, und zu Geflügel, weil die Birke ein typischer Vogelbaum ist. Die Vögel haben sie sehr gerne, weil die Birke oft alleine steht und nicht so stark belaubt ist.) Nur kurz ziehen lassen.

Nussbaumholz

Nussig, Kaffeetöne, macht weich; Gerbsäure. Steht im Hintergrund und muss lange gekocht werden (1–2 Stunden).

Rosenholz

Blumig, süsse und säuerliche Note; weiches Holz, trotzdem nicht dominant. 30–60 Minuten kochen.

Fruchthölzer

Apfel-, Birnen-, Kirschen- und andere Fruchthölzer haben leider nur wenig Eigengeschmack, aber sie runden wie alle Hölzer im Hintergrund ab.

Baumnussschalen und -blätter (Juglans regia)

Als Wirkstoffe sowohl der Blätter wie der Schalen werden Gerbstoffe, Bitterstoffe und Flavone genannt. Die innerliche Anwendung der Blätter erfolgt in Form von Tees, Schalen werden in der Regel als Sirup oder Likör eingenommen. Naturwissenschaftlich belegen lässt sich die positive Wirkung bei Hautunreinheiten, bei Lymphdrüsenschwellungen, Venenbeschwerden, bei chronischen Katarrhen und bei Magen-Darm-Entzündungen. Volksmedizinisch werden Walnussblätter und -schalen ferner eingesetzt bei Diabetes, bei Gicht und zur allgemeinen Stärkung beispielsweise nach Krankheiten.
Der Nussbaum gilt als Vermittler von klarer Haltung und Willensstärke. Er soll die Weisheit der Götter in sich tragen und diese dem Menschen weitergeben können.

Baumnusskreuzchen (Trennwände zwischen den Nusshälften)

Anders als die Schalen und Blätter des Nussbaums, die phytotherapeutisch Anerkennung geniessen, finden Nusskreuzchen «nur» in volksmedizinischen Rezepturen Erwähnung. Empfohlen werden sie in Form von Tee bei Herzschwäche, zur Beruhigung und als unterstützende Behandlung bei Diabetes.

Birke (Betula pendula)

Bei den Griechen und Römern als Heilpflanze offenbar noch unbekannt, wurden verschiedene Birkenarten im alten China als Heilmittel verwendet. Als heilende Pflanze tritt die Birke in Europa erst im späten Mittelalter unter dem Namen «Nierenbaum» auf. Nach altem Volksglauben sollen die Hexen auf Besen aus Birkenreisig zum Blocksberg geritten sein.
Birkenblätter enthalten als Wirksubstanzen unter anderem Gerbstoffe, ätherisches Öl, Saponine, Flavonoide, Vitamin C, Kalium, Calcium. Birkenblätter sind vollkommen unschädlich, auch bei Langzeitanwendung. Sie finden vorwiegend in Form von Tees Verwendung bei bakteriellen und entzündlichen Erkrankungen der ableitenden Harnwege (Nieren und Blasentrakt), sie dienen zur Erhöhung der Harnmenge und wirken vorbeugend bei Nierensteinen und Nierengriess. Geschätzt wird Birkenblättertee ebenfalls bei rheumatischen Beschwerden, bei Gicht und zur so genannten Blutreinigung in Frühjahrskuren. Birkenblätterextrakte leisten auch in manchen Haarwässern gute Dienste bei Haarausfall. Ebenfalls äusserlich angewendet (Waschung, Bad, Umschläge), werden Birkenblätterextrakte bei Hautkrankheiten geschätzt.
Birkensaft wird gewonnen durch das Anzapfen der Birken im Frühjahr, dann, wenn sich die Stärkereserven des Stammes in Zuckerwasser umgewandelt haben. Frisch gewonnener Birkensaft hat einen hohen Gesundheitswert: Er vitalisiert den gesamten Organismus, stärkt, reinigt die Haut und fördert die Ausscheidung von Harn, insbesondere von Harnsalzen.
Birkenrinde dient bei fiebrigen Erkrankungen als fiebersenkendes Mittel. Aus Birkenrinde (und -holz) wird Birkenteer, eine dickflüssige, klebrige Masse, gewonnen. Birkenteer wird – oder besser: wurde – zur Behandlung von Ekzemen und Psoriasis eingesetzt.
Die Birke als ganzer Baum soll für Ausgleich bei geistigen Arbeiten sorgen, die Geistestätigkeit anregen, bei Gicht- und Rheumakrankheiten helfen. Homöopathische Anwendung bei Gicht, Rheuma und Fettsucht.

Eiche (Quercus robur)

Stadelmann: «Die Eiche wächst langsam, ihr Charakter ist knorrig, zäh, trotzig, hart, widerstandsfähig; sie kommt schon im keltischen Baumkreis vor und ist uralt. Eichenholz ist bei uns in der Schweiz eines der widerstandsfähigeren Hölzer. Das Nutzholzvorkommen der Eiche erstreckt sich vor allem auf Schaffhausen, das Emmental und das Tessin, wo das Klima milder ist als im Entlebuch. Die Eiche kommt auch bei uns vor, aber da sie wild gewachsen ist, wird sie vor allem zu Brennholz verarbeitet. Schön gewachsenes Eichenholz ist sehr wertvoll und hervorragend geeignet für Verwendungen, die Sonne, Wind und Wetter ausgesetzt sind.
Eiche ist ein Splint-Kernholz. Die äussere hellere Schicht ist der Splint, die dunklere braune Schicht ist das Kernholz, dieses gibt mehr Geschmack. Der Splint ist saftführend, sehr schädlingsanfällig und proteinhaltiger als das Kernholz; für die Holzverarbeitung ist diese Schicht wertlos. Der Splint wird vom wachstumsbildenden Kambium umschlossen, in dem die neuen Holzzellen gebildet werden, nach aussen geschützt durch Borke und Bast. Nach 10 bis 15 Jahren wird der Splint langsam zu härterem Kernholz. Wie die Kastanie und der Nussbaum ist Eichenholz stark gerbstoffhaltig. Es wurde schon im Mittelalter zum Gerben von Leder und von alters her für die Herstellung von Weinfässern, Barriques, verwendet. Eichenholz gibt dem Wein nach 12 bis 18 Monaten Lagerung einen feinen Vanillegeschmack und macht ihn geschmeidiger.»
Die Eiche ist eine klassische Vertreterin gerbstoffhaltiger Pflanzen. Der höchste Gehalt an Gerbstoffen lässt sich in der Eichenrinde nachweisen; daher wird für phytotherapeutische Zwecke fast ausschliesslich Eichenrinde verwendet. Diese beziehungsweise ihre Gerbstoffe wirken zusammenziehend, adstringierend (wie junger, gerbstoffhaltiger Rotwein aus dem Bordeaux), entzündungshemmend, antibakteriell, stopfend, blutstillend, gewebefestigend. In der Regel wird ein Eichenrinden-Absud äusserlich angewendet; er leistet gute Dienste bei Verbrennungen, nässenden Ekzemen, entzündlichen Augenkrankheiten, Hämorrhoiden oder Mundschleimhautentzündungen.
Innerlich wird Eichenrindentee in kleinen Dosen bei Vergiftungen und Magen-Darm-Entzündungen empfohlen, besonders wenn diese mit Durchfällen auftreten; die geringe Dosierung ist insofern wichtig, als der hohe Gerbstoffgehalt die Magenschleimhaut reizen kann. Durch die Verwendung von Eichenholz anstelle der Rinde dürfte diese Gefahr ausgeschlossen werden – Eichenholz enthält zwar ebenfalls Gerbstoffe, allerdings in sehr verminderter Menge.
Übrigens: Die gerösteten und gemahlenen Früchte der Eiche (sie enthalten neben Bitterstoffen ebenfalls Gerbstoffe) dienen als Kaffee-Ersatz.
In der Bachblütentherapie wird die energetische Schwingung der Eiche all jenen Personen empfohlen, die tapfer um die Erfüllung ihrer alltäglichen Pflichten kämpfen und selbst in grössten Schwierigkeiten ihre Hoffnung nicht verlieren. Sie geben nicht auf und sind mit sich selbst höchst unzufrieden, wenn sie beispielsweise durch Krankheit an der Erfüllung ihres Pensums gehindert werden.

Hölzer zum Kochen

Rosenholz (Rosae lignum)

Rosenholz besitzt einen rosig-blumigen Duft mit warmer Holznote. Es hat antiseptische, entzündungshemmende und schmerzlindernde Wirkung auf Haut und Schleimhäute. Auf psychischer Ebene wirkt Rosenholz anregend, aufhellend, harmonisierend; es hilft, nervöse Verspannungen zu lindern und begünstigt ein erhöhtes sinnliches Empfinden.

Rottanne, Fichte (Picea abies)

Therapeutische Verwendung finden Rottannenäste, -zweigspitzen und -knospen. Sie enthalten neben Vitaminen (C und Provitamin A) vor allem ätherisches Öl mit entzündungshemmender, schleimlösender, auswurffördernder und antibakterieller Wirkung. Indiziert ist Rottanne (etwa in Form von Tee, Sirup, Tinktur oder Inhalation) bei Erkältungen, Husten, Bronchitis, Schnupfen oder Stirnhöhlenkatarrh. Äusserlich angewandt (als Bad oder Einreibemittel), wirkt das ätherische Öl durchblutungsfördernd und wärmend. Sein Einsatz erfolgt bei rheumatischen Beschwerden, bei Muskel- und Nervenschmerzen und ebenfalls bei katarrhalischen Infekten der Atemwege.

Das Holz der Rottanne enthält ebenfalls ätherisches Öl, allerdings in eher geringer Menge. Durch trockene Destillation des Holzes wird überdies Fichtenteer, eine schwarzbraune Flüssigkeit von intensivem Geruch, gewonnen. Fichtenteer ist phenolhaltig und kommt nur äusserlich bei trockenen, chronischen Ekzemen in Betracht. Die Rottannenrinde enthält neben ätherischem Öl reichlich Gerbstoffe und kommt vorzugsweise als Badezusatz bei hartnäckigen rheumatischen Erkrankungen zum Einsatz.

Weide, Silberweide (Salix alba)

Die Weide – in unseren Breitengraden ist meist die Silberweide gemeint – ist ein Strauch, seltener auch ein Baum, der bis dreissig Meter hoch werden kann. Die lanzettförmigen Blätter weisen oben und unten seidene Härchen auf (daher ihr Name). Die Weide gehört zu unserem Landschaftsbild, sie dient an Teichen, Bachufern und Seen zur Befestigung des Bodens. Ab Februar spriessen die weichen, graugrünlichen Kätzchenblüten, eine wichtige erste Frühjahrsnahrung für die Insekten.

Bereits im Altertum wurde die Weide zu Heilzwecken herangezogen. Um 400 vor Christus soll Hippokrates Weidenrinden-Aufgüsse gegen Gelenkschmerzen empfohlen haben. Im 16. Jahrhundert beschreibt Matthiolus die Weidenblätter als schlafförderndes Mittel, und etwa seit dem 17. Jahrhundert wurde Weidenrinde als fiebersenkendes Mittel erkannt. 1838 gelingt es dem Turiner Professor Piria, aus Weidenrinde reine Salicylsäure herzustellen. Wenig später, 1860, findet der deutsche Chemiker Kolbe einen Weg, Salicylsäure synthetisch zu produzieren, womit deren Siegeszug in der Medizin beginnt. Mit der Synthese von Acetylsalicylsäure erobert sie unter dem Namen «Aspirin» die Welt.

Innerliche Anwendung im medizinischen Sinne erfährt die Weidenrinde bei grippalen Infekten, akuten und chronischen rheumatischen Schmerzen, Gicht, Arthritis, leichten Kopfschmerzen sowie bei leichteren Infektionen beispielsweise des Nieren-Blasen-Trakts. Äusserlich (etwa in Form von Bädern) dient Weidenrinde bei Entzündungen, Hautkrankheiten, Kopfschuppen und übermässigem Fussschweiss. Aus Frankreich ist die Verwendung von Weidenkätzchentee bei Unruhe, Schlaflosigkeit und Nervenschwäche überliefert. In der Tierheilkunde ist die Verwendung der Weidenknospen bei Verdauungsstörungen von Rindern und Kühen bekannt. Unter das Futter gemischt, wirken sie der Neigung zu Blähungen entgegen.

Holz

«Ich bin ein Holzphilosoph»

Franz Stadelmann, Schreiner, Escholzmatt

«Für mich war es nicht naheliegend, mit Holz zu kochen, aber es ist ein neuer Weg. Klar, kein Problem, habe ich gesagt, als Stefan mit der Idee zu mir kam. Er solle es halt mal ausprobieren. Wenn ich in meinen Betrieb komme, kann ich am Geruch erkennen, mit welchem Holz meine Leute arbeiten. Ein klassisches Beispiel ist die Arve mit ihrem typischen Duft, den sie nach der Verarbeitung noch über vierzig Jahre lang abgibt.

Ich bin ein Biosphären-Mitglied der ersten Stunde, und da geht es ja um dasselbe. Es geht darum, innovative Ideen umzusetzen und zu sehen, wohin uns die neuen Wege führen können. Wir haben beispielsweise eine Entlebucher Massivholztüre kreiert, die nach biologischen Kriterien aus Fichtenholz gefertigt ist, aber in moderner Form daherkommt. Da muss man ausprobieren, sehen, ob das neue Produkt auf dem Markt eine Chance hat. Ich bin ein Holzphilosoph, ein Tüftler, und mein Beruf macht mir Freude. Ich finde es schön, etwas Neues herzustellen, aber auch, alte Möbel zu restaurieren. Ich habe mir sehr viel altes Wissen, alte Techniken angeeignet, die kaum in Fachbüchern nachzulesen sind. So zum Beispiel, dass das Holz nicht von Schädlingen und Pilzen befallen wird, wenn es in der Zeit der kleinen Mondwende in den ‹toten› Monaten November und Dezember geschlagen wird. Das ist uraltes Wissen, das nirgends geschrieben steht, aber es funktioniert.

Wir müssen mit denjenigen Rohstoffen arbeiten, die nachhaltig und ökologisch sinnvoll sind. Beim Holz ist das einfach. Wir nutzen in der Schweiz momentan jedoch nur einen Fünftel des Holzes. Pro Sekunde wächst in der Schweiz Holz in der Grösse eines Würfels von 68 cm Seitenlänge nach oder in vier Minuten die Menge, die für den Bau eines Einfamilienhauses aus Holz benötigt wird. Für mich ist es ideal, mit einem Rohstoff zu arbeiten, der vor der Haustüre wächst.

Mein Wunsch ist, dass Schulkinder in zehn oder zwanzig Jahren bei einem Neubau automatisch an ein Holzhaus denken. Man kann heute Holzhäuser bauen, die trotzdem keine Holzkisten sind. Holz besitzt alle Eigenschaften, die man sich für einen modernen Bau wünscht, es ist der Baustoff des 21. Jahrhunderts. Das ist unser Ziel, aber es ist ein weiter Weg, der noch viel Aufklärungsarbeit erfordert.

Das Entlebuch hat sich in der Vergangenheit schlecht verkauft. Von aussen gesehen besteht wohl der Eindruck, dass wir ‹Knörze› sind, die noch nach jahrhundertealten Traditionen leben. Das Klima hier ist rauh. Wir haben zwar schöne Dörfer, in denen man sich trifft, aber der Rest sind sehr abgelegene Höfe, auf denen jeder allein für sich arbeitet, ganz autonom. Wenn man damit beschäftigt ist, seinen Lebensunterhalt mit harter Arbeit zu verdienen, bleibt nicht viel Zeit für die kreativen Seiten. Trotzdem sind wir vielleicht aktiver als andere Regionen. Die Gemeinde Escholzmatt hat allein über hundert verschiedene Vereine, hier läuft immer etwas. Man freut sich, wenn man einmal in der Woche Musik machen, kegeln gehen oder sonst etwas tun kann. Die Vereine prägen eine Region, sie drücken ihr den Stempel auf.

Was dem Entlebucher sicher eigen ist: Bei etwas Neuem schaut er mal aus Distanz, wie das geht, überlegt es sich erst mal. Wir sind sicher nicht die typischen Künstlernaturen und haben auch nicht ein Selbstbewusstsein wie vielleicht der Stadtzürcher. Dennoch besteht im Entlebuch für Modernes und Neues viel Potenzial, das bisher brachgelegen hat. Vor allem in Sachen nachhaltiger Tourismus und Naherholungsgebiet gibt es in den nächsten zwanzig Jahren viele Entwicklungsmöglichkeiten. Die Gäste etwas Schönes erleben lassen, Wanderungen anbieten, den Interessierten erklären, weshalb unser Gebiet so intakt geblieben ist.

Leute wie der Stefan sind noch die Ausnahme. Die werden natürlich erst mal belächelt, dann wartet man ab und schaut. Es ist sicher nicht so, dass einem die Leute hier euphorisch hinterherlaufen, wenn man etwas Neues macht. Es braucht Durchhaltevermögen. Und was hier fehlt, ist Geld, um sich auch mal zurückziehen und etwas Neues ausprobieren zu können. Wir haben die niedrigste Steuerkraft des ganzen Kantons Luzern, es gibt wenig vermögende Leute. Deshalb ist es wichtig, dass wir lernen, miteinander zu arbeiten und zu kooperieren. Vernetzt denken, Synergien und branchenübergreifende Informationen systematisch nutzen, ein Netzwerk Entlebuch aufbauen. Nicht jeder ein wenig für sich allein, sondern zusammen etwas mehr für alle.

Die ‹Hölzigen› aus Escholzmatt, eine Sägerei, zwei Holzbaubetriebe und meine Schreinerei, arbeiten seit unserem ersten gemeinsamen Auftritt letztes Jahr das ganze Jahr hindurch eng zusammen. Das gibt unseren Firmen eine bessere Grundauslastung. Wenn einer zu viel Arbeit hat, reichen wir uns die Aufträge weiter. So fällt viel Druck weg, und es vermittelt uns das starke Gefühl, gemeinsam unterwegs zu sein. Das versuche ich ganz bewusst zu leben, mit einer Ausstrahlung, die auch andere motiviert, das Gleiche zu tun.

Unsere Generation muss neu herausfinden, dass der seit dem Zweiten Weltkrieg herrschende Kapitalismus allein nicht unbedingt Lebensqualität bringt und dass man auch auf der spirituellen und emotionalen Ebene viel weiter kommt, wenn man versucht, etwas gemeinsam zu tun. Dafür kämpfe ich, das ist mir sehr wichtig, und wenn unsere Region das schafft, dann wird mich das am meisten freuen.»

Holzkohle

Auf statt unter der Wurst

«Holzkohle, die mineralisierte Erscheinungsform von Holz, die wir normalerweise als die Glut unter der Wurst kennen, ist essbar. Wie vieles andere auch selbstverständlich nicht in grossen Mengen. Aber sie ist gut für die Verdauung und bekannt als Gegenmittel nach Einnahme von verdorbenen Esswaren. Also kommt sie bei mir zur Abwechslung statt unter mal auf die Wurst.

Für die Verwendung in der Küche muss sie absolut natürlich hergestellt sein, ohne Chemie oder Brennpasten. Die Holzkohle von unseren Napfköhlern ist optimal, das ist reine Natur, ein typisches Entlebucher Produkt.

Früher habe ich Salami in Kohle eingelegt, momentan mache ich einen Kohlesenf. Da auch Senf der Verdauung hilft, passen sie sehr gut zusammen. Beim Kochen mit Kohle bin ich immer noch am Suchen und Tüfteln.

In der Chemie wird Kohle zum Filtern und Reinigen gebraucht: Mit einem Kohlefilter aus Filterpapier und Kohle kann jede Flüssigkeit gereinigt werden. Ich finde Kohle etwas sehr Erstaunliches.»

Holzkohle *(Carbo ligni)*

Schon die Pfahlbauer brannten Holzkohle – damals in Erdgruben –, um damit ihre Pfähle zu imprägnieren. In der Bronze- und Eisenzeit verwendete man Holzkohle zum Schmelzen der Metalle. In neuerer Zeit waren es Gold-, Silber-, Kupfer- oder Hufschmiede, Ziegeleien, Eisengiessereien und Glashütten, die aufgrund ihrer hohen Brenntemperatur Holzkohle einsetzten. Nicht vergessen sei auch die Verwendung zur Herstellung von Schwarzpulver (das entsprechende Rezept scheint manchen experimentierfreudigen Schülern bis zum heutigen Tage zugänglich zu sein). Mit der Einfuhr von Steinkohle und dem Aufkommen von Elektrizität und Gas nahm der Bedarf an Holzkohle stetig ab; die heutige Produktion deckt vorwiegend den Bedarf an Grillkohle.

Das Verfahren: Durch Verkohlung, man könnte es eine «trockene Destillation» nennen, wird Holz so in seine Bestandteile zerlegt, dass Kohlenstoff frei wird. Fertige Holzkohle enthält um die 80% davon. Mittels exakter Regelung der Luftzufuhr wird das Verbrennen des Holzes verhindert. Bei Temperaturen von bis 150 Grad verdampft der Wasseranteil, bei höheren Temperaturen verflüchtigen sich weitere Holzbestandteile. Aus 100 Kilogramm Holz werden rund 25 Kilo Holzkohle gewonnen.

Eine bis heute genützte Verwendung von Holzkohle erfolgt in Form von Medizinalkohle. Holzkohle weist aufgrund ihrer Zellstrukturen eine überaus grosse innere Oberfläche auf, nämlich rund tausend Quadratmeter pro Gramm! Dank dieser ungeheuer grossen Oberfläche ist Holzkohle in der Lage, verschiedene Giftstoffe und Bakterien an sich zu binden, für den Körper inaktiv zu machen und zur Ausscheidung zu bringen. In diesem Sinne ist Holzkohle ein probates, nebenwirkungsfreies Mittel bei Vergiftungen durch chemische Stoffe, bei Infektionen des Magen-Darm-Traktes sowie bei Durchfall ganz allgemein.»

Napfköhlerei

«Feuer geht immer den Weg des geringsten Widerstands»

Willi Renggli, Köhler und Bauer, Bramboden/Romoos

Willy Renggli auf Bramboden gehört zu den letzten Köhlern der Schweiz. Sieben, acht gibt es noch, und alle leben in der Gemeinde Romoos im Entlebuch. Nur im Freilichtmuseum Ballenberg wird das alte Handwerk der Holzköhlerei zu Ausstellungszwecken auch noch betrieben. In Romoos aber ist es ein normaler Nebenerwerb für die Bauern.

Die Köhlerei, eine jahrtausendealte Handwerkskunst, war früher im Entlebuch weit verbreitet, allein in Romoos zählte man 120 Kohleplätze. Vor der Zeit der Autos und Seilwinden wurde direkt beim Holzschlag geköhlert, einzig Wasser brauchte man zwingend in der Nähe. Die «Löschi», den schwarzen Kohlestaub für den luftdichten Mantel, schleppten die Köhler zum Meiler, und ein Lederdach diente ihnen als armseliger Unterschlupf. Holzkohle wurde früher in riesigen Mengen für die hohe Temperatur benötigende Metall- oder Glasgewinnung hergestellt, bis Überschwemmungen und weitere Folgen der massiven Waldrodungen sowie das Aufkommen neuer Brennstoffe zu einem Rückgang führten.

Die Köhlerei ist sehr zeitintensiv. Das Holz, sechzig Ster, wird während des ganzen Winters aus den Wäldern geholt und vorbereitet, ganze drei Wochen Arbeit braucht es, bis ein Meiler sorgfältig aufgeschichtet und mit Tannenästen und Kohleabfällen luftdicht abgedichtet ist, und um die zwei Wochen lang brennt er schliesslich. Unter ständiger Aufsicht rund um die Uhr, da kein Feuer entstehen darf. Der Köhler schläft in einer Hütte neben dem Meiler und «hirtet» ihn in den ersten Tagen alle drei Stunden, mit der Zeit etwas weniger häufig. Das Köhlern ist nicht an eine Jahreszeit oder ein bestimmtes Wetter gebunden, der Zeitpunkt hängt vielmehr von den anderen Arbeiten im Bauernbetrieb ab. Bei Rengglis zusätzlich noch von den regelmässigen Jodlerauftritten, die die ganze Familie, Eltern, Sohn und drei Töchter, bestreiten.

«In der Mitte des Meilers befindet sich ein Schacht, eine Art Kamin, der zu Beginn von oben mit einer Schaufel voll glühender Kohlen eingefeuert wird. Das ergibt den Heizherd, von dem aus der Verkohlungsprozess von oben nach unten, von der Mitte nach aussen ausgeht, bis der ganze Meiler ‹kocht›. Eine bestimmte Dosis Sauerstoff erzeugt eine bestimmte Hitze, mit der richtigen Luftregulation erreichen wir bis zu 800 Grad. Mindestens 500 Grad braucht es, damit der Verkohlungsprozess einsetzt. Die Hitze entzieht dem Holz die Feuchtigkeit, bis nur noch reiner Kohlenstoff übrig bleibt. Eigentlich ist das eine Trockendestillation.
Zum Hirten steige ich auf den Meiler, entferne den Eisendeckel über der Öffnung und sondiere mit einer langen Stange, ob sich Hohlräume gebildet haben. Diese fülle ich mit kleinen Kohlestücken auf, dem ausgesiebten Abfall vom letzten Köhlerdurchgang, mit dem der neue Meiler wieder gefüttert wird. Feuer geht immer den Weg des geringsten Widerstands, und wenn sich Sauerstoff in den Hohlräumen sammelt, beginnt das Holz zu brennen.
Sobald aus den seitlichen Lüftungslöchern ein bläulicher statt ein weisser Rauch aufsteigt, ist der Verkohlungsprozess auf der betreffenden Höhe abgeschlossen, und ich kann weiter unten einen Ring von neuen Lüftungslöchern stechen. Wind ist der grösste Spielverderber, aber sogar zwei Wochen Regen würden dem Meiler nichts anhaben, er dampft dann nur stärker. Nachdem der Verkohlungsprozess abgeschlossen ist – und währenddem Zehntausende Liter Wasser verdampft sind –, wird die Glut erstickt, der Mantel abgetragen und die noch glühende Kohle mit Wasser gekühlt. Es gibt keinen Abfall beim Köhlern, alles ist wieder verwertbar, der Mantel, die zu kleinen Kohlestücke.

Verwendet wird eine Mischung von Holz, aber nicht mehr als ein Drittel Tannenholz, da dieses leichter ist. Ich muss meistens etwas Holz dazukaufen, da ich nur vier Hektar Wald besitze. Falls Brennholz teurer werden sollte, rentiert es sich natürlich nicht mehr, in mühsamer Arbeit Holzkohle daraus zu gewinnen. Momentan geht es aber, so kann man wenigstens das Holz noch verwerten, und Holzkohle ist gefragt zum Grillieren. Wir könnten die doppelte Menge verkaufen. Wir haben einen Generalabnehmer, der uns den Kauf von 100 Tonnen pro Jahr garantiert, aber wir schaffen meist nur die Hälfte.

Kohle zu essen ist für mich überhaupt nicht abwegig, wir kennen es als Hausmittel gegen Durchfall.

Wir haben genug Nachwuchs für die Köhlerei, einige von uns sind noch jünger als ich, und mein Junior hat auch schon mit einem einmeterhohen Meiler angefangen. Ein Meiler kann beliebig gross sein, aber je grösser er ist, desto schwieriger ist er zu kontrollieren, wenn er mal ‹spinnt›. Ich habe das Köhlern relativ spät von meinem Nachbarn gelernt, habe mit kleinen Meilern begonnen und diese zunehmend vergrössert. Vorher habe ich im Winter in der Fabrik gearbeitet. Aber im Grunde bin ich schon mit der Köhlerei aufgewachsen und habe als Bub bei den Nachbarn geholfen. In der Regel geht es von Generation zu Generation weiter. In direkter Übertragung, man lernt durch Zuschauen und selber Ausprobieren. Mein Lehrmeister hat gesagt, nach zwanzig Meilern habe man alles einmal erlebt, dann habe man genug Erfahrung gesammelt. So gesehen bin ich nach zehn Jahren immer noch in der Lehrzeit. Wissen wie und es dann selber machen, das sind zwei Paar Schuhe. Aber die letzten zwei Meiler gelangen mir wie aus dem Bilderbuch.»

Asche

«Den Kreislauf schliessen»

«Wenn ich der Natur gerecht werden und alles auf den Teller geben will, verasche ich. Damit ist für mich der Kreislauf der Natur geschlossen. Asche zu Asche, Stein zu Stein. Die Asche ist die letzte Station des Kreislaufs, um ein Gericht abzuschliessen.

Bei der Lauchasche habe ich zum erstenmal gemerkt, dass die Asche immer noch nach Lauch schmeckt. Der Geschmack der veraschten Zutat bleibt teilweise erhalten und dezent wahrnehmbar. Neben Lauch habe ich bisher Rebholz, Rhabarber und Maisblätter verascht.

Asche hat auch einen konservierenden Effekt. Früher wurden Eier in Asche gelagert und waren dadurch sehr lange haltbar.»

Zubereitung

Veraschen von (Reb-)Holz

In einem sauberen, feuerfesten Geschirr mit Hilfe eines Bunsenbrenners mit dem (Rebstock-)Holz ein Feuer entfachen, dabei auf keinen Fall chemische Brandbeschleuniger verwenden. Niederbrennen lassen. Wenn die Asche ausgekühlt ist, durch ein mittelfeines Sieb sieben. Trocken aufbewahren.

Veraschen von Lauch, Rhabarber, Maisblättern

Die Blätter, Scheibchen oder Schalen auf ein Backblech legen und rund 30 Minuten bei 200 bis 300 Grad im Backofen veraschen lassen. Von Zeit zu Zeit wenden. Wenn die Asche ausgekühlt ist, im Cutter oder Mixer sehr fein mahlen und durch ein Sieb sieben. Anschliessend trocken aufbewahren oder mit Olivenöl zu einer leicht flüssigen Paste verrühren.

Asche in der Alchemie

Der Alchemist oder Spagyriker geht davon aus, dass alles Existierende im Wesentlichen aus drei Prinzipien besteht, nämlich Sal (Salz), Sulfur (Schwefel) und Mercurius (Quecksilber). Diese drei Prinzipien äussern sich im Menschen als Körper (Sal), Seele (Sulfur) und Geist (Mercurius). Dementsprechend finden sich in der Pflanze Mineralsalze (Sal oder Körper), Aromastoffe, zum Beispiel ätherische Öle (Sulfur oder Seele) und der durch die Gärung entstandene, noch flüchtigere Alkohol (Mercurius oder Geist).

Die Herstellung spagyrischer Arzneien erfolgt über eine Vergärung der Pflanze, die anschliessende Destillation der flüchtigen Komponenten (Sulfur und Mercurius) sowie die abschliessende Veraschung der abdestillierten Pflanzenrückstände. Die Asche ist reich an Mineralsalzen (Sal) und entspricht dem Körper. Durch Veraschung oder auch durch Kompostierung erhalte ich aus organischem anorganisches Material; die Wasser- und Eiweissbestandteile haben sich abgebaut, und die Mineralstoffe stehen jetzt im Vordergrund.

Rebholzasche (Carbo vitis viniferae)

Die therapeutische Verwendung von Rebasche geht zurück auf Hildegard von Bingen (12. Jahrhundert), die seit geraumer Zeit durch die Wiederentdeckung der «Hildegard-Medizin» erneut Aufmerksamkeit geniesst. Rebasche, in Wein gelöst, wird von ihr empfohlen bei Zahnfleischentzündungen, Parodontose, Zahnfäule und generell zur täglichen Pflege von Zähnen und Zahnfleisch. Begründung: In den Zahnbelägen lebende Bakterien verwandeln Zucker in Säure, die den Zahnschmelz schädigt und Löcher in den Zähnen verursacht. Die alkalische Rebasche vermag diese Säuren zu neutralisieren. Sie schützt somit die Zähne vor Zerstörung. Gleichzeitig wird die Vermehrung der Bakterien gehemmt, was der Neubildung von Zahnbelägen entgegenwirkt. In diesem Sinne wirkt Rebasche auf das Zahnfleisch festigend und entzündungswidrig.

«Bach und Berg im Suppentöpfchen»

«Berge, Steine, Urgestein sind Urgewalten. Auf einem Berg zu stehen ist etwas Überwältigendes. Wenn du weisst, wie der Berg entstanden ist. Oder wie das Wassers im steten Kreislauf von Regen, Gestein, Quelle, Flüssen, Seen, Wolken wandert, wieder hinauf und wieder hinunter, aber immer durch das Gestein hindurch. Der Berg, das Gestein ist das Sieb des Wassers, erneuert und regeneriert es und macht es wieder wertvoll. Gleichzeitig entzieht das Wasser dem Stein dabei über Tausende von Jahren die Mineralien. Wir trinken gewissermassen Steinwasser. Kochen mit Steinen ist deshalb ein logisches Weiterdenken von Mineralwasser. Warum nicht dem Stein die Mineralien und dazu den Geschmack durch Kochen zu entziehen versuchen?

Kochen mit Steinen hat für mich aber in erster Linie symbolische Bedeutung: Den ganzen Lebensraum eines Tieres verkochen, alles, was miteinander aufwächst. Einschliesslich der Steine, auf denen es steht, über die es springt, um die es schwimmt, und die Pflänzchen rundherum dazu. Die ganze Alp, den ganzen Bach geschmacklich und symbolisch ins Suppentöpfchen bringen. Was zusammen lebt in der Natur, lasse ich zusammen. Dann schmecken sie auch im Gericht und bilden eine Einheit. So wie beim Wein die Lage wichtig ist, weil das Kreide- oder Kalkgestein, auf dem die Rebe wächst, seinen Geschmack mit beeinflusst, so verwende ich das Gestein, auf dem die Alpenrose wächst oder der Steinbock, die Forelle lebt.

Auch die Symbolik von Armut schwingt mit: In bitterster Armut Steine essen müssen, Armeleutesuppen, aus Steinen gekocht. Stein ist aber ebenso ein Symbol für Kraft. Steine haben Schwingungen. Gestein ist für mich ein Wunder.

Geschmacklich sind Steine Erde, und ich koche sie immer in Verbindung mit Erdtönen. Der Stein bildet das Fundament. Die Symbolik des Steins an sich ist aber massgebend, nicht sein Geschmack. Den Steingeschmack in der Suppe kann man am besten herausschmecken, wenn man zuerst einen Stein kurz in den Mund nimmt und kostet und danach die Suppe isst. So erkennt man den Steingeschmack genau.
Nach meiner Beobachtung verändert der Stein den chemischen Prozess des Kochens. Wenn ich Stein in Rahm koche, erhält der Rahm einen glänzenden statt einen matten Ton und wird wässriger.

Für die Stein-Moos-Suppe hole ich mit einer gelochten Schöpfkelle Kieselsteine aus einem sauberen Bach. Sie sollten schleimig und schlüpfrig und mit Algen bewachsen sein. Algen geben zusätzlich Geschmack, und sie gehören einfach zu den Bachsteinen. Ausserdem verwende ich Kalkstein: Rothornsteine für die Steinbocksuppe, weil der Steinbock darauf herumklettert, und Karstkalkgestein von der Schrattenfluh für die Alpenrosensuppe, weil die Alpenrose darauf wächst (in Ihrer Gegend können es auch andere Gesteinssorten sein). Dafür sammle ich kleine, saubere abgebröckelte Steinstücke oder schlage einige Stücke mit Hammer und Stechbeitel ab. In einem Sieb mit kaltem Wasser gut abspülen und allfälligen Sand entfernen.

Zu den Steinen in der Küche gehört der Sand in der Küche: In heissem Sand kann ein Fleischstück oder ein Gericht sanft gegart werden. Nachdem ich mir am Strand so oft die Füsse auf dem heissen Sand verbrannt hatte, beschloss ich, diesen Effekt nutzbringender einzusetzen ...»

Und wie schmeckt eine Steinsuppe? Erst hat man wunderbare Aromen von Rahm und Wein und Forelle auf der Zunge, dann entfaltet sich das etwas Moorige, Moderige von Algen und Moos, und schliesslich, im Abgang wie beim Wein, kommt das Mineralische, dazu eine Kühle im hinteren Gaumen, eine überraschende Steineskälte. Eine geschmackliche Entdeckung! Wie weit und ob sich Mineralien durch Kochen tatsächlich aus dem Stein herauslösen lassen, ist uns allerdings nicht bekannt.

Kieselsteine

Durch Reibung und Verschiebung im Wasser abgerundet, bestehen sie meist aus Quarz. Wie der Name vermuten lässt, sind Kieselsteine kieselsäurehaltig. Kieselsäure bindet im Magen überschüssige Salzsäure und wirkt sich günstig auf die Gesundheit von Haut, Haaren und Nägeln aus. Kieselsäure empfiehlt sich überdies bei Bindegewebeschwäche wie Cellulite oder Sehnenproblemen. Durch das Kochen werden mindestens Spuren der Kieselsäure herausgelöst.

Schrattensteine

Wie die Alpen präsentiert sich auch das Schrattengebirge als gewaltige Ansammlung von Kalk. Kalk oder Calcium ist einer der wichtigsten Grundbausteine von Knochen und Zähnen. Die Lehre von der Heilkraft der Gesteine rät bei Knochenproblemen, bei Karies, bei Abnutzung der Gelenke, auch bei brüchigen Nägeln oder bei Haarspliss zum regelmässigen Tragen von Kalksteinketten, zum Auflegen von Kalksteinscheiben und – zum Trinken von Abkochungen (Tee) aus Kalkstein.

Moos, Farn, Alpenrosen & Co.

Sammelwut

Stefan Wiesner sammelt alles, was ihm zwischen die Finger kommt, überall, im Garten, im Wald, in Bächen, Wiesen, Mooren, auf Alpen. Es gibt schliesslich kein Kraut, kein Ding in der Natur, aus dem nicht noch ein Tröpfchen Essenz zu pressen wäre, das nicht doch irgendwie noch ein Gericht bereichern und dabei vielleicht auch der Gesundheit dienlich sein könnte.

Algen

Sie leben grossenteils in Gewässern, in denen sie einen wichtigen Beitrag zu deren Selbstreinigung leisten. Gewisse Algenarten können aber auch Felsen, Baumrinden oder Böden besiedeln.
Speziell Grünalgen sind reich an Eiweissen, Fetten und Stärke. Es sind deshalb Bestrebungen im Gange, sie als Kulturpflanzen zu züchten, um sie künftig für die tierische und menschliche Ernährung nutzbar zu machen. Manche Algen weisen einen respektablen Jodgehalt auf und können dadurch unseren Grundumsatz (an Nährstoffen) beeinflussen. Überdies enthalten Algen Pektin, was sie zu natürlichen Quell- oder Geliermitteln macht (zum Binden von Saucen oder Stabilisieren von Cremen).

Alpenrosenblüten und -blätter (Rhododendron sp.)

Die Alpenrose (*Rhododendron ferrugineum und R. hirsutum*) gehört wie auch die Heidelbeere, die Preiselbeere oder die Bärentraube zu den Heidekrautgewächsen. Unsere Rostblättrige Alpenrose verdankt ihren Namen der rotbraunen Unterseite der ledrig glänzenden Blätter, von denen ein herber, aromatischer Duft ausgeht, aufgrund dessen wurde die Pflanze früher auch Alpenbalsam genannt.
In der Homöopathie findet die Alpenrose – beziehungsweise ihre Blätter – Verwendung als Mittel gegen rheumatische und gichtartige Erkrankungen sowie bei Nierensteinleiden. In Form von Tees oder Pulvern werden Alpenrosenblätter bei Bluthochdruck und bei rheumatischen Erkrankungen eingesetzt. Beschrieben wird ferner eine narkotische, schweiss- und harntreibende Wirkung. Aufgrund ihres Gerbstoffgehalts lässt sich die Pflanze äusserlich (auf der Haut) bei Ekzemen, Verbrennungen und Entzündungen verwenden.
Alpenrosen sind national nicht geschützt, in einzelnen Kantonen gelten jedoch eigene Schutzbestimmungen. Bitte beachten Sie diese und weichen Sie allenfalls auf andere Kantone oder auf Landschaftsgärtnereien aus.

Brennnessel (Urtica dioica)

Seit Jahrhunderten als Heilmittel bekannt, hat die Brennnessel selbst unter gestrenger naturwissenschaftlicher Betrachtungsweise nichts von ihrer Aktualität eingebüsst. Als Inhaltsstoffe sind zu nennen: Chlorophylle («Grünstoffe» – sie werden beispielsweise in der Konservenindustrie zur Grünfärbung von Bohnen eingesetzt; auch enthalten in Tabletten und Dragées gegen Mund- oder Körpergeruch), Carotinoide, Vitamine C, K, A und der B-Gruppe, Phytohormone, Eisen, Kalium, Kieselsäure, Ameisensäure, Histamine usw.
Zur wassertreibenden Wirkung liegen klinisch und pharmakologisch abgesicherte Ergebnisse vor; Brennnesselextrakte fördern sowohl die Ausscheidung von Wasser wie auch von Harnsäure. Daher findet sich Brennnessel in Mischungen gegen Gicht und in Mitteln generell bei rheumatischen Erkrankungen. Geschätzt wird ebenso sehr die stoffwechselanregende Wirkung, sei dies im Zusammenhang mit einer optimalen Verdauung, einer Abmagerungsdiät oder zur Entschlackung, zur Milchbildung oder bei Hautunreinheiten. Nicht zuletzt empfiehlt sich die Bennnessel dank ihres erheblichen Eisengehalts bei Blutarmut.
Im Frühjahr werden mancherorts die ersten Brennnesselblätter als Salat oder als Gemüse zubereitet – ähnlich den Löwenzahnblättern steht die Brennnessel in der Tradition der beliebten Frühjahrskuren.

Farne, Wurmfarn (Dryopteris filix-mas)

Farne sind meist Stauden und vor allem in feuchten Buchen-Bergwäldern, an Bachufern, in Schluchten oder auf Heideland anzutreffen. Bei der jungen Pflanze sind die Blätter eingerollt. Auf den Blattunterseiten befinden sich zahlreiche Sporenkapseln mit Vorkeimen. Im Herbst sterben die Blätter ab, nur der Wurzelstock überwintert.
Farne sind so genannte Urpflanzen, die seit dem Erdaltertum, also seit über 300 Millionen Jahren vorkommen. Die blütenlosen Pflanzen bilden über 7000 Arten, vom zierlichen Streifenfarn über den Wurmfarn bis hin zu den Baumfarnen. Interessanterweise besitzen Farnpflanzen eine natürliche Radioaktivität. An schwülen Sommerabenden lässt sich über grösseren Farnfeldern manchmal ein bläulicher Lichtschimmer beobachten.
Am häufigsten ist der Wurmfarn, der auch von Stefan Wiesner verwendet wird. Fast über die ganze Erde verbreitet, fühlt er sich in Bergwaldregionen, vor allem in Buchenwäldern, wohl. Seinen Namen erhielt der Wurmfarn einerseits, weil seine Blätter im Frühling wurmartig eingerollt sind; andererseits werden Wurmfarnextrakte mindestens seit der römischen Zeiten als Mittel gegen Bandwürmer eingesetzt. Die wirksamen Substanzen (Filmaron und Aspidinol) kommen vor allem im Wurzelstock vor. In hohen Dosen verspiesen, würde der Wurzelstock des Farns jedoch aufgrund einer gewissen Giftigkeit Bauchgrimmen verursachen. Heute ist die Anwendung als Wurmmittel eher selten anzutreffen. Hingegen werden Wurmfarnblätter in Form von Auflagen, Kissen oder Bädern wieder vermehrt bei Rheuma, Ischias und neuralgischen Schmerzen empfohlen. Darüber hinaus vertreibt Wurmfarn Flöhe, Läuse und Ameisen, und der Rauch der Blätter soll neben Insekten auch Reptilien fernhalten.
Weitere häufig anzutreffende Farnarten sind: Adlerfarn, Hirschzunge, Engelsüss. Letzteres findet volksmedizinisch in Form von Tee Verwendung bei Erkrankungen der Atmungsorgane, bei Heiserkeit, Husten und bei Verstopfung.

Haselnussblätter (Coryllus avellana)

René Strassmann – der einzige Autor, der die Wirksamkeit des Haselnussblatts erwähnt – schreibt kurz und bündig: «Regt die Hautfunktionen an und stärkt die Nerven und das Herz.»
Aus dem Gerbstoffgehalt der Haselnussblätter lassen sich folgende Wirkungen ableiten: Äusserlich auf der Haut angewandt wirkt ein Absud der Blätter adstringierend, entzündungshemmend und antibakteriell. Innerlich (etwa in Form eines Tees) ergibt sich eine eher stopfende Wirkung, wie etwa bei Durchfall erwünscht.

Heidelbeerblätter und Heidelbeeren (Vaccinium myrtillus)

«Heidelbeerblätter sind gut gegen Zuckerkrankheit. Ich kombiniere sie mit der süssen Heidelbeerglace, serviere also salopp gesagt die Gegenmedizin gleich mit …»
Die Blätter der Heidelbeere werden – allerdings nur bis zu einem gewissen Grad – zur «Blutzuckersenkung» bei Diabetes sowie zur Vorbeugung und Behandlung von Beschwerden des Verdauungstrakts, der Nieren und der ableitenden Harnwege angewendet. Der positive Effekt bei Diabetes ist eventuell auf den Chromgehalt der Heidelbeerblätter zurückzuführen (Diabetiker leiden in der Regel an einem Chrommangel); die heilende Wirkung bei Nieren-Blasen-Infekten basiert auf dem Arbutin, das vor allem in der Bärentraube und auch in Preiselbeeren enthalten ist. Darüber hinaus enthalten Heidelbeerblätter Mangan.

Im Unterschied zum Blatt enthält die Beere Gerbstoffe. Sie bewährt sich bis heute hervorragend bei Durchfall (man kaut über den Tag verteilt des Öfteren ein paar möglichst getrocknete Heidelbeeren). In Form eines Aufgusses (1 Kaffeelöffel getrocknete Beeren auf 1 Glas Wasser) dienen Heidelbeeren zum Spülen von Mund und Rachen bei Entzündungen oder zu Umschlägen bei Verbrennungen.

Kornblume *(Centaurea cyanus)*

Als Inhaltsstoffe der Kornblume sind zu erwähnen: Bitterstoffe, Anthocyanglycoside – natürliche Farbstoffkörper, deren heilkundliche Erforschung erst in jüngster Zeit begonnen hat und die in ihrer Wirkung noch relativ unbekannt sind – und Tannine.

Hauptsächlich angewandt werden Kornblumen als Verschönerungsmittel in Teemischungen und Sirupen. Aufgrund ihres Bitterstoffgehalts macht ihre Verwendung bei Appetitlosigkeit, Brechreiz, Blähungen und Völlegefühl durchaus Sinn. Nicht belegt, aber erwähnt wird der Einsatz als Erkältungs- und Fiebermittel sowie (laut Culpeper) als Medizin bei Prellungen und Skorpionbissen.

Löwenzahn *(Taraxacum officinale)*

Aufgrund seiner äusserst vielfältigen Inhaltsstoffe darf der Löwenzahn – ob Wurzel, Blätter oder Blüten – ohne Übertreibung als «Allerweltsheilmittel» bezeichnet werden. Neben einem hohen Bitterstoffgehalt sind Gerbstoffe, die Vitamine A, B1, B2, C und D, Kalium, Magnesium, Eisen, Calcium, Phosphor, Karotinoide, Kupfer, Kieselsäure, Mangan und Schwefel zu erwähnen. Entsprechend breit ist das Spektrum seiner Wirkmöglichkeiten: wassertreibend, appetitanregend, verdauungsfördernd, leberunterstützend, galleabflusssteigernd, stoffwechselanregend, cholesterinsenkend, gallensteinhemmend. Löwenzahn findet sich darüber hinaus in Tees oder Tropfenmischungen gegen Arthritis, Gicht und Hautunreinheiten.

Für medizinische Zwecke werden hauptsächlich die Wurzeln, in zweiter Linie die Blätter verwendet (die Wurzeln besitzen den höchsten Wirkstoffgehalt, in den Blüten ist er am geringsten). Seit Menschengedenken finden frische Löwenzahnblätter überdies Verwendung in der Küche, sei es als Salat, als Gemüse oder in Suppen. Die noch geschlossenen Blütenköpfe können wie Rosenkohl angerichtet werden; die offenen Blüten dienen zur Honig- oder Melasseherstellung.

Maisgriffel *(Zea mays)*

Neuere Untersuchungen attestieren dem Maisgriffel eine vergleichsweise hohe diuretische (wassertreibende) Wirkung, wahrscheinlich bedingt durch den reichen Gehalt an Kaliumsalzen. Neben fettem Öl (rund 2%) und etwa 0,1% ätherischen Ölen machen Bitterstoffe, Flavonoide, Alkaloide und Schleime den Grossteil seiner Wirkstoffe aus.

Nach volksmedizinischem Verständnis wird Maisgriffel als unterstützendes Mittel bei Abmagerungsdiäten, bei rheumatischen Erkrankungen, bei Gicht und bei Blasenentzündung eingesetzt. Darüber hinaus finden sich etliche Hinweise auf eine antidiabetische Wirkung, die aber im streng medizinischen Sinn bis heute nicht belegt worden ist. Maisbart soll auch – in Form von Inhalation – peruanischen Indianern als Rauschmittel dienen.

Moose, Brunnenlebermoos *(Marchantia polymorpha)*

Es existieren über 20 000 verschiedene Moosarten. Sie lassen sich in zwei Klassen einteilen: Laubmoose und Lebermoose. Laubmoose, wie etwa das Haarmützenmoos, weisen ein aufrechtes oder liegendes Stämmchen mit spiralig angeordneten Blättern auf. Lebermoose, wie zum Beispiel das Brunnenlebermoos, haben entweder einen flächigen Körper oder ein Stämmchen mit zwei-

zeilig angeordneten Blättern. Das Haarmützenmoos beherrscht vom Herbst bis zum Frühjahr, solange die anderen Kräuter zurücktreten, die Böden unserer Nadelwälder.

Moose sind immergrüne Pflanzen, die recht unterschiedliche Standorte besiedeln, oft auch solche, auf denen kaum andere Pflanzen gedeihen. Moose kommen mit wenig Wasser und Nährsalzen aus, daher gehören sie zu den Erstbesiedlern nackter Felsen, Gesteine und Mauern. Erst wenn sich in den Moospolstern genügend Erde angesammelt hat, können anspruchsvollere Pflanzen Fuss fassen. Waldmoose kommen vor allem in Nadelwäldern vor – in Laubwäldern würden sie unter dem Laubstreu ersticken. Waldmoose können viel Wasser speichern; dadurch verhindern sie bei starken Regenfällen übermässigen oberirdischen Wasserabfluss. Über Inhaltsstoffe oder Anwendung von Moosen liegen keine Angaben vor, sie sind aber auf jeden Fall problemlos essbar.

Beim Isländischen Moos handelt es sich, anders als der Name vermuten lässt, nicht um ein Moos, sondern um eine Flechtenart (Flechten sind eine Symbiose aus einem Pilz und einer Alge). Es wirkt hustenreizstillend, antibiotisch und bakterienhemmend und appetitanregend bei Magen-Darm-Beschwerden.

Für die Stein-Moos-Suppe verwendet Stefan Wiesner Brunnenlebermoos. Als Erkennungsmerkmal trägt die weibliche Pflanze einen sternförmigen Schirm, die männliche Pflanze scheibenförmige Gebilde auf einem Stiel. «Es wächst an manchen Stellen auf der Wiese unter dem Gras. Es ist eine langstielige Art, die sich gut mit der Schere abschneiden lässt und an der keine Erde klebt. So lässt es sich besser kochen.»

Vogelbeere, Eberesche *(Sorbus aucuparia)*

Weil die Früchte für Vögel ein beliebtes Winterfuttermittel sind, trägt die in Asien, Nordamerika und Europa vorkommende Eberesche im Volksmund den Namen «Vogelbeere». Als Inhaltsstoffe werden neben Apfel-, Zitronen-, Bernstein- und Weinsäure sowie Gerbstoffen vor allem Sorbitol und Vitamin C geschätzt. Gerade den beiden Letzteren ist die wohltuende Wirkung bei Heiserkeit zuzuschreiben. Schon im alten Griechenland und im Mittelalter wurden die Früchte des Vogelbeerbaums als Mittel gegen Durchfall beschrieben (wahrscheinlich aufgrund des Gerbstoffgehalts). Später gewannen sie Bedeutung als Vitamin-C-Träger, bei Diabetes, Erkrankungen der Nieren, Rheumatismus, Störungen des Harnsäurestoffwechsels und zur Förderung der Harnausscheidung. Die aus frischen Beeren hergestellte Tinktur löst, innerlich eingenommen, Lymphflussstörungen und Lymphknotenschwellungen.

Zur oftmals erwähnten «Giftigkeit» der Vogelbeeren ist festzuhalten: Frische Beeren können unter Umständen geringe lokale Reizungen hervorrufen. Getrocknete Beeren indessen enthalten kaum noch Reizstoffe; und allerspätestens beim Kochen verliert sich auch noch der letzte Rest einer allenfalls reizenden Wirkung vollkommen.

Sonnenblume *(Helianthus annuus)*

Nahezu alle Pflanzenteile der Sonnenblume sind verwertbar: Die grünen Teile dienen zur Fütterung des Viehs, Sonnenblumenöl zu äusserlichen Zwecken, und vor allem das Speiseöl ist allbekannt, die getrockneten Kerne geniessen infolge ihres fein-nussigen Aromas und des beachtlichen Vitamin-E-Gehalts Beliebtheit, und die Blüten weisen grosse Mengen an Wachs und Nektar (Honigproduktion!) auf.

Die (gelben) Blütenblätter verdanken ihre Farbe so genannten Flavonglycosiden, die je nach chemischem Aufbau unterschiedliche Wirkeigenschaften haben. Gemeinsam ist ihnen indessen die Fähigkeit, bei krankhaften Blutergüssen, bei allergischen Erkrankungen und zur optimalen Ausnutzung von Vitamin C dienlich zu sein. Des Weiteren sind Xantophyllene als Farbstoffgeber zu nennen. Sie scheinen einen positiven Einfluss auf die Wirkung von Vitamin A zu besitzen. Äusserlich angewandt sind xanthophyllhaltige Pflanzenteile in der Lage, Wundheilungsprozesse zu fördern.

Sinnliche Sensationen

Acht Menüs im Lauf der Jahreszeiten

Hinweise zu den Rezepten

Alle Rezepte sind für 4 Personen berechnet. Die Rezepte ergeben eher kleine Portionen, wie sie für ein Mehrgangmenü passen. Wenn Sie einen Gang als Hauptgericht kochen, sollten Sie die Mengen anpassen.

Sie können aus den Menüs gut nur einzelne Gänge kochen oder aus den Gängen nur einzelne Teilrezepte. Kombinieren Sie verschiedene Teile neu, lassen Sie sich von Ihren eigenen Inspirationen leiten, erfinden Sie neue Gerichte! Dann hat unser Buch sein Ziel erreicht.

Viele Rezepte erscheinen schwieriger, als sie tatsächlich sind. Seien Sie mutig und trauen Sie sich ruhig etwas zu! Nur genügend Zeit sollten Sie mitbringen. Wir bemühen uns, die Rezepte genau zu beschreiben und wo möglich Vereinfachungen anzugeben.

Fleisch- und Fischgerichte können in der Regel auch mit anderen als den rezeptierten Fleisch- und Fischsorten zubereitet werden. Auch an die angegebenen Ölsorten müssen Sie sich nicht sklavisch halten, wir geben aber jeweils das Passendste an. Die zum Kochen gebrauchten Weine sollten von guter Qualität sein. Verwenden Sie möglichst hochwertige und frische Zutaten aus Ihrer Region und bei Zitrusfrüchten immer unbehandelte Früchte. Selbstgekochte Fonds können Sie auch durch Fertigfonds oder -bouillons ersetzen. Fleisch sollte vor dem Anbraten immer Zimmertemperatur haben.

Folgende Küchenutensilien sind in Ihrer Küche sehr hilfreich:

- eine grammgenaue Küchenwaage (oder Briefwaage)
- ein Cutter oder Mixer
- ein Fleischthermometer
- kleine Barmessbecher (für kleine Flüssigkeitsmengen von 10, 20 ml)
- Pariserlöffel (Kugelausstecher)
- eine kleine Glacemaschine
- ein Fleischwolf

Ohne Maschine hergestellte Glace wird nur halb so gut, da sie auch bei häufigem Umrühren im Tiefkühler nicht die gewünschte Cremigkeit erreicht.

Wenn kein Fleischwolf vorhanden ist, kann das Fleisch sicher bei Ihrem Metzger durch den Wolf gedreht werden.

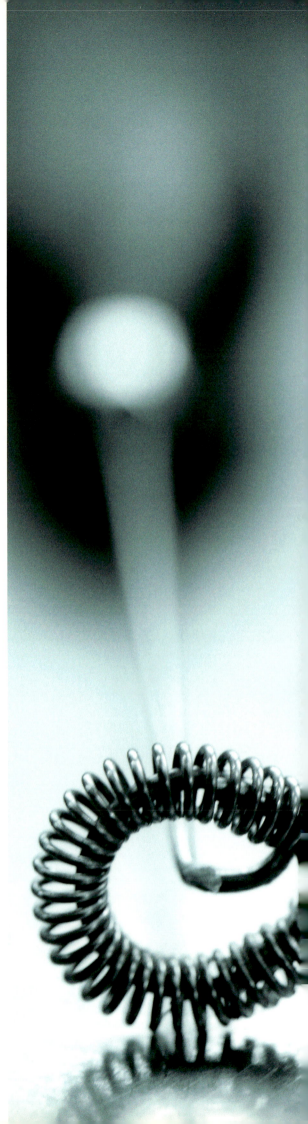

Menü 1 FRÜHLING

Amy und Jo

Am überhäuften Mittagstisch, mit Suppe, Eiern, Salaten, Brot, Konfitüren, Tomaten, Meersalz, Trüffelöl und Salami, diskutierten meine Frau und ich über das neue Gourmet-Menü. Währenddessen schlugen sich unsere Kinder Amy und Jo genüsslich die Bäuche voll.
«Mir fehlt noch eine Suppe zum neuen Gourmet-Menü …»
Da meldet sich Amy zu Wort: «Mach doch eine Salamisuppe!» Gesagt, getan.

Dieses Menü widme ich deshalb meinen Kindern.

Weisse Salamisuppe mit Zimt-Scampi-Spiess

Weisse Salamisuppe

1 Zimtstange
150 g grobe Salami von guter Qualität oder hausgemachte Rottannenholz-Salami
150 ml Grauburgunder oder ein anderer trockener Weisswein
250 ml Gemüsefond oder Rindsbouillon (siehe Grundrezepte Seite 189)
250 ml Vollrahm
Salz und weisser Pfeffer aus der Mühle
ca. 1/2 Kaffeelöffel Stärkemehl zum Binden, mit wenig Wasser angerührt

Die Zimtstange längs halbieren und vier schöne lange Stücke für die Scampi-Spiesschen beiseite legen; für die Suppe werden nur die restlichen Zimtabschnitte verwendet. Die Salami in Würfel schneiden und in einem erhitzten Topf langsam andünsten. Mit dem Weisswein ablöschen und mit dem Fond auffüllen. Auf kleiner Hitze 20 Minuten leicht kochen lassen. Die Zimtabschnitte beigeben und nochmals 5 Minuten mitsieden. Die Suppe durch ein feines Sieb in einen zweiten Topf giessen und kurz ruhen lassen, damit sich das Fett an der Oberfläche sammelt. Mit einer kleinen Schöpfkelle das Fett vorsichtig abschöpfen (oder die Suppe im Kühlschrank auskühlen lassen, bis das Fett wieder fest wird, und es so entfernen).
Den Rahm beigeben, mit Salz und Pfeffer würzen. Nochmals kurz aufkochen, mit dem Stärkemehl zur gewünschten Konsistenz binden, mit einem Schneebesen aufrühren und bereitstellen.

Zimt-Scampi-Spiess

4 Zimtspiesse (siehe links)
4 Scampi
Salz und weisser Pfeffer aus der Mühle
Olivenöl zum Marinieren und Anbraten

Die Scampi bis auf den Schwanzteil aus der Schale lösen und den Darm vorsichtig entfernen, mit Küchenpapier abtrocknen. An beiden Enden der Scampi mit einem Metall- oder Holzspiess ein Loch vorbohren, den Zimtspiess hindurchstecken. Die Scampispiesse mit etwas Olivenöl beträufelt eine halbe Stunde marinieren.
Mit Salz und Pfeffer würzen und in wenig Olivenöl beidseitig kurz (1–2 Minuten) anbraten. Auf Küchenpapier legen, abtupfen und warm stellen.

Anrichten

Kleine Salamiwürfel und Schnittlauchblüten oder -knospen auf dem Tellerrand verteilen, den gebratenen Scampispiess in den Suppenteller legen und mit der Suppe auffüllen.

Für Amy

Nun meine Kreation für Amy, die Wasserratte:
Für Schwimmer und Nichtschwimmer,
die essen,
für Geschwommene und nicht mehr Schwimmende,
die gegessen werden.

Thunfischcarpaccio, mariniert mit Tomatenkernen und -saft, dekoriert mit Zwiebel- und Spinatpüree, begleitet von einem Olivenöl-Ingwer-Sorbet und schwarzen Olivenmeringues

Thunfischcarpaccio mit Tomatensaft- und Tomatenkernenmarinade

Marinade:
6 Tomaten, nur Saft und Kerne
weisser Balsamicoessig
Salz und weisser Pfeffer aus der Mühle

400 g sehr frisches rotes Thunfischfilet

Den Tomatensaft und die Kerne mit dem weissen Balsamicoessig, Salz und Pfeffer abschmecken.
Den Thunfisch mit einem scharfen Messer hauchdünn aufschneiden und auf Tellern auslegen. Kurz vor dem Servieren mit Salz und Pfeffer aus der Mühle bestreuen und mit der Marinade beträufeln.

Zwiebelpüree

2 Zwiebeln (300 g), ungeschält
Salz und weisser Pfeffer aus der Mühle

Die Zwiebeln in der Schale 50 Minuten bei 160 Grad im Backofen backen. Auskühlen lassen und grosszügig aus der Schale lösen. Das Zwiebelfleisch im Cutter oder Mixer pürieren, durch ein Sieb streichen und mit Salz und Pfeffer abschmecken. In einen Spritzsack mit sehr feiner Tülle füllen und bereitstellen. (Man kann dafür auch ein Backpapier zu einer Tüte formen und vorne ein kleines Loch wegschneiden.)

Spinatpüree

50 g frischer Spinat
wenig Olivenöl
Salz und weisser Pfeffer aus der Mühle

Den Spinat in kochendem Salzwasser blanchieren. Sofort in Eiswasser abkühlen, gut auspressen und im Cutter oder Mixer mit dem Olivenöl sehr fein pürieren. Durch ein Sieb streichen und mit Salz und Pfeffer abschmecken. In einen Spritzsack mit sehr feiner Tülle (oder eine Backpapiertüte) füllen und bereitstellen.

Schwarze Olivenmeringues

40 g schwarze Oliven, ohne Stein
5 Eiweiss (150 g)
250 g Puderzucker, gesiebt
1 Kaffeelöffel (4 g) Stärkemehl
2 Esslöffel (20 ml) weisser Balsamicoessig

Die Oliven klein hacken und in einem Küchentuch gut ausdrücken. Auf ein mit Backpapier ausgelegtes Blech geben und im Backofen bei 100 Grad 1 Stunde trocknen lassen. Im Cutter oder Mixer sehr fein mixen, bereitstellen.
Die Eiweisse steif schlagen, den Puderzucker und das Stärkemehl löffelweise beigeben, den Balsamicoessig und anschliessend die getrockneten, pürierten Oliven vorsichtig unter die Meringuemasse ziehen. In einen Spritzsack mit runder Tülle füllen und auf ein mit Backpapier belegtes Blech gleichmässige runde Taler spritzen.
Im Backofen bei 140 Grad etwa 5 Minuten anbacken, dann die Temperatur auf 110 Grad senken und die Meringues 75 Minuten weiterbacken. Sie sollten in der Mitte noch leicht weich sein. Auf einem Gitter auskühlen lassen.

Olivenöl-Ingwer-Sorbet

90 g frischer Ingwer, gerieben
180 ml mildes Olivenöl von bester Qualität
250 ml Wasser
150 g Zucker
50 g Glukose

Den Ingwer etwa 4 Stunden im leicht erwärmten (40 Grad) Olivenöl einlegen. Anschliessend durch ein Sieb giessen und bereitstellen.
Das Wasser, den Zucker und die Glukose aufkochen und 2 Minuten auf kleiner Hitze sieden lassen. Auf etwa 30 Grad abkühlen lassen.
Das Ingwer-Olivenöl in einem dünnen Faden mit einem Schwingbesen oder im Mixer unter den Wasser-Zuckersirup schlagen. In der Glacemaschine gefrieren.
Die Zubereitung dieses Sorbets ist ohne Glacemaschine nicht möglich.

Anrichten

Das marinierte Thunfischcarpaccio mit dem Zwiebel- und dem Spinatpüree dekorieren und die Olivenmeringue in die Mitte legen. Eine Kugel Olivenölsorbet abstechen (den Glaceausstecher nicht vorwärmen, da sich sonst das Olivenöl unansehnlich verflüssigt) und auf der Meringue anrichten.

Entlebucher Plattfisch

Meistens, wenn wir total am Rudern sind, stehen unsere beiden «Engel» in der Küche und wollen helfen, und fragen, fragen, fragen ...
«Was ist das für ein Fisch?»
«Das ist ein Thunfisch, ein königlicher Fisch aus der Familie der Makrelen, und er kommt aus dem Mittelmeer.»
Nicht im Traum hat er daran gedacht, dass ich ihn flach mache, königlich schmücke und dann zur Familie der Entlebucher Plattfische ernenne.

In Marsala geschmorte Lammhaxe auf Rucolasalat und Rhabarberküchlein mit Rhabarberaschenöl und getrocknetem Rhabarber

In Marsala geschmorte Lammhaxe

4 Lammhaxen à 100–150 g
Salz und weisser Pfeffer aus der Mühle
Olivenöl zum Anbraten
50 g Zwiebeln, grob geschnitten
50 g Karotten, grob geschnitten
50 g Sellerie, grob geschnitten
1 Knoblauchzehe in der Schale
1 Esslöffel (10 g) Tomatenpüree
600 ml Marsala
500 ml kräftiger Lammjus
(siehe Grundrezepte Seite 188)
1 Lorbeerblatt

Die Haxen mit Salz und Pfeffer würzen und in einem ofenfesten Schmortopf in Olivenöl anbraten. Die grob geschnittenen Gemüse und den Knoblauch beigeben und anrösten. Überschüssiges Öl abgiessen. Das Tomatenpüree beigeben und kurz mitrösten. Mit dem Marsala ablöschen und mit dem Lammjus auffüllen, ein wenig einkochen lassen. Das Lorbeerblatt beigeben und die Haxen zugedeckt im Backofen bei 180 Grad weich schmoren, bis sich das Fleisch vom Knochen löst (ca. 1 Stunde). Wenn der Schmorfond zu stark einreduziert, etwas Wasser nachgiessen. Das Fleisch vorsichtig aus der Sauce nehmen, die Sauce durch ein feines Sieb passieren, aufkochen und auf die gewünschte Konsistenz einreduzieren. Das Fleisch wieder in die Sauce geben, aufkochen und warm stellen.

Rhabarberküchlein

150 ml Marsala
150 g Rhabarber, geschält (Schalen beiseite legen), in ca. 1 cm dicke Stücke geschnitten
50 g Rohzucker
1 Zwiebel (50 g), in ca. 1 cm dicke Stücke geschnitten
½ Knoblauchzehe, gehackt
1 Prise Senfpulver
1 Prise Cayennepfeffer
1 Prise Salz
8 Zitronenmelisseblätter, fein geschnitten
50 ml Vollrahm
1 Ei (50 g)
2 Eigelb (40 g)

Geriebener Teig:
120 g Weizenmehl
60 g Butter, klein gewürfelt
50 ml Wasser
¼ Kaffeelöffel (2 g) Salz, im Wasser aufgelöst
Weizenmehl zum Ausrollen

Den Marsala mit dem Rhabarber, dem Rohzucker, Zwiebel, Knoblauch, Gewürzen und Zitronenmelisse zu einer kompottartigen Masse einkochen. Erkalten lassen, den Rahm, Ei und Eigelbe beigeben und zugedeckt bereitstellen.
Für den Teig das Mehl und die Butter mit den Händen verreiben. Mit dem Salzwasser (eventuell wird nicht alles benötigt) rasch zu einem Teig verarbeiten. Nur kurz kneten. Mit Klarsichtfolie zugedeckt im Kühlschrank 1 Stunde ruhen lassen.
Den Teig auf etwas Mehl dünn ausrollen. Kleine Backformen von etwa 10 cm Durchmesser ausbuttern und mit dem Teig belegen. Die Ränder mit einer Gabel andrücken und den Boden einstechen. Die Füllung bis wenig unter den Rand einfüllen und im vorgeheizten Backofen bei 180 Grad rund 20 Minuten backen. Sofort servieren.

Rucolasalat

500 ml Marsala
50 ml Olivenöl
2 Bund Rucola (ca. 80 g), gewaschen und trockengeschleudert
Salz und weisser Pfeffer aus der Mühle

Den Marsala auf 50 ml einreduzieren. Das Olivenöl in die noch warme Reduktion einrühren. Mit Salz und Pfeffer abschmecken und gut mischen.
Kurz vor dem Anrichten die Sauce über den Rucola geben (braucht eventuell nicht die ganze Menge) und vorsichtig mischen. Sofort servieren.

Rhabarberaschenöl

100 g Rhabarber, in feine Scheibchen geschnitten
Olivenöl

Die Rhabarberscheibchen auf ein Backblech legen und im Backofen bei 200–300 Grad etwa 30 Minuten veraschen. Von Zeit zu Zeit wenden.
Wenn die Asche ausgekühlt ist, im Cutter oder Mixer sehr fein mahlen und durch ein Sieb geben. Anschliessend mit Olivenöl zu einer leicht flüssigen Paste verrühren.

Getrockneter Rhabarber

Rhabarberschalen
wenig Puderzucker zum Bestäuben

Die Rhabarberschalen locker auf ein mit Backpapier belegtes Blech legen, mit dem Puderzucker bestäuben und im Backofen bei 100 Grad trockenbacken.

Anrichten

Die Rhabarberküchlein in die Mitte der vorgewärmten Teller setzen und den angemachten Rucolasalat darauf verteilen. Die Lammhaxe auf dem Rucola anrichten. Wenig Marsalajus auf die Haxe träufeln. Mit dem Rhabarberaschenöl und dem getrockneten Rhabarber ausgarnieren.

Kinderei

Animalisch, marsalisch, rucosalisch, rhabarbarisch ist vollkommen fantastisch und wunderbar kindisch.

Würfelravioli, gefüllt mit würzigem Rindsmark und Wasabikern, auf Fischrisotto-Sauce

Würfelravioli mit Rindsmarkfarce und Wasabikern

Rindsmarkfarce:
200 g gehacktes Rindsmark, roh, aus Rindsröhrenknochen ausgelöst
100 ml dickflüssiger Kalbsjus (Glace de Viande), leicht warm
(siehe Grundrezepte Seite 188)
Salz und weisser Pfeffer aus der Mühle
Wasabi (grüner japanischer Meerrettich)

Ravioliteig:
1 Ei (50 g)
3 Eigelb (60 g)
wenig Wasser
1/2 Kaffeelöffel Olivenöl
125 g Weizenmehl, gesiebt
125 g Hartweizendunst
Hartweizendunst zum Verarbeiten

Das Rindsmark mit dem Kalbsjus im Cutter oder Mixer sehr fein mixen, mit Salz und Pfeffer abschmecken. Auf einem mit Klarsichtfolie ausgelegten Blech knapp 1,5 cm dick ausstreichen und zugedeckt in den Kühlschrank stellen. Die ausgekühlte Markfarce in 1,5 x 1,5 cm grosse Würfel schneiden (ca. 5 Würfel pro Person). Die Würfel quer halbieren, mit einem Messer in der Mitte ein reiskorngrosses Loch auskratzen und mit Wasabi füllen. Die Würfel wieder zusammenfügen und zugedeckt bereitstellen.

Für den Ravioliteig das Ei und die Eigelbe, etwas Wasser und das Öl mit einem Schwingbesen verquirlen. Den Dunst und das Mehl in die Rührschüssel der Küchenmaschine geben oder zu einem Kranz ausstreuen. Die Eimischung dazugeben, mischen und sehr gut durchkneten. Falls der Teig unelastisch und brüchig erscheint, noch wenig Wasser dazugeben und nochmals durchkneten. Den Teig luftdicht in Klarsichtfolie eingepackt 1 Stunde im Kühlschrank ruhen lassen.

Den Ravioliteig mit der Nudelmaschine oder mit dem Teigroller dünn ausrollen und in Streifen von 10 cm Länge und 2,5 cm Breite schneiden.

Je zwei Streifen zu einem Kreuz mit zwei langen und zwei kurzen Enden übereinander legen und mit wenig Wasser bestreichen. Einen Markwürfel auf die Mitte des Teigkreuzes legen. Die beiden längeren Teigstücke darüber schlagen und den Teig rund um die Würfel gut an- und zusammendrücken. Die vorstehenden Teigstücke abschneiden. Die Würfel 2–3 Minuten in leicht siedendem Salzwasser ziehen lassen.

Wenn es schneller gehen soll, können Sie statt Würfel natürlich auch beliebige normale Ravioli formen.

Diese Ravioli sollten in einem Bissen gegessen und nicht zerschnitten werden.

Fischrisotto-Sauce

50 g Risottoreis (Carnaroli)
1 Kaffeelöffel gehackte Zwiebel
1 kleines Lorbeerblatt
Olivenöl zum Andünsten
50 ml Federweisser (Pinot noir) oder ein anderer Weisswein
200 ml Fischfond
(siehe Grundrezepte Seite 189)
50 ml Vollrahm
Salz und weisser Pfeffer aus der Mühle

Den Reis mit der Zwiebel und dem Lorbeerblatt im Olivenöl glasig dünsten. Mit dem Wein ablöschen und die Hälfte des Fischfonds beigeben. Leicht salzen. Auf kleiner Hitze kochen lassen und immer wieder rühren. Wenn der Fischfond eingekocht ist, den Rahm beigeben und unter weiterem Rühren den Reis zur gewünschten Konsistenz weich kochen. Dabei immer wieder etwas Fischfond beigeben. Der Reis sollte eine saucenähnliche flüssige Konsistenz haben, allenfalls noch etwas Fischfond nachgeben. Mit Salz und Pfeffer abschmecken. Sofort anrichten.

Anrichten

Die Ravioli auf einen Spiegel oder ein Häufchen Fischrisotto setzen und mit Kerbelblättern garnieren.

Rindsmark

Das in der Küche nach wie vor verwendete Rindsmark stammt aus Röhrenknochen (z. B. Beinknochen), nicht aus der Wirbelsäule, und ist bedenkenlos zu geniessen.

Geometrie

Klugschwätzer Wiesner zu den Kindern:

«Ein Würfelraviolo ist ein Kubus mit vier gleich grossen Winkeln und vier gleich langen Seiten.»

ODER
R = Rindermark
W = Wasabi
S = Sauce
F = Fischrisotto
Das Ganze dreidimensional
nach Pythagoras oder so.

Rothirschrücken in Wacholderkruste auf Campari-Gin-Hirschragout mit Curry-Joghurt-Hirschwurst, begleitet von Blumenkohlcouscous, gehobeltem Fenchel, Lebkuchenkrümeln, Munder Safran und Camparizucker

Rothirschragout mit Campari und Gin

300 g Rothirsch (Vorderviertel), sauber pariert (ohne Sehnen und weisse Häutchen)
2 Esslöffel (20 ml) Campari
3 Esslöffel (30 ml) Gin
200 ml Orangenjus
200 ml Arneis oder ein anderer Weisswein
200 ml Gemüsefond (siehe Seite 189)
2 Wacholderbeeren
1 Nelke
6 weisse Pfefferkörner
1 Lorbeerblatt
50 g Zwiebelwürfel
1 Knoblauchzehe, ungeschält
1 gehäufter Kaffeelöffel (10 g) Zucker
1 gehäufter Kaffeelöffel (10 g) Salz
2 Kaffeelöffel (12 g) weiche Butter, vermischt mit 2 Kaffeelöffel (12 g) Weizenmehl

Das Hirschfleisch in kleine, haselnussgrosse Stücke schneiden und mit Küchenpapier trockentupfen (sonst bleiben geronnene Blutreste im Ragout).
Alle übrigen Zutaten ausser dem Fleisch zusammen aufkochen. Das vorbereitete Hirschragout in den kochenden Sud geben. Gut abschäumen und abfetten. Auf kleiner Hitze etwa eine halbe Stunde kochen lassen, bis das Fleisch weich ist. Das Fleisch herausnehmen. Die Sauce durch ein Sieb passieren und aufkochen. Die Mehlbutter je nach Konsistenz einrühren und während 5 Minuten unter Rühren kochen lassen. Das Fleisch wieder beigeben, erhitzen und warm stellen.

Rothirschrücken in Wacholderkruste

300 g Rothirschrücken, ausgebeint, pariert, gebunden
Salz und weisser Pfeffer
8 zerstossene, getrocknete Wacholderbeeren
Olivenöl zum Anbraten

Den Hirschrücken mit Salz und Pfeffer würzen, im Wacholder wenden, diesen gut andrücken und das Fleisch sofort in sehr heissem Olivenöl anbraten. Im auf 200 Grad vorgeheizten Backofen pro 1 cm Durchmesser (vor dem Anbraten gemessen) 1 Minute weiterbraten, anschliessend bei 50 Grad 10–15 Minuten ruhen lassen.

Rothirschwurst mit Curry und Joghurt

4 Rothirschwürstchen mit Curry und Joghurt (siehe Wurstrezepte Seite 75)
Olivenöl zum Anbraten

Die Würste im Olivenöl bei nicht zu starker Hitze braten und warm stellen.

Hirschsauce

1 l Wildjus, wenn möglich aus Rothirschknochen (siehe Grundrezepte Seite 189)
kalte Butterflocken nach Belieben
Salz und weisser Pfeffer aus der Mühle

Den Jus auf 100 ml einreduzieren und mit der Butter aufschlagen. Mit Salz und Pfeffer abschmecken.

Blumenkohlcouscous

1 Blumenkohl (ca. 1 kg)
Olivenöl zum Anbraten
Salz und weisser Pfeffer aus der Mühle

Mit einem Messer die äusserste Schicht des Blumenkohls etwa 5 mm dick abschneiden und im Cutter oder Mixer in kurzen Intervallen zerkleinern, bis er wie Couscous aussieht. Den Blumenkohlcouscous in ein Sieb geben und kurz in kochendem Salzwasser blanchieren. Anschliessend das Sieb sofort in Eiswasser halten. Gut abtropfen lassen und auf einem Küchenpapier trocknen.
Das Blumenkohlcouscous in einer Pfanne in Olivenöl kurz, aber heiss anbraten, ohne Farbe annehmen zu lassen. Mit Salz und Pfeffer abschmecken und warm stellen.

Fenchelstreifen

100 g Fenchel, gerüstet, die äusserste Schicht entfernt, das Grün beiseite gestellt
Olivenöl zum Anbraten
Salz und weisser Pfeffer aus der Mühle

Den Fenchel gegen die Fasern in sehr feine Streifen hobeln oder schneiden. In einer Pfanne in Olivenöl kurz anbraten, ohne Farbe annehmen zu lassen. Mit Salz und Pfeffer abschmecken und sofort servieren.

Camparizucker

250 ml Campari
100 g Puderzucker

Den Campari auf die Hälfte einkochen und erkalten lassen. Unter Rühren den Puderzucker beigeben und die Masse auf ein Backblech streichen. Bei 100 Grad im Backofen langsam trockenbacken. Wenn die Masse trocken ist, auskühlen lassen, dann im Cutter oder Mixer fein mahlen. An einem trockenen Ort aufbewahren.

Lebkuchenkrümel

40 g Lebkuchen, getrocknet (siehe Rezept Seite 152 oder vom Bäcker)

Den Lebkuchen im Cutter oder Mixer mittelfein zerkleinern und an einem trockenen Ort aufbewahren.

Safranfäden

4–5 Safranfäden pro Person (z. B. Schweizer Safran aus Mund im Wallis)

Den Safran in eine Pfanne geben und bei schwacher Hitze langsam leicht anrösten.

Anrichten

Das Blumenkohlcouscous in der Mitte der vorgewärmten Teller zu einem Nest anrichten. Das Rothirschragout hineingeben, etwas Sauce darüber träufeln; den aufgeschnittenen Rothirschrücken und das Rothirschwürstchen darauf legen. Mit wenig Hirschjus begiessen und mit den restlichen Zutaten ausgarnieren.

Menü 1 / Gang 5

Achterbahnspass

Mit meiner Familie auf der Achterbahn. Da geht die Post ab. Beim Hirschrücken starten wir und werden sofort auf die Wacholderkruste hochgeschleppt, schleudern mit 3 g am Campari und am Gin vorbei, biegen rechts am Curry und Joghurt ab, kommen in einer Geraden auf den Blumenkohl zu, rattern mit Fliehkraft hinauf zum Fenchel, dann im Sturzflug in den Looping der Lebkuchenkrümel, links vorbei am Munder Safran und laufen auf dem Camparizucker aus. Die Fahrt ist so rasant, dass es kocht und stäubt. Macht doch Spass, oder?

Holunderblüten-Quarkköpfchen auf Rüeblitorte und Rüebli-Crème-Brulée, serviert mit frittierten Holunderblüten

Rüeblitorte

Für eine Springform von 24 cm Durchmesser

- 6 Eigelb (120 g)
- 125 g Zucker
- 1 Prise Salz
- 15 ml heisses Wasser
- 1 Zitrone, abgeriebene Schale
- 300 g Karotten, gerüstet und an der Bircherraffel gerieben
- 150 g Haselnüsse, gemahlen
- 75 g Weizenmehl, gesiebt
- 4 g Backpulver
- 4 Eiweiss (120 g), steif geschlagen

Die Backform ausbuttern und den Boden mit Backpapier auslegen.
Die Eigelbe mit Zucker, Salz, Wasser und Zitronenschale aufschlagen, bis die Masse schön hell und luftig ist. Zuerst die Karotten und anschliessend die Haselnüsse, das Mehl und das Backpulver untermischen, zuletzt den Eischnee vorsichtig darunter ziehen.
Die Masse in die vorbereitete Backform giessen und im auf 180 Grad vorgeheizten Backofen 45–55 Minuten backen. Den Kuchen auskühlen lassen und vor dem Anrichten in die gewünschten Stücke schneiden.

Holunderblüten-Quarkköpfchen

- 130 g Holunderblütensirup
- 2 Blatt Gelatine, eingeweicht und ausgedrückt
- 250 g Rahmquark
- 1/2 Zitrone, abgeriebene Schale
- 125 ml Vollrahm, geschlagen

Den Holunderblütensirup auf etwa 60 Grad erwärmen und die eingeweichten Gelatineblätter einrühren. Den Quark beigeben und glatt rühren. Die Zitronenschale und den geschlagenen Rahm darunter ziehen. Die Masse sofort in passende Förmchen füllen und mit Klarsichtfolie zugedeckt kühl stellen.

Frittierte Holunderblüten

- 50 g Weizenmehl, gesiebt
- 75 ml Riesling x Sylvaner oder ein anderer Weisswein
- 1 Eigelb (20 g)
- 1 gehäufter Kaffeelöffel (10 g) Zucker
- 1/4 Zitrone, abgeriebene Schale

- 1 Eiweiss (30 g)
- 1 gehäufter Kaffeelöffel (10 g) Zucker
- 1 Prise Salz

- 4 schöne Holunderblütendolden, gewaschen, mit Küchenpapier trockengetupft
- Kokosfett zum Frittieren

Das Mehl mit Weisswein, Eigelb, Zucker und Zitronenschale vermischen und durch ein Sieb streichen. 1 Stunde zugedeckt im Kühlschrank ruhen lassen.
Das Eiweiss mit dem Zucker und dem Salz steif schlagen und vorsichtig unter den Vorteig heben.
Die Holunderdolden sofort in diesen luftigen Teig tauchen und im 160 Grad heissen Fett ausbacken. Auf Küchenpapier abtropfen, wenig auskühlen lassen und sofort servieren.

Rüebli-Crème-Brulée

- 250 g junge Karotten, geschält, in kleine Würfel geschnitten (milde, süsse Sorte verwenden)
- 100 g Zucker
- 3 Eier (150 g)
- 1 Eigelb (20 g)
- 250 g Vollrahm

Rohzucker zum Karamellisieren

Die Karottenwürfel im Dampf (ohne Salz) sehr weich kochen und gut ausdampfen lassen. Mit dem Zucker und den Eiern sehr fein mixen und anschliessend durch ein feines Sieb streichen. Den Rahm beigeben und vermischen. Eine halbe Stunde ruhen lassen. Dann vorsichtig kurz durchrühren und in passende Formen füllen (z. B. 1,5 cm hoch in Dessertschalen gefüllt; wenn die Masse höher eingefüllt wird, verlängern sich die Pochierzeiten).

Im Steamer: Im Dampf bei 87 Grad 12 Minuten pochieren; auskühlen lassen.

Im Backofen: Ein tiefes Blech mit Küchenpapier auslegen. Die Formen hineinstellen und das Blech bis wenig unter den Förmchenrand mit kochendem Wasser füllen (darauf achten, dass kein Wasser in die Creme kommt). Im vorgeheizten Backofen bei 130 Grad 25 Minuten pochieren. Aus dem Wasserbad nehmen und auskühlen lassen.

Die Crèmes Brulées satt mit Rohzucker bestreuen und mit einem Bunsenbrenner oder sehr starker Oberhitze karamellisieren.

Anrichten

Die Crème Brulée auf einen Teller stellen und eine Scheibe Rüeblitorte darauf legen. Das Holunder-Quarkköpfchen kurz in warmes Wasser tauchen und auf die Rüeblitorte stürzen. Mit einer frittierten Holunderblütendolde ausgarnieren.

Gemüsetiger

«Jo, du isst doch so gerne Gemüse, nicht?»
«Igitt, igitt, Papa!»
«Aber mein Kleiner, da hab' ich für dich so ein feines Dessert.
Wie wäre es mit einem Pudding, Creme und Kuchen?»
«Lecker, lecker, Papa!»
Und die Moral der Geschichte: Auch Jo isst Gemüse.

Entlebuch – das erste Unesco-Biosphärenreservat der Schweiz

Pioniertal

Das Entlebuch, Randregion und Voralpental mit neun Gemeinden zwischen Luzern und Bern, zwischen Napf und Brienzergrat, ist mit rund 41 000 Hektaren und 18 600 Einwohnern die am weitaus schwächsten besiedelte Region des Kantons Luzern. Reich hingegen ist dieser Hundertstel Schweiz an Regen und Gewittern, an Mooren und Kühen, an Sagen und Vereinen … und an Naturschönheiten.

Die Entlebucher, eigensinnig, schlagfertig, heimat- und naturverbunden, stehen mit beiden Beinen auf ihrem Boden. Stolz und freiheitsliebend hatten sie, wie im Bauernkrieg 1653, immer wieder Konflikte mit der Obrigkeit. Sie galten früher als «die stärksten Schweizer» und grosse Musikliebhaber.

Das Entlebuch war lange Zeit das Armenhaus der Schweiz mit einer hohen Kindersterblichkeit und einer grossen Anzahl an Bettlern, Waisen und Verdingkindern. Karger Boden, rauhes Klima und die Lage abseits der grossen Verkehrswege erschwerten die wirtschaftliche Entwicklung. Ausserdem sah das geltende Erbrecht die Verteilung des Erbes unter alle Kinder vor, so dass der Boden immer stärker zerstückelt wurde. Noch heute verfügt die Region Entlebuch über eines der tiefsten Pro-Kopf-Einkommen der Schweiz. Über ein Drittel aller Erwerbstätigen sind in der Land- und Forstwirtschaft tätig, achtmal mehr als im nationalen Durchschnitt. Ansonsten hat die Region nicht viele Arbeitsplätze zu bieten. Einige holzverarbeitende Betriebe, etwas Tourismus, wenig Industrie und Dienstleistungen.

Vor kurzem ist die Region Entlebuch jedoch mit einer mutigen Tat ins Blickfeld der Öffentlichkeit gerückt: Mit ihrem Entscheid zum Biosphärenreservat ist sie eigentliches Vorbild und Modell für eine nachhaltige, intelligente Regionalentwicklung geworden.

2001 hat die Unesco, die Weltorganisation für Erziehung, Wissenschaft und Kultur, das Entlebuch als erstes Biosphärenreservat der Schweiz anerkannt. Unter den weltweit über 400 Biosphären in 94 Ländern finden sich so bekannte Regionen wie die Camargue, die Serengeti oder die Everglades.

Biosphärenreservate sind Modellregionen mit intakten Natur- und Kulturlandschaften, in denen, anders als in Nationalparks und Naturschutzgebieten, die aktive Nutzung und Mitgestaltung durch ihre Bewohner erlaubt ist. Der Boden soll seine Bewohner ernähren und ihnen ein Auskommen sichern, zum Beispiel durch schonende landwirtschaftliche Bewirtschaftung, Gewerbe, sanften, naturverträglichen Tourismus. «Biosphärenreservat» bedeutet «Lebensraum bewahren» und ist ein Gütesiegel für Regionen, die sich eine nachhaltige Entwicklung zum Ziel setzen. Es lebt vor allem von der Eigeninitiative der Bevölkerung.

Der demokratische Entscheid an den Abstimmungen im Herbst 2000, bei denen in den acht Entlebucher Gemeinden Ja-Stimmen-Anteile von durchschnittlich 94% erreicht wurden, war eine Sensation und eine Pioniertat. Von der ersten Idee 1997 bis zu dieser deutlichen Annahme war allerdings viel Überzeugungsarbeit nötig. Anfangs war die Skepsis gross. Zunehmend setzte sich dann aber die Einsicht durch, dass «das Biosphärenreservat die gemeinsame Klammer sein kann zwischen Moorschutz, Tourismus, Vermarktung von Agrarprodukten und regionaler Entwicklung». Mehr als die Hälfte der Entlebucher Landschaft war als Wald oder Moor nämlich bereits geschützt.

In der 8% der Fläche umfassenden Kernzone steht der Naturschutz ohne menschliche Beeinflussung im Vordergrund. Hoch- und Flachmoore, Schluchtenwälder, Auen, Wasserläufe, Berglandschaften und Karstgebiet prägen diesen Teil. Die 42% der Gesamtfläche umfassende Pflegezone dient der Konservierung und der behutsamen Weiterentwicklung der vom Menschen geschaffenen Kulturlandschaft. Das Land mit geschützten Moorlandschaften, Alpweiden und Waldreservaten wird traditionell, aber nachhaltig genutzt. Die verbleibenden 50% Entwicklungszone sind Siedlungsgebiet, Landwirtschafts- und Waldzonen vorwiegend im Talboden; hier sind wirtschaftliche Aktivitäten erlaubt. Aktuelle Projekte der Biosphäre Entlebuch sind der naturverträgliche Tourismus, das Holzforum Entlebuch (Verein für Holzverwertung im Entlebuch), das Label «Energiestadt» und das Label «echt entlebuch» für Regionalprodukte aller Branchen.

Biosphäre Entlebuch

«Was macht man mit so viel Schönheit?»

Theo Schnider, Direktor UNESCO Biosphäre Entlebuch, Sörenberg

«Unter den rund 400 weltweit bestehenden Biosphärenreservaten ist die Biosphäre Entlebuch das erste und einzige Biosphärenreservat, das durch eine Volksabstimmung eingeführt wurde, das also eine aktive Beteiligung der Bevölkerung kennt. Damit nehmen wir als jüngstes Mitglied bereits eine Pionierrolle und Vorbildfunktion für andere Biosphärenreservate ein. Die ganze Welt kommt nun ins Entlebuch, um zu sehen, was Partizipation – zusammen mit der Bevölkerung durch die Prozesse gehen und sie umsetzen – bedeutet. Wir selbst verfügen jedoch über keinerlei Partizipationsmodelle oder Erfahrungen anderer, auf die wir uns stützen könnten. Wir müssen ausprobieren, kreativ sein. Der Weg über Mitwirkungsverfahren ist anspruchsvoller und länger, aber gerade dadurch erhält die Biosphäre Entlebuch ihre besondere Identität und Einzigartigkeit. Die anderen Biosphären sind meist rein planerisch entstanden, von der Regierung beschlossen, um Naturschätze und -ressourcen zu schützen.

Wir haben im Entlebuch eine fantastische Landschaftsvielfalt auf engem Raum, einzigartige Naturjuwelen wie das Jagdschutzgebiet Brienzer Rothorn, die Karstlandschaft Schrattenfluh, Moorgebiete, Auenlandschaften, Wälder, dazu eine echte, unverfälschte, typische Kultur. Mit der Rothenturm-Moorschutz-Initiative 1987 stand plötzlich die Hälfte der Fläche des Entlebuchs unter Schutz, in Flühli und Sörenberg sogar zwei Drittel des Gemeindegebiets. Da stellte sich auf einmal die Frage, was macht man mit so viel Schönheit? Ist eine touristische und wirtschaftliche Entwicklung überhaupt noch möglich angesichts einer so grossen Schutzfläche? Da wir sie nun aber hatten, mussten wir genau dies zur Chance und zur Marke machen und neue Strategien suchen.

Beim Moorschutz-Gesetz war vieles schiefgelaufen, die Moorschutzzonen waren vielerorts ohne Einbezug der betroffenen Grundeigentümer, ohne Partizipation der Bevölkerung bestimmt worden. Gerade in der Landwirtschaft und im Tourismus haben sich grosse Widerstände geformt. Aus einer starken Konfrontation mit Natur- und Landschaftsschutz heraus hat man sich mit dem Thema auseinander gesetzt und ist nun zum Schluss noch zur eigentlichen Modellregion im Umgang mit Naturschutz geworden. Das war ein schwieriger, harter, aber unglaublich schneller Prozess. Wahrscheinlich hat es dazu die anfängliche Zwangslage und das kämpferische Denken der Entlebucher gebraucht. In einem Nationalpark geht es nur um Erhalten und Schützen, nicht aber um Entwickeln. Wir aber haben ein Modell gesucht, das den Menschen integriert, in dem und von dem der Mensch leben kann.

Momentan müssen sich alle Branchen in Foren, Interessengruppen und Organisationen erst intern organisieren und ihre Ziele formulieren. Sie müssen sich ganz konkret mit der Zukunft beschäftigen und dabei bereits die Ansprüche der Nachhaltigkeit im Visier haben. In allen möglichen Bereichen wie Mobilität, Energie, Landwirtschaft, Gewerbe, Gesundheit, Bildung, Natur und Landschaft, Industrie, Gastronomie und Tourismus.

Bei der Umsetzung der Massnahmen ist dann der Gedankenaustausch zwischen den Foren und Branchen sehr wichtig. Die Ideen sollen hin und her fliessen, kreuz und quer, die Industriebranche soll sich Gedanken zum Tourismus machen, der Tourismus zur Zukunft des Gewerbes. So entsteht ein kreativer Raum mit völlig neuen Ideen. Synergien und Kooperationen in der Region werden erst möglich.

Es gibt sehr viele Arbeitsgruppen, momentan sind wohl 500 bis 700 Entlebucher und Entlebucherinnen in Projektgruppen eingebunden. Das Ziel ist, dass die ganze Bevölkerung nach und nach von einem eigentlichen Nachhaltigkeitsvirus erfasst wird, sich überlegt, ob das, was jeder arbeitet und umsetzt, mit den Ansprüchen der drei gleichwertigen Pfeiler Gesellschaft, Wirtschaft und Umwelt in Einklang ist. Dieser Prozess braucht Zeit und eine langfristige Perspektive über Generationen. Man kann die Biosphären-Philosphie des nachhaltigen Lebens und Wirtschaftens nicht von heute auf morgen umsetzen.

Gute Ziele zu formulieren und Visionen zu entwickeln ist äusserst anspruchsvoll und anstrengend. Man muss oft klar und deutlich Entscheide fällen. In unserer Null-Fehler-Gesellschaft haben jedoch viele Angst, sich für die Zukunft falsch zu entscheiden. Es gibt noch keine Erfahrungen mit der Umsetzung der Nachhaltigkeit, wir müssen einfach ausprobieren und brauchen darum mutige Entscheidungen. Es ist ein ständiger Such-, Lern- und Gestaltungsprozess, es braucht viele Gespräche, Feingefühl, Dialog und Moderation. Wenn man etwas bewirken will, muss man die ganze Region mit in den Prozess einbinden. Ob das gelingt, wird die Zukunft weisen. Aber ich bin überzeugt, dass wir auf dem richtigen Weg sind.

Neben der Nachhaltigkeit ist ein weiteres zentrales Ziel der Biosphäre, die Wertschöpfung in der Region zu erhöhen. Das Netzwerk mit den vielen Arbeitsgruppen erleichtert das Eingehen von Kooperationen und Synergien enorm. Produzenten aus der Region sollen möglichst mit anderen Produzenten in der Region zusammenarbeiten, der Wirt beispielsweise regionale Produkte verwenden. Dieses Denken – die eigene Region zu stärken und sich damit auch den eigenen Lebensraum zu sichern – sollte immer mehr in der ganzen Bevölkerung Eingang finden. Randregionen müssen sich überlegen, wie sie attraktiver werden und der Entsiedelung entgegenwirken können, indem sie sich auf ihre Stärken konzentrieren. Wir sind eine zu kleine Region, um touristisch gross in Erscheinung zu treten, also brauchen wir etwas Spezielles, und das können wir schaffen mit einer konsequenten Umsetzung der Biosphäre Entlebuch.

Der Entlebucher hat einen ausgeprägten Nützlichkeitssinn. Wenn er sieht, das bringt mir etwas, lässt er sich überzeugen. Er ist kritisch, aber wenn er mal dabei ist, dann ist er es mit Leib und Seele. Der Entlebucher ist stolz, zäh, von grosser Ausdauer und hat gelernt, mit schwierigen Lebenssituationen umzugehen. Vielleicht sind das gerade ideale Voraussetzungen, um heute eine Pionierrolle in der Regionalentwicklung zu übernehmen.

Die Aufgabe des Biosphären-Managements ist, die Bedürfnisse der Bevölkerung und die Anliegen von Landschaft und Natur, Wirtschaft und Kultur unter einen Hut zu bringen. Teilweise sind dies auch widersprüchliche Interessen. Wir können Synergien erleichtern und Kooperationen ermöglichen, vermitteln und beraten, damit es zu Win-win-Situationen kommt, in denen alle Seiten gewinnen. Kritik aus der Bevölkerung muss man ernst nehmen; es mir bewusst, dass die Gesellschaft oft vor allem kurzfristige Erfolge sucht. Mit dieser langfristigen Zukunftsgestaltung umzugehen muss neu erlernt werden. Wir sind daher eine lernende Region, die sich sachte, aber ständig verbessert und weiterentwickelt.»

«Die Zukunft des Tourismus für die Region sehe ich in Richtung Gasthaus mit Zimmern zum Übernachten, feinem speziellem Essen, Gastfreundschaft und Gastlichkeit. Man geht aufs Land, um sich dort verwöhnen zu lassen, nicht mit einer protzigen, sondern mit einer ländlichen, persönlichen, familiären Qualitätsgastlichkeit. Die Küche muss sehr fundiert, natürlich und frisch sein. So hat man hier meiner Meinung nach genug zum Leben, egal wo das Gasthaus steht – das ist die Zukunft. Ich sehe Städter, die hierher kommen, um sich zu erholen, das Mountainbike, die Wanderschuhe oder Ski mitnehmen und ein paar Tage bleiben, vielleicht noch einen Goldwasch- oder Alphornkurs nehmen. Ein sanfter natürlicher Tourismus, der die Landschaft und das Essen schätzt.»
(Stefan Wiesner)

Mühle

«Der gute Name ist das A und O für ein Geschäft»
Jakob Wicki, Müller, Schüpfheim

Die kleine Mühle von Wickis in Schüpfheim ist ein typischer Familienbetrieb. Der Sohn hat die Mühle übernommen, aber der Vater arbeitet immer noch mit und gibt seine Erfahrung weiter.

Die über fünfzig Jahre alten schönen, unverwüstlichen Maschinen reichen über drei Stockwerke, Rohre gehen rauf und runter. Das Mahlgut wird mittels Saugpneumatik von einem Boden zum anderen gehoben, in einem komplizierten Vorgang in mehreren Durchgängen gemahlen und mit immer feineren Sieben gesiebt, von Futterkleie über Ruch- oder Halbweissmehl bis hin zu Weissmehl. Es lärmt und stampft und vibriert … Jakob Wicki hört sofort, wenn sich die gleichmässigen Geräusche verändern und irgendwo eine Störung eingetreten ist.

Kunden kommen vorbei, kaufen fünf Kilo frisches Mehl für den Privatgebrauch, Bauersfrauen, die regelmässig selber Brot und Zopf backen, auch mal einen grossen Sack. In einem kleinen Gestell stehen alle möglichen Sorten. Wohnhaus und Mühle, Arbeit, Familie, Freizeit und Hobby gehen ineinander über, man ist jederzeit da für Kunden und Aufträge. Eine Flexibilität, die heute nicht mehr häufig anzutreffen ist und die geschätzt wird. Es ist ihr Wettbewerbsvorteil gegenüber den Grossen.

«Ich würde meine alte Soder-Maschine nicht gegen eine neue tauschen. Weil sie schonender mahlt, wird die Stärke weniger zerstört. Dadurch kann das Mehl mehr Flüssigkeit aufnehmen und ist qualitativ besser. Ein Bäcker merkt das. Es gibt schon Unterschiede zwischen den Mühlen. Mehl ist ein Naturprodukt, und keines ist gleich wie das andere. So wie auch der Weizen nicht immer gleich ist, es kommt darauf an, aus welcher Region er stammt. Die Qualität eines Mehls hängt aber auch von der Walzenführung und vom Sieb ab. Regulierung und Steuerung einer Mühle sind nicht einfach.

Pro Stunde mahlt die Mühle bis zu 300 Kilogramm Weizen. Wir zerlegen das Korn fein säuberlich in vier Schrot- und fünf Ausmahlvorgängen und nehmen davon vorneweg, was wir brauchen. Die Futtermühle ist ein anderes System. Da wird alles gleich gross gemahlen, Schale, alles ist da drin. Wir beziehen den Weizen aus verschiedene Regionen, damit sich klimatisch bedingte Unterschiede wieder ausgleichen können oder wir bei Hagel in einer Region als Absicherung noch einen anderen Lieferanten haben.

Heute gibt es in der Schweiz noch 97 Mühlen, Klein- und Mittelbetriebe. Gute Mehlmüller und Futtermüller sind sehr gesucht, es ist ein anspruchsvolles Handwerk. Im Unterschied zu Grossmühlen produzieren wir im selben Mahlvorgang vom gleichen Korn verschiedene Mehle.

Ich fahre das Mehl selber aus, dadurch habe ich gleich noch den Kontakt zu den Kunden, Bauern wie Bäcker. Ich bin direkt an der Front. Guter Kundendienst ist wichtig, sich Zeit nehmen und gute Qualität zu vernünftigen Preisen liefern. Im Geschäft ist, egal was man macht, wichtig, wie man nach aussen steht. Der gute Name ist das A und O. Wenn man im Dorf einen schlechten Namen hat, kommt das nie gut.»

Puuremärt

«Alles Rezepte meiner Grossmutter»
Pia Wicki, Bäuerin, Präsidentin Verein Puuremärt Amt Entlebuch, Wiggen

Pia Wicki, Bäuerin in Wiggen und Mutter von drei Kindern, ist Präsidentin des Vereins Puuremärt Amt Entlebuch. Der Verein hat sich zum Ziel gesetzt, selbst gemachte Produkte vom Bauernhof zu verkaufen und zu vermarkten. Sie selbst steuert unter Mithilfe der ganzen Familie diverse Konfitüren und Sirupe bei, jährlich sind es schon weit über 2000 Gläser und Flaschen. Ihr Hof, ein Milchwirtschaftsbetrieb mit Aufzucht, liegt versteckt im Hilferental.

«Wir leben auf 1200 Meter, und ich verarbeite nur Produkte, die hier wachsen. Es macht keinen Sinn, Kirschen- oder Zwetschgenkonfitüre zu kochen, wenn wir die Früchte gar nicht haben. Dafür Tannenzweige und Holunder aus dem eigenen Wald, Hagebutten und Löwenzahn von der Weide, es sind alles Wildfrüchte, die ich hier finde. Goldmelisse und Minze habe ich im Garten.

Ich koche Tannensprösslingshonig, genau genommen Tannenzweigdicksaft (Pia Wickis Rezept siehe Seite 186), Löwenzahngelee, roten Holundergelee und Hagebuttenkonfitüre. Es sind alles Rezepte, die schon meine Grossmutter verwendet hat. Dann mache ich noch Sirupe aus Holunderblüten, Zitronenmelisse, Minze, Goldmelisse und Holunderbeeren. Tannensprösslinge sind geschützt, man darf sie nur im eigenen Wald pflücken. Ich habe vom Frühling mit dem Löwenzahn bis in den Herbst hinein mit den Hagebutten ständig zu tun, eins wird nach dem anderen reif. Das meiste verkaufe ich über den Verein Puuremärt, einen Teil direkt auf dem Hof, und selber gehe ich noch an einige Märkte. Ich brauche jedes Jahr mehr von meinen Produkten. Einen Absatz muss man sich über die Jahre erst erarbeiten, und bei etwas Neuem braucht es Zeit, bis es die Leute kennen.

Der Puuremärt-Verein Amt Entlebuch wurde 1996 von einigen Absolventinnen eines Direktvermarktungskurses an der Bäuerinnenschule Schüpfheim gegründet. Von unseren rund zwanzig Mitglieds-Bauernbetrieben sind fast ausschliesslich die Frauen aktiv. Zweck des Vereins ist es, den Betrieben Absatzmöglichkeiten für ihre eigenen Produkte zu bieten. Wir können hier keine Tafel ‹Zu verkaufen direkt ab Bauernhof› an die Strasse stellen, dafür sind die Höfe allesamt zu abgelegen. Ausserdem hat jeder nur einzelne Produkte. An einem zentralen Marktstand hingegen können wir gemeinsam ein recht grosses Sortiment anbieten – vom Brot und Gebäck über Käse, Fleisch und Wurst, Gemüse, Tee, Pilzen bis zu Likören, Konfitüren und Sirupen. Verwendet werden ausschliesslich saisonale, einheimische Zutaten. Wir besuchen damit verschiedene regionale Märkte und verkaufen Geschenkkörbe. Weiter organisieren wir ab und zu Apéros und Mittagessen mit unseren Erzeugnissen, zum Beispiel für Biosphären-Besuchergruppen und -Exkursionen. Über die Kräuteranbaugenossenschaft lassen wir für verschiedene Anbieter auch noch weitere Kräutersirupe in grösseren Mengen herstellen. Inzwischen können wir die Arbeitszeiten der Vereinsmitglieder sogar vergüten.

Wir wären froh um mehr Mitglieder. Wenn wir mehr und breiter abgestützt wären, könnten wir auch mehr produzieren und verkaufen, etwas Grösseres anpacken. Goldmelissen- und Holunderblütensirup zum Beispiel haben wir immer zu wenig. Viele belächeln uns immer noch und denken, lieber woanders arbeiten gehen als eine Stunde am Marktstand stehen und frieren.

Mein Eindruck ist, dass die Bauern hier mehr zusammenspannen als anderswo. Man sollte jedoch die bestehenden Initiativen besser unterstützen, anstatt immer wieder neue Grüppchen zu gründen. Die Arbeit im Verein ist nicht nur ein Nebenerwerb, ich mache es aus Freude, ich komme gern unter die Leute. Ich mag Tage mit vielen verschiedenen Aktivitäten und einem gedrängten Programm.»

Kälbermast und Direktvermarktung

«Anfangs hat es schon weh getan, wenn wieder ein Kalb wegging»

Elsbeth und Walter Thalmann, Bauern, Flühli

«Unser Anliegen ist es, Sorge zur Natur und zu den Tieren zu tragen. Seit bald fünfzehn Jahren halten wir Hinterwälder-Kühe, eine vom Aussterben bedrohte Rasse aus dem Schwarzwald, für deren Erhalt sich Pro Specie Rara eingesetzt hat. Heute gibt es bereits wieder um die 2000 Hinterwälder-Kühe in der Schweiz, und wir haben einen eigenen Verein, der Zucht und Verbreitung fördert. Hinterwälder sind viel kleiner und leichter als die üblichen hochgezüchteten Milchkühe, aber auch robuster und wendiger, für Bergregionen sehr gut geeignet. Wir haben bei uns nasse Sommer und viel Regen. Wir brauchten eine leichtere Kuh, mit der wir auf unsere steile Alp gehen können und die uns das Land nicht so kaputt macht.

Wir betreiben keine Mutterkuhhaltung, bei der die Kälber selber saugen, sondern IP-Suisse-Kälbermast. Wir melken die Kühe und verfüttern die ganze Milch den Kälbern im Stall. Vor zwanzig Jahren haben wir den Hof gekauft, den früher meine Grossmutter bewirtschaftet hat. Die Liegenschaft ist mit der Alp nur knapp acht Hektaren gross, und ohne die Direktvermarktung könnten wir damit nicht überleben. Wir mästen bis zu fünfzehn Kälber, je nach der Milchleistung der Kühe. Die besten Kuhkälber behalten wir für die Zucht, die übrigen und die Munis kommen in die Metzg. Anfangs hat es uns schon geschmerzt, wenn wieder ein Kalb wegging, aber mit der Zeit gewöhnt man sich daran, es gehört eben einfach dazu. Es ist unsere Existenz.

Bevor wir mit dem Direktverkauf begonnen haben, haben wir normal gemästet und die Kälber dann in den Handel gegeben. Aber sobald Kalbfleisch ein bisschen rosa ist, wenn die Kälber frei herumspringen können und ab und zu mal etwas Stroh und Heu fressen, wird im Handel Geld abgezogen. Die Kälber nur noch angebunden zu halten, das wollten wir nicht mehr mitmachen.

Vor gut zehn Jahren haben wir mit der Direktvermarktung des Fleischs der Mastkälber und Kühe angefangen. Wir verkaufen neben dem Kalbfleisch Trockenfleisch, Rauchwürste und Salami aus Kuhfleisch. Wegen der steigenden Nachfrage kaufen wir auch noch Tiere von anderen Entlebucher IP-Suisse-Bauern dazu. Die Regiometzg Schüpfheim verarbeitet unser Fleisch nach unseren Vorgaben und Rezepturen. Unsere Produkte sind natürlich zertifiziert, das Label ‹echt entlebuch› schreibt vor, dass Tier und Metzger aus dem Entlebuch stammen müssen und die Wertschöpfung hier stattfindet. Regelmässig fahren wir an verschiedene Märkte und Ausstellungen.

Direktverkauf ist nicht einfach, man muss sich anfangs jeden Kunden einzeln suchen und ihn pflegen. Unser Samstagsmarkt der Bauersfrauen Flühli-Sörenberg in Sörenberg läuft super, aber fast nur mit Auswärtigen und Touristen. Die Einheimischen sind oft selber Bauern und haben ihre eigenen Produkte. Viele der Bauernmärkte hier im Entlebuch haben deshalb nicht rentiert. Das Bewusstsein der Biosphärenidee muss noch wachsen, wir müssen auch in kleinen Sachen umdenken. Zum Beispiel als Gastgeschenk etwas Einheimisches mitbringen.

Wir sind Entlebucher mit Leib und Seele, uns gefällt das Leben hier ‹rüdig› gut, und wir möchten nirgends anders wohnen. Wir haben nicht einmal das Bedürfnis zu verreisen, ein Liegestuhl vor dem Haus reicht doch, bei der Aussicht. Wir Entlebucher sind ein offenes Völkchen, vif und ehrlich. Man darf einfach nicht schlafen, muss sich immer weiterentwickeln, um Erfolg zu haben.»

Menü 2 FRÜHLING

Frühlings-ROLLE

Dieses Menü könnte auch «Schlaflose Nächte» heissen.
Nächte, in denen die Ehefrau neben einem immer wieder aus dem
Bett rennenden Ehemann den Schlaf sucht. Aber es wurde das
Frühlings-ROLLE-Gourmetmenü daraus, weil so spät in der Nacht
kein anderes Papier zur Hand war als die Kassenrolle, die uns unsere
Tochter schön verziert zu Weihnachten geschenkt hatte ... damit
wir ja nichts vergessen und sofort alles aufschreiben können.

Rosenholz-Sirtensuppe mit Frischkäse, begleitet von Rosenholz-Räucherstäbchen

Rosenholz-Sirtensuppe

100 g Zwiebeln, grob geschnitten
50 g Sellerie, grob geschnitten
50 g Lauch, grob geschnitten
30 g Karotten, grob geschnitten
30 g Tomaten, grob geschnitten
Butter zum Andünsten
250 ml Brachetto (Rosenwein) oder ersatzweise ein anderer Rotwein
1 l Sirte
200 g Rosenholz, entblättert und in kleine Stücke geschnitten
15 g getrocknete Rosenblüten
Petersilienstiele
3 weisse Pfefferkörner
1 Lorbeerblatt
Salz nach Belieben
Klärmasse:
150 g mageres Kuh- oder Rindfleisch
40 g Karotten, klein gewürfelt
30 g Knollensellerie, klein gewürfelt
50 g Lauch, klein gewürfelt
40 g Zwiebeln, klein gewürfelt
30 g Tomaten, klein gewürfelt
2 Eiweiss (60 g)
1 kleines Lorbeerblatt
3 weisse Pfefferkörner
wenig Salz
100 ml Wasser
Salz und weisser Pfeffer aus der Mühle

Das Gemüse in der Butter andünsten, mit dem Rosenwein ablöschen und mit der Sirte auffüllen. Das Rosenholz, die Rosenblüten, Petersilie, Pfefferkörner, Lorbeerblatt und Salz beigeben. 40 Minuten leicht sieden lassen, dabei fleissig abschäumen. Die Suppe durch ein feines Sieb passieren und kühl stellen.
Für die Klärmasse das Fleisch durch die grobe Scheibe (Scheibe 3) des Fleischwolfs treiben (oder dies vom Metzger besorgen lassen). Das Fleisch mit Gemüse, Eiweiss, Gewürzen und Wasser in eine grosse Schüssel geben, gut vermengen und über Nacht zugedeckt im Kühlschrank durchkühlen lassen.
Die Klärmasse sehr gut unter die kalte Rosenholz-Sirtensuppe mischen. Das Ganze unter Rühren schnell aufkochen. Sobald es gekocht hat, nicht mehr rühren, bis sich der Fleischkuchen abgesetzt hat. Abschäumen und abfetten. Rund 30 Minuten auf kleiner Stufe sieden lassen. Die Suppe sehr sorgfältig schöpfkellenweise durch ein Passiertuch abschöpfen, ohne dass die am Boden abgesetzten Trübstoffe aufgerührt werden. Mit Küchenpapier restlos abfetten, indem man das Papier ganz vorsichtig auf die Suppe legt und das Fett aufsaugt. Mit Salz und Pfeffer abschmecken.

Frischkäse, selbstgemacht

2,5 l Rohmilch
90 g Joghurt
1/4 Kaffeelöffel Labextrakt (aus der Käserei)

6 Joghurtbecher (à 200 ml) rundherum mit einer hoch erhitzten Fleischgabel einstechen (genügend Löcher einstechen, damit die Sirte später gut abtropfen kann).
Die Rohmilch vorsichtig auf 32 Grad erwärmen (bei Schaf- und Ziegenmilch 29 Grad).
Das Joghurt beigeben und alles bei Zimmertemperatur 45 Minuten vorreifen lassen. Den Labextrakt beigeben und bei Zimmertemperatur 50 Minuten andicken lassen, dabei nicht umrühren. Dann die Käsemasse mit einem langen, dünnen Messer in walnussgrosse Stücke schneiden und 5 Minuten setzen lassen.
Die Joghurtbecher auf ein feinmaschiges Gitter mit Auffangschale darunter stellen und mit der geronnenen Milch füllen. 6–8 Stunden bei Zimmertemperatur abtropfen lassen und dabei drei- bis viermal wenden. Auf dem Gitter im Kühlschrank 2 Tage zugedeckt reifen lassen.
Den Käse einzeln in Klarsichtfolie abpacken und die Sirte beiseite stellen (ergibt 1–1,5 Liter Sirte).

Anrichten

Naturreine Sandelholz-Räucherstäbchen von guter Qualität (ohne künstliche Aromastoffe) mit 100% reinem ätherischem Rosenholzöl (in der Drogerie oder im Reformhaus erhältlich, z. B. von Primavera Life) beträufeln.
Einen Suppenteller mit Rosenholz, Rosenblüten und -blättern dekorieren. Den Frischkäse in schöne, gleichmässige Stücke schneiden und eine Seite in gemahlenen Kardamom drücken. Die Suppe erwärmen und anrichten. Den Frischkäse mit der Kardamomseite nach oben in die Suppe legen. Das rauchende Stäbchen auf den Tisch stellen und anschliessend die Suppe servieren.

Rosenholz

Im Frühling, wenn der Garten aufgeräumt und die Rosenstöcke geschnitten werden, fallen Rosenholzabfälle an, die Sie für diese Suppe verwenden können (nur von ungespritzten Rosen).

1001 Nacht

Pria, eine echte Maharadja-Tochter von Jodhpur in Indien, war bei uns zu Besuch.
Für mich war das ein Erlebnis wie aus «Tausendundeiner Nacht».
Sie erzählte uns vom indischen Nationalgetränk Lassi (aus Joghurt, Rosenwasser, Zucker und Kardamom).
Daraufhin entstanden folgende Überlegungen:

Milch = Milchzucker
Milch = Joghurt
Milch = Käse
Rosenwasser = Rosenholz

Das Röselein rot steht in meinem Garten.
Ich käse doch alle Arten.
Gebe das Röselein und den Käse in die Sirte.
Das Rosenholz beräuchert die beiden wie ein Hirte.

Damhirschtatar mit Sommertrüffel auf Sauerrahmküchlein mit Löwenzahnblüten- und Löwenzahnblätteröl

Damhirschtatar

150 g Damhirschfleisch (aus Zucht)
1 Eigelb (20 g)
½ Kaffeelöffel (5 g) Senf
1 Kaffeelöffel (10 g) Ketchup
1 Kaffeelöffel sehr fein gehackte Zwiebel
wenig Trüffelöl
Salz und weisser Pfeffer aus der Mühle
frische Sommertrüffel nach Belieben

Das Fleisch mit einem Messer sehr fein hacken. Mit den restlichen Zutaten, ausser der Trüffel, in einer Schüssel gut vermischen und mit Salz und Pfeffer kräftig abschmecken. Mit Klarsichtfolie bedeckt (die Folie dabei ans Fleisch drücken, so läuft es nicht an) 15 Minuten im Kühlschrank ziehen lassen, dann nochmals probieren und eventuell nachwürzen. Kurz vor dem Servieren die Trüffel dazuhobeln und alles nochmals vermengen.

Sauerrahmküchlein

Teig:
150 g Weizenmehl, gesiebt
50 g Weizendunst
80 g flüssige Butter
120 ml Wasser
2 Prisen Salz, im Wasser aufgelöst
Mehl zum Verarbeiten des Teigs

Sauerrahm:
150 ml Sauerrahm
Trüffelöl nach Belieben
Salz und weisser Pfeffer aus der Mühle
frisch geriebene Muskatnuss

Das Mehl und den Weizendunst in eine grosse Schüssel geben und zuerst mit der flüssigen Butter und der Hälfte des Salzwassers vermischen. Anschliessend mit dem restlichen Wasser (es braucht eventuell nicht die ganze Menge) zu einem geschmeidigen Teig verarbeiten. Mit Klarsichtfolie luftdicht zudecken und 1 Stunde im Kühlschrank ruhen lassen.
Den Teig vierteln und mit etwas Mehl dünn ausrollen. Die Teigränder mit einem Messer zurechtschneiden und die Fläche mit einer Gabel einstechen. Die Teigstücke auf ein mit Backpapier belegtes Blech legen und im vorgeheizten Backofen bei 180 Grad etwa 8–10 Minuten backen. Warm stellen.
Den Sauerrahm mit dem Öl und den Gewürzen in eine Schüssel geben, sehr gut vermischen und zugedeckt bereitstellen.

Löwenzahnblütenöl

40 g Löwenzahnblüten (nur die gelben Blütenblätter)
80 g Sonnenblumenöl

Die Löwenzahnblüten mit dem Öl sehr fein mixen, durch ein feines Sieb streichen. Kurz stehen lassen, dann das überschüssige, obenauf schwimmende Öl abgiessen. Die Paste in eine Spritztube oder einen Dressiersack mit sehr feiner Öffnung füllen.

Löwenzahnblätteröl

50 g junge, grüne Löwenzahnblätter
80 ml Sonnenblumenöl

Die Blätter waschen, kurz in kochendem Salzwasser blanchieren, anschliessend in Eiswasser abkühlen und abtropfen lassen. Mit dem Öl sehr fein mixen und durch ein feines Sieb streichen. Kurz stehen lassen, dann das überschüssige, obenauf schwimmende Öl abgiessen. Die Paste in eine Spritztube oder einen Dressiersack mit sehr feiner Öffnung füllen.

Anrichten

Die ofenfrischen Küchlein mit der Sauerrahmmischung bestreichen, dabei einen Rand frei lassen. Das Damhirschtatar vorsichtig darauf verteilen. Die Küchlein in die Mitte der Teller setzen und mit den beiden Löwenzahnölen verzieren. Mit jungen Löwenzahnblättern und -blüten und ein paar Scheiben frisch gehobeltem Sommertrüffel ausgarnieren.

Zuchtwild

Rot- und Damhirsch aus der Zucht ist das ganze Jahr erhältlich. Es ist für uns das feinste und gesündeste Fleisch überhaupt. Für das Tatar kann aber ersatzweise auch Rinds- oder Kalbsfilet verwendet werden.

Jägerslied

Hirschlein nimm dich wohl in Acht,
wenn der Wiesner mit seinen Kreationen kracht.

Gitziwürstchen mit Morcheln auf gebratenem Brezelknödel mit Wildspargeln und Champagner-Hollandaise

Brezelknödel

1 grosse Schalotte (50 g), gehackt
80 g Butter
400 g getrocknete Laugenbrezeln, in kleine Würfel geschnitten
400 ml heisse Milch
fein geschnittener Schnittlauch
6 Eier (300 g)
Salz und weisser Pfeffer aus der Mühle

Butter zum Anbraten

Die Schalotten in wenig der Butter glasig dünsten.
Die Brezelwürfel in eine grosse Schüssel geben, mit den angedünsteten Zwiebeln, dem Schnittlauch sowie der heissen Milch vermengen und ziehen lassen. Die Eier mit einem Schwingbesen gut verquirlen, mit Salz und Pfeffer abschmecken. Die Hälfte der Eimasse über die Brezelmasse geben. Die andere Hälfte in einer Bratpfanne zu einem noch leicht flüssigen Rührei stocken lassen und vorsichtig, aber gut mit der Brezelmasse vermischen. Nicht kneten, sonst verliert die Masse an Volumen und Luftigkeit.
Ein langes Stück Alufolie auf der Arbeitsfläche ausbreiten, darauf ein gleich grosses Stück Klarsichtfolie legen. Die Knödelmasse auf die Folie geben und zu einer Wurst von etwa 8 cm Durchmesser formen. An beiden Enden der Folie muss ein Rand von rund 5 cm frei bleiben. Nun rollt man die Wurst in die Folien ein (nicht zu straff, da der Knödel etwas aufgeht), streicht sie glatt und dreht die Enden gegengleich ein. Das Ganze sieht nun wie ein überdimensioniertes Bonbon aus.

Im Steamer: Den eingewickelten Brezelknödel auf ein Blech legen und bei 95 Grad etwa 30 Minuten pochieren, bis er eine Kerntemperatur von 80 Grad aufweist.

Auf dem Herd: Eine Fischpfanne oder einen grossen Topf mit Siebeinsatz mit Wasser füllen und dieses aufkochen. Den eingewickelten Knödel hineingeben und etwa 30 Minuten leicht kochen lassen.

Den Knödel herausheben und kühl stellen. Wichtig: Den Knödel erst auspacken, wenn er ausgekühlt ist, sonst trocknet er aus. In etwa 2 cm dicke Scheiben schneiden, diese evt. rund ausstechen und beidseitig in Butter anbraten. Warm stellen.

Champagner-Hollandaise

250 g Butter
1 Kaffeelöffel gehackte Schalotte
2 weisse Pfefferkörner, zerstossen
2 Esslöffel (20 ml) Champagneressig
(siehe Grundrezepte Seite 186)
wenig Salz
3 Esslöffel (30 ml) Champagner oder ein anderer Schaumwein
2 Eigelb (40 g)
Salz und weisser Pfeffer aus der Mühle
evtl. 1 Spritzer Champagner
1 Esslöffel geschlagener Vollrahm

Die Butter in einem Litermass im heissen Wasserbad klären (das Milcheiweiss setzt sich ab, die klare Butter kann abgeschöpft werden). Schalotte, Pfefferkörner, Essig, etwas Salz und die Hälfte des Champagners in eine kleine Pfanne geben und stark einreduzieren. Die Reduktion mit dem Rest des Champagners verdünnen, durchsieben und zusammen mit den Eigelben im 80 Grad warmen Wasserbad zu einer locker-cremigen Masse schlagen. Vom Wasserbad nehmen und die geklärte Butter in einem feinen Faden unter die Eigelbmasse schwingen. Mit Salz, Pfeffer und eventuell noch etwas Champagner abschmecken; wenig geschlagenen Rahm darunter ziehen. Sofort servieren oder bei 50 Grad warm stellen.

Tipp: Sollte die Sauce gerinnen, ein Eigelb mit etwas Wasser im Wasserbad aufschlagen und die geronnene Sauce tropfenweise dazurühren. Sobald sie zu binden beginnt, kann der Rest etwas schneller beigegeben werden.

Gitziwürstchen mit Morcheln

4 Gitziwürstchen mit Morcheln
(siehe Wurstrezepte Seite 74)
eingesottene Butter zum Anbraten

Die Würstchen in Bratbutter schonend saftig braten und warm stellen.

Wildspargeln

Wildspargeln nach Belieben, gut gewaschen
1 Flocke Butter
1 Prise Puderzucker
Salz und weisser Pfeffer aus der Mühle

Die angetrockneten Spargelenden wegschneiden. Die Spargeln in leicht kochendem Salzwasser knackig garen, herausnehmen und in einer Pfanne mit der Butter und dem Puderzucker kurz schwenken, mit Salz und Pfeffer abschmecken. Anrichten oder kurz warm stellen.

Anrichten

Das Gitziwürstchen mit je einer Knödelscheibe auf wenig Sauce anrichten und den Wurstring mit der Champagner-Hollandaise füllen. Die Wildspargeln in die Hollandaise stecken.

Frühlingserwachen

Das freche, neugierige Geisslein befreundet sich mit der ebenso frechen spitzen Morchel.
Die beiden legen sich genüsslich auf ein Brezelbett mit herrlicher, luftiger Champagnerdecke. Doch dummerweise
haben sich auch noch die genauso spitzen, neugierigen Spargeln ins Bett geschlichen.

Mit Sardellenpüree gefülltes Eigelb auf frischen Bärlauchnudeln mit milder Specksauce, Portweinjus und Bärlauchstroh

Bärlauchnudeln

150 g Weizenmehl, gesiebt
150 g möglichst feiner Hartweizendunst
2 Eier (100 g)
2 Eigelb (40 g)
50 g junger Bärlauch, fein geschnitten
1 Kaffeelöffel Olivenöl
Wasser nach Bedarf
Hartweizendunst zum Verarbeiten
etwas Butter

Das Mehl und den Dunst in die Rührschüssel der Küchenmaschine geben oder damit einen Kranz formen. Eier, Eigelbe, Wasser, Bärlauch und Öl mit einem Schwingbesen aufschlagen. Zum Mehl und Dunst geben, mischen und sehr gut durchkneten. Falls der Teig noch wenig elastisch und brüchig erscheint, gibt man noch sehr wenig Wasser dazu und knetet ihn nochmals durch. Den Teig mit Klarsichtfolie gut zudecken und im Kühlschrank 1 Stunde ruhen lassen.
Den Teig mit der Nudelmaschine oder dem Teigroller auf die gewünschte Dicke ausrollen und in dünne Streifen schneiden.
Die Nudeln in der zehnfachen Menge kochenden Salzwassers al dente kochen, abschütten, in wenig Pastawasser und einer Flocke Butter schwenken. Sofort anrichten oder kurz warm stellen.

Mit Sardellenpüree gefülltes Eigelb

50 g Sardellenfilets, gut abgetropft
2 Esslöffel (20 ml) Olivenöl
2 Esslöffel (20 ml) Wasser
zwei Spritzen ohne Nadeln (in der Apotheke erhältlich)

4 sehr frische Eigelb

Die Sardellen in ein Sieb geben und kurz abspülen (damit sie weniger salzig sind), im Cutter oder Mixer pürieren. Das Öl und das Wasser dabei abwechslungsweise einfliessen lassen, bis eine homogene, glatte Masse entstanden ist (eventuell wird nicht das ganze oder aber etwas mehr Wasser gebraucht).
Die Masse in eine der Spritzen aufziehen. Wenn sich dabei Luftblasen gebildet haben, die Spritze mit der Spitze aufwärts halten und die Blasen nach oben klopfen.
Eines nach dem anderen die Eigelbe auf einen waagrecht gehaltenen Suppenlöffel geben. Mit einem spitzen Gegenstand, beispielsweise einem Zahnstocher, in die Mitte der Kuppel stechen und mit der zweiten Spritze vorsichtig etwas Eigelb herausziehen. Dann das Eigelb wieder bis zur ursprünglichen Grösse mit der Spritze mit Sardellenpüree füllen. (Das Eigelb nicht länger als 5 Minuten im Löffel lassen, sonst trocknet es an.)
Wem dies zu kompliziert ist, kann für ein zwar weniger beeindruckendes, geschmacklich aber ebenso überzeugendes Ergebnis das Sardellenpüree über das angerichtete Eigelb träufeln.

Tipp: Mit derselben Technik lässt sich das Eigelb auch mit anderen Pürees, zum Beispiel Gemüse-, Früchte- oder Kräuterpürees füllen.

Specksauce

100 g Kochspeck mit Schwarte, grob gewürfelt
300 ml Kalbs- oder Gemüsefond
(siehe Grundrezepte Seite 188/189; ohne geröstete Zwiebel zubereitet)
50 ml Vollrahm
Salz und weisser Pfeffer aus der Mühle

Den Speck kurz andünsten, mit dem Fond auffüllen und rund 10 Minuten auskochen. Durch ein feines Sieb giessen, mit einer kleinen Schöpfkelle abfetten und nochmals einreduzieren. Den Rahm darunter rühren, mit Salz und Pfeffer abschmecken.
(Man sollte etwa 100 ml Sauce erhalten.)

Portweinjus

200 ml Portwein

Den Portwein in ein möglichst kleines Pfännchen geben und langsam auf 2 Esslöffel (20 ml) einreduzieren.

Bärlauchstroh

Bärlauchblätter, in schmale Streifen geschnitten
Salz

Die Bärlauchstreifen in der Fritteuse bei 160 Grad einige Sekunden unter fleissigem Rühren frittieren. Auf ein Küchenpapier geben, abtropfen und auskühlen lassen, salzen.

Anrichten

Die heissen Nudeln locker in die Mitte der vorgewärmten Teller geben. Mit etwas Specksauce begiessen und das gefüllte Eigelb vorsichtig in das Nudelnest setzen. Mit dem Portweinjus verzieren und ein wenig Bärlauchstroh darauf geben.

Doktorspiele

Ich wollte schon lange wieder einmal «dökterle».
So marschierte ich zu Doktor Schöpfer und holte mir Spritzen.
Seither «entspritzen» und «bespritzen» wir Eigelbe mit Sardellen.
In der OP-Küche legen wir dann noch einmal das Skalpell an
und operieren den Eigelben noch allerhand Gutes dran.

Kalbsfiletmedaillon, mit Rottanne geräuchert, und irischer Lachs, in Rottanne gebeizt, in Kartoffel-Brennnessel-Mousse, dazu Joghurt- und Senfsauce, Rottannensprösslingshonig und Kalbssauce

Mit Rottanne geräuchertes Kalbsfiletmedaillon

4 Kalbsfiletmedaillons à 80 g
Rottannenholzschwarte oder -rinde (erhältlich im Käsereibedarf)
1 Hand voll unbehandeltes Rottannenholzsägemehl (erhältlich in Schreinereien und Sägereien)
Salz und weisser Pfeffer aus der Mühle
Erdnussöl zum Anbraten

Die Medaillons mit der Rottannenholzschwarte (wie beim Vacherin-Mont-d'Or-Käse) einbinden. Nach der Anleitung auf Seite 142 40 Sekunden mit Rottannenholz räuchern.
Das Fleisch herausnehmen. Eine Bratpfanne stark erhitzen. Die Medaillons mit Salz und Pfeffer würzen und beidseitig im Erdnussöl gut anbraten. Das Fleisch aus der Pfanne nehmen und 2 Minuten bei 200 Grad im Backofen weiterbraten, dann 10 Minuten bei 50 Grad ruhen lassen.

Rottannensprösslinge

Die Rottannensprösslinge haben Saison von Ende April bis Mitte Juni. Fragen Sie einen Waldbesitzer (z. B. Bauern) nach Sprösslingen, da es nicht gestattet ist, diese im öffentlichen Wald zu pflücken!

Mit Rottannenholz gebeizter Lachs

500 g frischer irischer Lachs, filetiert (mit Haut), geschuppt, pariert, Mittelgräte entfernt
2 1/2 Kaffeelöffel (25 g) Meersalz
1 Kaffeelöffel (10 g) Rohzucker
1 Hand voll (10 g) Rottannensprösslinge, grob gezupft
2 (20 g) Rottannenzweige, grob zerkleinert
1/2 Stengel (10 g) Zitronengras, fein geschnitten
10 (5 g) Kaffirlimonenblätter, fein geschnitten
250 g unbehandelte Rottannenholzspäne
4 Enden von Rottannenzweiglein, ca. 5 cm lang, mit Sprossen

Den Lachs auf eine passende Platte legen und mit Salz und Zucker gleichmässig bestreuen. Dort, wo der Lachs dicker ist, braucht es mehr Salz und Zucker als an den dünnen Stellen. Die anderen Zutaten bis auf die Holzspäne über den Lachs verteilen. Zum Schluss die Holzspäne darüber legen, mit Klarsichtfolie gut bedecken und das Ganze mit einem Brett beschweren. Im Kühlschrank 48 Stunden marinieren lassen. Danach den Lachs sorgfältig von der Holz-Kräutermischung befreien. In dünne Scheiben schneiden und um die Rottannenzweiglein wickeln. Im Kühlschrank bereitstellen.

Kartoffel-Brennnessel-Mousse

300 g mehlige Kartoffeln, geschält, grob gewürfelt
100–150 ml heisse Milch
30 g Butter
1 Hand voll (20 g) frische junge Brennnesselblätter, blanchiert, in Eiswasser abgekühlt und sehr fein gehackt
Salz und weisser Pfeffer aus der Mühle
100 ml Vollrahm, geschlagen

Die Kartoffeln in leicht gesalzenem Wasser sehr weich kochen. Das Wasser restlos abgiessen, die Kartoffeln auf dem Herd kurz ausdampfen lassen, dann durch ein Passiergerät (Passevite) in einen Topf pressen. Die heisse Milch und die Butter beigeben und verrühren, bis sich eine feste Masse gebildet hat. Nun die gehackten Brennnesseln beigeben und das Ganze mit Salz und Pfeffer abschmecken. Vor dem Anrichten den geschlagenen Rahm darunter ziehen.

Kalbssauce

1 l Kalbsjus
(siehe Grundrezepte Seite 188)
10–20 g kalte Butterflocken
Salz und weisser Pfeffer aus der Mühle

Den Kalbsjus auf 100 ml einreduzieren. Mit den kalten Butterflocken aufschlagen und mit Salz und Pfeffer abschmecken.

Senfsauce

50 g Senf
1/2 Kaffeelöffel Englischsenfpulver
1/2 Kaffeelöffel Senf mit Körnern (Pommery)
1 Kaffeelöffel Traubenkernöl
Salz und weisser Pfeffer aus der Mühle

Alles zusammen gut mischen, mit Salz und Pfeffer abschmecken und bei Zimmertemperatur bereithalten.

Joghurtsauce

70 g Joghurt nature (nicht stichfest)
2 Kaffeelöffel Traubenkernöl
Salz und Pfeffer aus der Mühle

Joghurt und Öl sehr gut mischen, mit Salz und Pfeffer abschmecken und zugedeckt im Kühlschrank bereithalten.

Tannensprösslingshonig

70 g Tannensprösslingshonig
(siehe Grundrezepte Seite 186),
ersatzweise Waldhonig

Anrichten

Das luftige Kartoffelmousse in die Mitte der vorgewärmten Teller geben und mit einem Esslöffel eine Vertiefung drücken. Das Filetmedaillon hineinsetzen und vorsichtig einen Lachs-Rottannenzweig darauf platzieren. Die Teller mit den vier verschiedenen Saucen ausgarnieren.

Eigene Logik

Was hat eigentlich die majestätische Rottanne mit dem wilden irischen Lachs, den brennenden Nesseln, der erdigen Knolle, dem kühlenden Joghurt, dem würzigen Senf und dem kindlichen Kalb zu tun?
Eigentlich gar nichts! Aber gerade das macht es interessant ...

Auf den zweiten Blick:
Hölzer passen immer gut zu Fisch und Fleisch. Fisch und Fleisch gehen Verbindungen ein:
in der spanischen Paella, im amerikanischen «Surf and Turf» oder in der chinesischen Küche.
Die Brennnessel wächst am Kartoffelfeld und wie die Knolle überall, wo der Mensch ist.
Joghurt und Senf passen zum Lachs, die schwedische Küche grüsst.
Der Rottannensprössling passt zu Fisch und Fleisch. Der Kalbsjus zum Kalb.
Also haben sie doch alle etwas miteinander zu tun!

Spanisches Brot mit süssen Gemüseessenzen und Auberginen-Limetten-Glace

Auberginen-Limetten-Glace

1 grosse Aubergine (250 g)

150 g Zucker
150 ml Milch
150 ml Vollrahm
85 g Glukose
125 ml Vollrahm
20 ml Limettensaft (½ Limette)

Die Auberginen halbieren und jede Hälfte einzeln in Alufolie einpacken. Bei 180 Grad im Backofen 40 Minuten backen. Herausnehmen und mit einem Messer die Haut abziehen. Das Auberginenmark im Cutter oder Mixer sehr fein pürieren, durch ein mittelfeines Sieb streichen und auskühlen lassen.
150 g Auberginenmark mit dem Zucker, der Milch, den 150 ml Rahm und der Glukose aufkochen. Die Masse in der Glacemaschine gefrieren lassen. Am Schluss die 125 ml Rahm und den Limettensaft beigeben und fertig gefrieren lassen.

Spanisches Brot

Orangenglasur:
120 ml frisch gepresster Orangensaft
160 g Zucker
70 g Stärkemehl

Spanisches Brot:
500 g frische unbehandelte Speckschwarte
Gemüsebündel aus 1 Karotte, wenig Lauch und wenig Sellerie
1 Lorbeerblatt
3 schwarze Pfefferkörner
1 Nelke

Alle Zutaten für die Orangenglasur mischen und unter Rühren langsam aufkochen, 2 Minuten kochen, dann auskühlen lassen.
Die Speckschwarte gut waschen und zusammen mit den restlichen Zutaten 2 Stunden am Siedepunkt kochen lassen. Den Fond weggiessen und das Gemüse wegwerfen. Die Speckschwarte noch warm im Cutter oder Mixer sehr fein pürieren. In einer kleinen Pfanne bei schwacher Hitze unter fleissigem Rühren einreduzieren, bis die Masse langsam und zäh vom Löffel fliesst.
Die heisse Masse auf eine glatte Metallarbeitsfläche, z. B. ein umgedrehtes Backblech giessen und sofort auf einen halben Millimeter Dicke ausstreichen (es ist sehr wichtig, dass sie so dünn ist, sonst wird das «Brot» zu hart). Falls die Masse nicht hart wird, muss man sie noch weiter einreduzieren. Wenn sie zu schnell fest wird, erwärmt man das Ganze nochmals und gibt noch ein wenig Wasser dazu. 10–15 Minuten auskühlen lassen.
Mit einem scharfen Küchenmesser Rechtecke von 3 x 9 cm schneiden. Die Streifen vorsichtig auf ein mit Backpapier belegtes Blech legen. Nicht zu lange in den Händen halten, die Masse wird schnell wieder weich. Im auf 140 Grad vorgeheizten Backofen 45 Minuten backen, auskühlen lassen.
Mit der Orangenglasur gut bestreichen und nochmals bei 200 Grad im Backofen 6–7 Minuten knusprig backen. Auskühlen lassen. Das Spanische Brot kann luftdicht verschlossen mehrere Wochen gelagert werden.

Süsse Gemüseessenzen

Knoblauchessenz:
50 g Knoblauch, geschält und geviertelt
50 g Glukose

Zwiebelessenz:
50 g Zwiebeln, geschält und in Würfel geschnitten
50 g Glukose

Zucchettiessenz:
50 g Zucchetti, in Würfel geschnitten
50 g Glukose

Peperoniessenz:
50 g Peperoni (Paprika), in Würfelchen geschnitten
50 g Glukose

Grüne Olivenessenz:
50 g grüne entkernte Oliven, klein geschnitten
50 g Glukose

Schwarze Olivenessenz:
50 g schwarze entkernte Oliven
50 g Glukose

Tomatenessenz:
50 g entkernte Tomatenstücke
50 g Glukose

Die Gemüse (ausser die grünen und schwarzen Oliven) einzeln im Dampf oder Wasser weich kochen und mit der Glukose im Cutter oder Mixer sehr fein pürieren, durch ein feines Sieb streichen. Jede Essenz für sich aufkochen und zu einer sehr dickflüssigen Masse einreduzieren.

Anrichten

Die ausgekühlten Gemüseessenzen jeweils in einen Spritzsack mit sehr feiner Tülle füllen (man kann dafür auch aus Backpapier eine Tüte drehen und vorne eine kleine Öffnung schneiden). Die Spanischen Brote auf die Arbeitsfläche legen und die Essenzen in schrägen Streifen darauf auftragen (auf die Farbzusammenstellung achten). Jeweils eine Kugel Auberginen-Limetten-Glace abstechen, in passende Schalen geben und mit dem Spanischen Brot sowie frischem Basilikum dekorieren.

Olé!

In Gedanken stehe ich in der Arena von Sevilla, bin ein kunterbunter Torero und kämpfe mit dem schwarzen Stier. Seine feurigen Augen, die Musik, die Tänzerinnen, der Applaus der Zuschauer ... einfach überwältigend!
In Wirklichkeit stehe ich in der Küche und kämpfe mit dem Spanischen Brot, den bunten Geschmäckern, den schwarzen Auberginen und geniesse die Komplimente der feurigen Gäste. Olé!

Ganz einfach, das Ratatouille war mein Vorbild.

Edle Würste

«Die Wurst wieder salonfähig machen»

«Die Wurst, das Wursten ist eine eigene Philosophie. Wurst ist der Inbegriff des Banalen, Gewöhnlichen, auch Ungesunden; ein Abfallprodukt, ein Resteverwerter, ein Armeleuteessen. Mir aber gefällt dieses verschmähte Aschenputtel, es ist mir ein Anliegen, es in der Haute Cuisine wieder salonfähig zu machen.

Vieles schwingt dabei mit: Aus Einfachem etwas Ausserordentliches, Delikates machen, das Einfache ehren und veredeln, der kreative Umgang mit dem Gewöhnlichen, die Ehrfurcht vor den kleinen Dingen, nur beste Zutaten für eine verschupftes Ding. In der Wurst kann ich als Koch meine Fantasie ausleben. Mit dem Gold auf der Wurst erinnere ich daran, wie edel eine Wurst sein kann. Ich habe sie in den Adelsstand erhoben, und sie ist jedes Karat Gold wert.

Ich wurste anders als die Metzger, ich verwende den Fleischwolf, nicht den ‹Blitz›. Das ergibt eine körnige, empfindliche Wurst, und man kann nur schönes, erstklassiges Fleisch verarbeiten. Das A und O einer guten Wurst ist gutes, frisches Fleisch, kein Abfall. In meine Bauernbratwurst kommt ausschliesslich mageres Kuhfleisch, durchwachsener Schweinehalsspeck mit Fleischanteil sowie meine Gewürzmischung. Das ist alles, kein Eis, keine anderen Zusätze oder Fleischarten. Ich wurste so, wie man es früher ohne Maschinen gemacht hat, es ist eine ganz einfache, ursprüngliche Art. Mit dem Fleischwolf hergestellte Würste verlangen aber Können und Feingefühl beim Zubereiten, sonst brechen sie oder werden trocken. Sie sind nicht so kompakt und gummig wie normale Würste. Dafür nehmen sie Flüssigkeiten sehr gut auf, zum Beispiel den Wein, in dem sie schmoren – dabei werden sie ganz schwarz. Ausserdem verlieren sie beim Braten wieder einen Teil des Fettes, da es nicht gebunden ist.

Wir verarbeiten nur Fleisch von hiesigen Bauern mit dem Biosphären-Gütesiegel ‹echt entlebuch›. Wir beziehen das Fleisch am Stück und schneiden es dann selber. So habe ich die Kontrolle, dass es schönes Fleisch ist. Am Montag wird geschlachtet, am Dienstag ausgenommen, am Mittwoch erhalte ich das Fleisch und wurste. Der pH-Wert des Fleisches ist am Mittwoch ideal, er ist wichtig, damit die Wurst gut bindet.

Ich verwurste alles und habe schon zig neue Kreationen erfunden. Oft bekomme ich einen Anruf von einem der Bauern oder Züchter aus der Umgebung, ob ich dieses oder jenes Tier zum Wursten wolle. Zum Beispiel ein Lama von der Hilferen, das wegen seiner X-Beine nicht zur Zucht taugt. Oder einen Wasserbüffel von Schangnau, der von der Milchproduktion ausgemustert wurde. Liebevoll aufgezogene Alpgänse oder pensionierte Brieftauben.

Die Grundregel für Würste und Salami ist: 70% Fleisch und 30% Fett, sprich Schweinespeck. Fett ist ein Geschmacksträger, der Fettanteil ist eigentlich das Ausschlaggebende bei einer guten Wurst. Mein Wissen über Terrinen und Pasteten kann ich auf die Wurst übertragen, oft sind meine Würste eher Terrinen in Wurstform.

Meine liebste Wurst ist die Salami, meine Rottannensalami. Die Salami ist die Königin der Würste, sie ist sehr schwirig herzustellen. Ich habe sehr lange experimentiert, und jetzt habe ich das perfekte Rezept. Wenn ein Detail, ein Faktor nicht stimmt – Feuchtigkeit, Temperatur, Zutaten, Maschinen, Sauberkeit, pH-Wert, Darmqualität –, misslingt sie. Man braucht bestes Fleisch, sehr kalt gelagert und verarbeitet, der pH-Wert muss stimmen. Die Masse muss sauber gemischt werden, nicht geknetet, dann sauber und gerade gepresst. Man darf sie nicht plagen, sonst wird sie schleimig, verschliesst die Darmwand, und die Salami kann nicht mehr atmen. Die Därme müssen von guter Qualität sein, gewaschen und umgedreht werden, damit das Darmfett aussen abtrocknet und nicht innen Geschmack abgibt. Dann werden die Salami gestochen, abgebunden, mit Schimmel angespritzt und in den Klimaschrank gehängt. Am ersten Tag baucht es 95% Luftfeuchtigkeit und 23 Grad, danach wird reduziert. Salamiherstellung ist eine absolut seriöse Angelegenheit.

Mein Traum ist ein ‹Wurst-Artistik›-Geschäft, ein kleiner Nebenbetrieb, in dem ich alle möglichen Wurstkreationen herstellen und vertreiben könnte.»

Wurstrezepte

Grundzubereitung

Das Fleisch mit der Scheibe 3 durch den Fleischwolf drehen. In einer Schüssel das Fleisch mit den weiteren Zutaten und Gewürzen mit den Händen (Gummihandschuhe benützen) vermengen. Wichtig: Nicht zu lange kneten, sonst entsteht Wärme, das Fett gerinnt, und die Masse bindet nicht mehr.
Die Därme unter fliessendem Wasser innen und aussen gründlich waschen. Den Darm durch die fast geschlossene Hand ziehen, um das Wasser auszupressen. Einen Trichter umgekehrt auf die Arbeitsfläche stellen und den Darm vollständig über den Hals des Trichters stülpen. Die Wurstmasse mit einem Kochlöffelstiel durch den Trichter in den Darm stopfen. Würste von jeweils 50–100 g abfüllen. Ich lasse zwischen den Würsten viel Platz (etwa 8 cm), damit sie noch «arbeiten» und sich ausdehnen können. Nun schneidet man zwischen den Würsten jeweils in der Mitte durch und bindet die beiden Darmenden mit einem Doppelknoten ab; man kann sie auch zu einem Wurstring zusammenbinden.
Eine Bratpfanne mit dem passenden Fett oder Öl erhitzen und die Würste darin beidseitig vorsichtig anbraten. Die Würste sind fertig gebraten, wenn sie sich fest anfühlen. Sofort anrichten.

Schweins- oder Schafdärme kann man beim Metzger bestellen. Es gibt auch Naturfaserdärme auf Eiweissbasis.

Wenn keine Wursthaut zur Verfügung steht, kann die Wurstmasse auch als kleine Hamburger gebraten werden.

Die Wurstrezepte sind jeweils für 1 kg Würste berechnet (ausser bei der Blutwurst); die Zubereitung kleinerer Mengen ist nicht möglich oder nicht sinnvoll. Würste, die nicht gleich für ein Menü verwendet werden, sollten anderntags verbraucht oder aber sofort gut eingepackt eingefroren werden. Im Tiefkühler sind sie 1 bis 2 Monate haltbar.

Hühnerwurst mit Kaffee und weisser Schokolade

960 g Suppenhuhn oder Poulet, ausgebeint, mit Haut und Fett
20 g gehackte Zwiebel, in Butter angedünstet
20 g weisse Schokolade, fein gehackt
2½ Kaffeelöffel (5 g) Instant-Kaffee
20 g Meersalz
½ Kaffeelöffel (1 g) schwarzer Pfeffer aus der Mühle
6–7 m Schafseiten von 22–24 mm Durchmesser (Wienerlidarm)

Das Geflügelfleisch mit der Scheibe 3 durch den Fleischwolf drehen. Das Fleisch mit der Zwiebel, der Schokolade, Kaffee, Salz und Pfeffer in eine Schüssel geben, nach der Grundzubereitung verarbeiten und Würste von rund 50 g abfüllen.

Kaninchenwurst mit Knoblauch und Chili

700 g Kaninchenfleisch
300 g Fett (sämtliches an den Tieren vorhandene Fett, durch Schweinehalsspeck ergänzt)
½ (2 g) Knoblauchzehe, gepresst
½ Kaffeelöffel (1 g) rotes Chilipulver
20 g feines Meersalz
6–7 m Schafseiten von 22–24 mm Durchmesser (Wienerlidarm)

Das Kaninchenfleisch und das Fett mit der Scheibe 3 durch den Fleischwolf drehen. Alle Zutaten in eine Schüssel geben, nach der Grundzubereitung verarbeiten und Würste von rund 50 g abfüllen.

Gitziwürstchen mit Morcheln

700 g Gitzifleisch (vom Vorderviertel), ohne Knochen
300 g Schweinehalsspeck
100 g frische Spitzmorcheln, gerüstet, gewaschen, fein geschnitten und in wenig Butter angedünstet
¼ (1 g) Knoblauchzehe, gepresst
½ Kaffeelöffel (1 g) weisser Pfeffer aus der Mühle
20 g Meersalz
6–7 m Schafseiten von 22–24 mm Durchmesser (Wienerlidarm)

Das Gitzifleisch und den Speck mit der Scheibe 3 durch den Fleischwolf drehen. Alle Zutaten in eine Schüssel geben, nach der Grundzubereitung verarbeiten und Würste von rund 50 g abfüllen.

Chorizo-Rehwurst mit Crevetten

400 g Rehfleisch (vom Vorderviertel)
400 g Schweinehalsspeck (durchwachsen mit Fleischanteil)
200 g Crevetten, geschält, ohne Darm, gewürfelt
½ (2 g) Knoblauchzehe, gepresst
½ Kaffeelöffel (1 g) weisser Pfeffer aus der Mühle
1 Messerspitze (0,5 g) gemahlener Zimt
1 kleine Messerspitze (0,25 g) Nelkenpulver
1 Esslöffel (1 g) frischer Oregano, gehackt
½ Kaffeelöffel (1 g) Cayennepfeffer
2 Esslöffel (20 g) Paprika edelsüss
2 Esslöffel (20 ml) Apfelessig
20 g Meersalz
6–7 m Schafseiten von 22–24 mm Durchmesser (Wienerlidarm)

Das Rehfleisch und den Speck mit der Scheibe 3 durch den Fleischwolf drehen. Alle Zutaten in eine Schüssel geben, nach der Grundzubereitung verarbeiten und Würste von rund 50 g abfüllen.

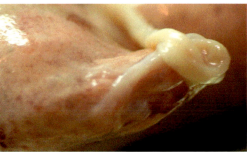

Rothirschwurst mit Curry und Joghurt

700 g Rothirschfleisch (vom Vorderviertel)
300 g Schweinehalsspeck
20 g Meersalz
10 g Zwiebel, gehackt, in wenig Erdnussöl angedünstet und ausgekühlt
¼ (1 g) Knoblauchzehe, gepresst
20 g Apfelmus
20 g Joghurt
½ Kaffeelöffel (1 g) Orangenzeste
½ Kaffeelöffel (1 g) Zitronenzeste
1 Kaffeelöffel (2 g) indischer Curry
4–5 m Schweinedarm von 32–34 mm Durchmesser

Das Hirschfleisch und den Speck mit der Scheibe 3 durch den Fleischwolf drehen. Alle Zutaten in eine Schüssel geben, nach der Grundzubereitung verarbeiten und Würste von rund 50 g abfüllen.

Gamstrockenwurst

1 kg Gamsfleisch (vom Vorderviertel), pariert und in Würfel geschnitten
9 g Nitritsalz
18 g Meersalz
¼ (1 g) Knoblauchzehe, gepresst
1 Esslöffel (10 ml) schwerer Rotwein
½ Kaffeelöffel (1 g) weisser Pfeffer, gemahlen
½ Kaffeelöffel (1 g) schwarzer Pfeffer, im Mörser zerstossen
1 Messerspitze (0,65 g) Muskatnuss, gemahlen
1 kleine Messerspitze (0,325 g) Nelkenpulver
1 kleine Messerspitze (0,325 g) fein gehackter Zimt einer Zimtstange (der gemahlene Zimt ist zu intensiv)
4–5 m Schweinedarm von 32–34 mm Durchmesser

Das Gamsfleisch mit der Scheibe 3 durch den Fleischwolf drehen. Alle Zutaten in eine Schüssel geben, nach der Grundzubereitung verarbeiten und Würste von rund 100 g abfüllen. Die Würste im Keller bei etwa 10 Grad zum Trocknen aufhängen (sie dürfen keinen Kontakt zu einer Wand oder zu anderen Würsten haben). Die Wurst braucht eine Woche pro 1 cm Durchmesser, um zu trocknen.

Karpfenmortadella

500 g Schweinsrückenspeck, in 2 x 2 mm grosse Würfel geschnitten, 150 g davon tiefgekühlt (Einlage)
350 ml Karpfen- oder anderer Fischfond (Karpfengräten für den Fond verwenden, siehe Grundrezepte Seite 189)
500 g Lederkarpfenfilet, gehäutet und entgrätet, in grosse Würfel geschnitten
1½ Kaffeelöffel (15 g) Kochsalz
½ Kaffeelöffel (5 g) Nitritpökelsalz
½ Kaffeelöffel (1 g) weisser Pfeffer aus der Mühle
½ Kaffeelöffel (1 g) schwarzer Pfeffer, grob zerstossen
½ Kaffeelöffel (1 g) Koriander, gemahlen
1 Messerspitze (0,65 g) Muskatnuss, gemahlen
4–5 m Schweinedarm von 32–34 mm Durchmesser

Die verbliebenen 350 g Speckwürfel mit dem Karpfenfond bei kleiner Hitze auf gut die Hälfte (400 g) einreduzieren (der Speck darf dabei keine Farbe annehmen), anschliessend kühl stellen.
Das Karpfenfilet im Cutter fein pürieren und kühl stellen. Die ausgekühlte Speckmasse ebenfalls im Cutter sehr fein pürieren. Die Karpfenmasse beigeben und kurz mitcuttern, damit sich alles schön vermischt. Anschliessend durch ein feines Sieb streichen. Das Kochsalz, das Nitritpökelsalz, die Gewürze und die als Einlage tiefgekühlten Speckwürfel beigeben und gut vermengen. Würste von etwa 100 g in die vorbereiteten Därme abfüllen (ca. 10–12 cm lang).
Die Würste 10 Minuten in 85 Grad heissem Wasser pochieren und anschliessend im Kühlschrank zugedeckt mindestens 2 Stunden auskühlen lassen.

Blutwurst mit schwarzer Schokolade und Oliven

Ergibt 8 kleine Blutwürstchen à 50 g
1 Esslöffel (10 g) Zwiebel, fein gehackt
1 Esslöffel (10 g) schwarze Oliven, fein gehackt
Olivenöl zum Andünsten
200 ml sehr frisches Schweineblut vom Metzger
75 ml Fischfond, aus Forellengräten hergestellt (siehe Grundrezepte Seite 189)
100 ml Vollrahm
25 g schwarze Schokolade (mindestens 59% Kakaoanteil), klein gehackt
1 Kaffeelöffel (8 g) Salz
¼ Kaffeelöffel (0,5 g) schwarzer Pfeffer aus der Mühle
1 kleine Messerspitze (0,25 g) Zimtpulver
2 m Schweinedarm von 32–34 mm Durchmesser

Zwiebel und Oliven in sehr wenig Olivenöl andünsten. Das Schweineblut auf rund 45 Grad erwärmen. Den Fischfond und den Rahm ebenfalls auf 45 Grad erwärmen. Die Schokolade beigeben und schmelzen lassen, das Ganze in das vortemperierte Blut einrühren. Die lauwarme Zwiebel-Oliven-Mischung beigeben, mit Salz, Pfeffer und wenig Zimt abschmecken. Wichtig: Die Masse muss immer bewegt werden, auch während des Abfüllens immer wieder aufrühren.
Die Därme wie beschrieben vorbereiten. In ein Darmende einen Knoten machen, in das andere Darmende den Hals eines Trichters schieben und etwa 50 ml Wurstmasse einfüllen (ca. 6–8 cm). Ein genügend langes Stück Darm abschneiden und dicht an der Wurst satt verknoten. Den Vorgang wiederholen, bis die ganze Masse aufgebraucht ist. Die Blutwürste in 85 Grad heissem Wasser 10 Minuten pochieren; sie müssen sich danach kompakt anfühlen.

In einem Bächlein helle ...

«Was man nimmt, gibt man auch wieder»
Franz Portmann, Bergbachforellenfischer, Escholzmatt

Franz Portmann, pensionierter Schreiner, ist Pächter bei der Pachtgesellschaft «Fischereirevier Lammschlucht Waldemme I». Damit ist er für ein 3,5 Kilometer langes Bachrevier zuständig. Neben dem Recht, pro Tag maximal sechs Bergbachforellen von mindestens 24 Zentimeter Länge zu fangen, beinhaltet die Pacht auch verschiedene Pflichten, wie das Abliefern von Laich an die Forellenzüchter und das Aussetzen von Jungfischen. Die Waldemme, oft genug ein tosender Wildbach, scheint dem Laien ein kleines, ruhiges Flüsschen, und er wundert sich, dass hier Fische an die Angel gehen. Der Bachforellenfischer steht meist nur bis zu den Knöcheln im Wasser, wenn es hoch kommt, bis zu den Knien. Er wirft die Angel immer wieder vor die Schwellen aus, wo das Wasser etwas tiefer ist und schäumt, zieht bald wieder ein, wirft wieder neu aus. Wegen des Hochwassers vor drei Wochen, das viele Fische getötet hat, rechnet Franz Portmann nicht mit einem Fang. Und doch hat er nach kurzer Zeit «es huere Glöck»: Ein grosses, schönes Weibchen hängt an seiner Angel, ein Prachtsexemplar, ein 42er.

«Wenn einer viele Jahre Erfahrung im Fischen hat, weiss er ziemlich genau, wo der Fisch sitzt. Man hat auch das Gefühl dafür, wann es günstig ist zum Fischen und wann nicht. Es ist sehr wetterabhängig. Die Bergbachforelle schwimmt den Bach aufwärts, wenn möglich in einen Seitenarm, um den Laich abzulegen. Sie ist ein standorttreues Tier, sie hat ihre Plätze, zu denen sie immer wieder zurückkehrt. Ältere Forellen wandern nicht mehr und können drei, vier Jahre am gleichen Standort bleiben.
Den Bestand muss man pflegen: Was man nimmt, gibt man auch wieder. Wir sammeln den Laich und bringen ihn dem Forellenzüchter zum Ausbrüten, pro Kilo Laich schlüpfen an die 20 000 Jungfische aus. Diese erhalten wir zurück und setzen sie in Seitenbächen wieder aus. Es sind aber nicht viele, die überleben. Es ist wichtig, die grossen Forellen wegzufischen, weil sie sehr viele kleine Fische fressen, auch die eigenen jungen Forellen. Das Männchen ist ein richtiger Räuber.
Wir pflegen untereinander Fischerlatein, geselliges Zusammensitzen und Plagieren (Angeben), bei Vereinsessen oder wenn man sich zufällig trifft. Aber sonst geht jeder seinen eigenen Weg, jeder geht allein fischen. Das ist nicht wie in einer Jagdgesellschaft, wo das Gemeinsame im Vordergrund steht. Der Fischer geniesst das Alleinsein, er hat seine Ruhe, und wenn ihm ein schöner Fisch durch die Lappen geht, kann er nicht einem anderen die Schuld dafür geben. Er ist selber verantwortlich und auf sich selber angewiesen. Jagen und Fischen sind zwei völlig verschiedene Dinge, nur plagieren tun wir wohl etwa gleich viel.
Die Natur ist das Grösste beim Fischen, unabhängig davon, ob ich etwas fange oder nicht. Was man da alles beobachten kann ... Das Kämpfen mit dem Fisch, sich messen, mit ihm spielen, ihn dabei ermüden, das ist faszinierend. Fange ich mal mehr, als ich selber verwenden kann, bringe ich die Bachforellen dem ‹Rössli› vorbei, der Stefan kann sie immer gut gebrauchen. Anfangs haben wir gelacht über seine Heu- und Steinsuppen, haben ihn geplagt, aber jetzt ist das vergessen. Auch ein paar Einheimische haben sie schon mal gegessen.»

Menü 3 SOMMER

Druidentum

Plötzlich wie aus dem Nichts stand er an einem Sommertag in meiner Gartenwirtschaft und hielt die Hände in die Höhe, als würde er beten. Ich dachte, es sei Miraculix. Er stellte sich als keltischer Druide vor, fast zwei Meter gross, hager, zerzauste lange Haare, weisse Zähne, grosse Hände und Füsse. Etwas verband uns auf Anhieb. Auf die Frage, wieso er die Hände in die Höhe hielte, antwortete er, er messe die Strahlen von Escholzmatt und müsse uns ein Kompliment für die reine Luft machen. Kunststück, wir sind hier schliesslich im Unesco-Biosphärenreservat Entlebuch. Eine Heusuppe wollte er essen, die er zuerst ebenfalls mit seinen Händen testete und für sehr gut befand. Wir kamen ins Gespräch und diskutierten über Alchemie, Spagyrik, keltisches Druidentum und die griechischen Gelehrten. Ich befand mich im Paradies, denn ich konnte etwas von meinem Wissensdurst löschen, und wir schauten von einer anderen Welt auf unsere Welt. Als Abschiedsgeschenk setzte er mir symbolisch die goldene Druidenkugel auf den Kopf. Dank Miraculix kann jetzt also mit meiner Küche nichts mehr schief gehen!

Alpenrosenblätter-Schrattenstein-Suppe mit Alpenrosenblütenöl und Alpkäse-Chips

Alpenrosenblätter-Schrattenstein-Suppe

1 Esslöffel (25 g) Zwiebel, fein gehackt
Butter zum Andünsten
40 g Alpenrosenblätter (hellgrün und zart, sonst sind sie bitter), gut gewaschen (oder ersatzweise Heidelbeerblätter)
500 ml Gemüsefond
(siehe Grundrezepte Seite 189)
300 g Steine von der Schrattenfluh oder einem anderen Karstkalkgestein, in kaltem Wasser gründlich gewaschen
250 ml Vollrahm
wenig Puderzucker
wenig Zitronensaft
Salz und weisser Pfeffer aus der Mühle

Die Zwiebel in Butter andünsten, die Alpenrosenblätter beigeben und kurz mitdünsten. Mit dem Gemüsefond auffüllen. Nun vorsichtig die Steine beigeben, nicht rühren! Etwa ½ Stunde auf kleiner Hitze köcheln lassen, dabei gelegentlich abschäumen und abfetten. Die Suppe durch ein feines Tuch passieren. Den Rahm beigeben, leicht aufkochen und mit Zucker, Zitronensaft, Salz und Pfeffer abschmecken. Die Suppe zugedeckt bereitstellen. Die Steine gut waschen und für die Garnitur beiseite legen.

(Kalkgestein ist relativ weich und muss daher nicht so lange gekocht werden.)

Alpenrosenblütenöl

50 ml Traubenkernöl
1 kleine Hand voll (15 g) Alpenrosenblüten

Die Blüten mit dem Öl im Cutter oder Mixer sehr fein pürieren. Kurz stehen lassen, damit sich das Blütenpüree absetzt, dann das überschüssige obenauf schwimmende Öl abgiessen.

Alpkäse-Chips

40 g harter Alpkäse oder zweijähriger Sbrinz, fein gerieben

Den geriebenen Käse in vier Häufchen locker in eine kalte Bratpfanne streuen. Die Pfanne auf den Herd stellen und erhitzen, bis der Käse goldbraun wird. Die Chips vorsichtig mit Hilfe eines Spatels herausheben und auf einem Küchenpapier auskühlen lassen.

Anrichten

Die ausgekochten und gewaschenen Steine im Backofen bei 100 Grad etwa 15 Minuten erwärmen. Die Suppe in Suppentassen oder -teller geben, mit dem Alpenrosenblütenöl und den Alpkäsechips garnieren und mit den warmen Steinen, Alpenrosenblättern und -blüten anrichten.

Alpenrosen

*Wenn Sie in der Natur auf die Suche nach Alpenrosen gehen, fragen Sie Ortskundige, wie es mit den örtlichen Gesetzen steht. Es gibt Gegenden, in denen die Alpenrosen geschützt sind!
Ungespritzte Alpenrosen sind z. B. bei einem Landschaftsgärtner von Mai bis Anfang Juli erhältlich. Verwenden Sie für die Suppe die Steine, die bei Ihnen da vorkommen, wo die Alpenrosen wachsen. Hier bei uns ist es Karstkalkgestein von der Schrattenfluh, anderswo Granit. Ersatzweise können Sie für die Suppe auch Heidelbeerblätter verwenden, die zur selben Familie der Heidekrautgewächse gehören.*

Vor- und Nachhaltigkeit

Wiesners Interpretation des Unesco-Biosphärenreservats Entlebuch ist ein Zeugnis von Nachhaltigkeit, wie: Alpenrosenblätter-Schrattenstein-Suppe mit Alpenrosenblütenöl und Alpkäsechips. Mit Hilfe von Menschen, Maschinen und Apparaten zubereitet und der Abfall mit aller Sorgfalt und gutem Gewissen entsorgt. Alles nach dem Motto: Leben, Essen und Geniessen im Einklang mit der Natur.

Forellenparfait mit Johannisbeersauce auf Kressegelee, gekrönt von geräuchertem Forellentatar und aschiertem Forellenlebertruffe

| 3 ganze fangfrische Forellen à 300 g

Die Forellen ausnehmen und filetieren; für diese Rezepte werden die Leber, die Mittelgräten ohne Kopf und die 6 Filets verwendet.

Forellenparfait

Forellen-Sherry-Fond:
250 ml Fischfond, mit Forellengräten zubereitet (siehe Grundrezepte Seite 189)
250 ml Sherry
Salz und weisser Pfeffer aus der Mühle

Farce:
2 (160 g) Forellenfilets, mit Haut
Salz und weisser Pfeffer aus der Mühle

2 Eigelb (40 g)
70 g Butter, Zimmertemperatur
70 g Forellenfarce
100 ml Sherry
1 Spritzer Zitronensaft
50 ml einreduzierter Forellen-Sherry-Fond
Salz und weisser Pfeffer aus der Mühle
130 ml Vollrahm, geschlagen

Den Fischfond zusammen mit dem Sherry aufkochen und langsam auf 50 ml einreduzieren, mit Salz und Pfeffer würzen.
Die Forellenfilets von Haut und Gräten befreien, die Haut beiseite legen. Das Fischfleisch klein schneiden und im Tiefkühler leicht anfrieren lassen, dann im Mixer oder Cutter sehr fein pürieren, bis eine glatte Masse entstanden ist. Durch ein Sieb streichen, mit Salz und Pfeffer würzen. Davon werden 70 g weiterverwendet.
Die Eigelbe, die Butter, die Forellenfarce, Sherry, Zitronensaft, Salz und Pfeffer in eine Schüssel geben. Den Forellen-Sherry-Fond aufkochen und mit dem Stabmixer langsam unter die Fischmasse mixen, 5 Minuten gut durchmixen. Mit Salz und Pfeffer abschmecken. Kräftig würzen, da noch der Rahm darunter gezogen wird und die Würzung bei kalten Speisen weniger intensiv schmeckt.
Die Masse über Nacht zugedeckt im Kühlschrank ziehen lassen. Den geschlagenen Rahm andertags vorsichtig unter die kalte Masse ziehen, in passende Förmchen füllen und sofort tiefkühlen.

Tipp: Die Parfaits 1 Stunde vor dem Servieren zum Temperieren in den Kühlschrank stellen. Das Parfait kann so sein volles Aroma entfalten. Die Butter im Rezept dient dazu, dass das Parfait auch noch bei Temperaturen über Null Grad stabil bleibt.

Geräuchertes Forellentatar

4 (320 g) Forellenfilets, mit der Haut
Meersalz
Buchensägemehl

1 Kaffeelöffel Zitronensaft
½ Kaffeelöffel geriebener Meerrettich
1 Kaffeelöffel Olivenöl
Salz und weisser Pfeffer aus der Mühle

Die Forellenfilets leicht salzen, mit der Haut nach unten auf ein Gitter legen und nach der Anleitung auf Seite 145 mit dem Buchensägemehl bei starker Hitze 2–3 Minuten räuchern. Herausnehmen und auskühlen lassen. Die Forellenhaut entfernen und beiseite legen. Die Filets mit einem Messer zu Tatar verarbeiten. Mit Zitronensaft, Meerrettich, Olivenöl, Salz und Pfeffer nach Belieben abschmecken.

Aschiertes Forellenlebertruffe

Häute der 6 Forellenfilets
2 Esslöffel (20 ml) Fischfond, mit Forellengräten zubereitet
(siehe Grundrezepte Seite 189)
50 ml Sherry
60 g Forellenleber, pariert (notfalls mit Geflügelleber ergänzen oder ganz ersetzen)
1 Eigelb (20 g)
60 g Butter
Salz und weisser Pfeffer aus der Mühle

Die Forellenhäute im Backofen bei 250 Grad etwa 20 Minuten veraschen, von Zeit zu Zeit mit einer Gabel wenden. Wenn sie dunkelbraun bis schwarz sind, auskühlen lassen und im Mixer oder Cutter sehr fein mahlen.
Den Fischfond zusammen mit dem Sherry auf einen Drittel einreduzieren, auskühlen lassen. Die rohe Forellenleber mit dem Eigelb im Cutter oder Mixer pürieren. Die Butter erhitzen und köcheln lassen, bis sie nussbraun ist, etwas auskühlen lassen. Erst die Nussbutter, dann den reduzierten Sherryfond zur Lebermasse geben und jeweils gut durchmixen. Die Masse durch ein feines Sieb streichen und etwa 1 cm hoch in eine flache, mit Klarsichtfolie ausgelegte Form streichen. Mit Klarsichtfolie gut abdecken. Bei 80 Grad im Backofen im Wasserbad 2–2½ Stunden pochieren, bis die Masse vollständig gestockt ist. Über Nacht zugedeckt in der Form auskühlen lassen.
Aus der kalten Truffemasse gleichmässige Kugeln formen und in der Asche wenden.

Bachkressegelee

100 g Bachkresse
1 Kaffeelöffel (10 g) gehackte Zwiebel
Olivenöl zum Andünsten
Salz und weisser Pfeffer aus der Mühle
1½ Blatt Gelatine, eingeweicht und ausgedrückt

Die Bachkresse ganz kurz in kochendem Salzwasser blanchieren, dann in Eiswasser abschrecken und abtropfen.
Die gehackte Zwiebel in Olivenöl andünsten, die Kresse beigeben und kurz mitdünsten. Mit Salz und Pfeffer würzen, sofort auf einem grossen Blech ausstreichen und im Tiefkühler kurz auskühlen lassen (darf nicht gefrieren). Im Cutter oder Mixer sehr fein pürieren. Ein wenig der pürierten Masse erwärmen, die Gelatine darin auflösen und gut unter die restliche Kressemasse mischen.
Etwa ½ cm hoch in eine mit Klarsichtfolie ausgelegte Form füllen, kühl stellen. Kleine runde Taler von der Grösse der Forellenparfaits ausstechen.

Johannisbeersauce

30 g Zucker
150 g Johannisbeeren
1 Prise Cayennepfeffer
1 Prise Englischsenfpulver
Johannisbeeren als Einlage, lose oder am Zweig

Den Zucker karamellisieren und die Johannisbeeren beigeben. Aufkochen, mixen und durchpassieren. Die Sauce mit dem Cayennepfeffer und dem Englischsenfpulver abschmecken. Zugedeckt auskühlen lassen. Die Johannisbeeren als Einlage in die Sauce geben.

Anrichten

Das Bachkressegelee in die Mitte der kalten Teller geben, das Forellenparfait darauf anrichten, mit dem Forellentatar ein Krönchen auf dem Parfait formen. Die Truffes darauf platzieren. Mit der Johannisbeersauce und den Beeren verzieren.

Die wunderbare Verwandlung

Forelle im Wasser
Forelle hin — **Forelle her**
Forelle auf — **Forelle ab**
Forelle links — **Forelle rechts**
Forelle rückwärts — **Forelle vorwärts**
Forelle am Haken — **Forelle im Netz**
Forelle filetiert — **Forelle gefroren**
Forelle gehackt — **Forelle püriert**
Forelle geräuchert — **Forelle eingeäschert**
Forelle gesalzen — **Forelle gepfeffert**
Forelle gesehen — **Forelle gegessen**
Forelle im Bauch...
Oder wie aus Aschenputtel eine Prinzessin wurde.

Gebratene Entenbrust, Orangenravioli gefüllt mit Entenkeule und Entenleber, Entenfiletmousse im Haselnussblatt, serviert mit Haselnussschaum und Haselnuss-Balsamico-Sauce

1 französische Ente von ca. 2 kg

Die Brüste und Keulen der Ente auslösen, die Filetstränge von den Brüsten lösen, die Leber beiseite legen. Die Entenknochen hacken und bereitstellen.

Orangenravioli gefüllt mit Entenkeule und Entenleber

Geschmorte Entenkeulen:
2 (ca. 400 g) Entenkeulen
Entenknochen
Haselnussöl zum Anbraten
100 g Zwiebeln, grob gewürfelt
2 Esslöffel (30 g) Sellerie, grob gewürfelt
2 Esslöffel (30 g) Lauch, grob gewürfelt
1 Esslöffel (15 g) Tomatenmark
250 g Grauburgunder oder ein anderer Weisswein
1,5 l Geflügelfond
(siehe Grundrezepte Seite 188)
Salz und schwarzer Pfeffer aus der Mühle

Raviolifüllung:
50 g frisches Weissbrot
3 Esslöffel (30 ml) Milch, heiss
50 g Entenleber, pariert
1 (30 g) Schalotte, fein gehackt
1 Esslöffel (10 g) Speckwürfel, gesalzen und geräuchert
1 Schnitz (30 g) Apfel (Boskop), geschält, entkernt, in feine Scheiben geschnitten
Haselnussöl zum Andünsten
Entenkeulenfleisch, weich geschmort und ausgelöst
Salz und weisser Pfeffer aus der Mühle

Orangenravioliteig:
2 Eier (100 g)
2 Eigelb (50 g)
1 Esslöffel (10 ml) Wasser
4 g Orangenzesten (Zesten einer halben Orange), blanchiert, fein geschnitten
½ Kaffeelöffel Haselnussöl
100 g Weizenmehl, gesiebt
100 g Hartweizendunst (fein)
evtl. wenig Wasser
Hartweizendunst zum Verarbeiten

Die Entenkeulen zusammen mit den Abschnitten und den Knochen in heissem Haselnussöl anbraten. Dann zuerst die Zwiebeln und den Sellerie beigeben, gut anbraten, anschliessend den Lauch kurz mitbraten. Das Tomatenmark dazugeben, leicht anrösten, mit dem Weisswein ablöschen und mit dem Geflügelfond auffüllen. Die Knochen und Keulen sollten gerade bedeckt sein. Mit Salz und schwarzem Pfeffer würzen, aufkochen und bei kleiner Hitze etwa 3 Stunden sehr schwach köcheln lassen, bis sich das Fleisch von den Knochen löst. Alles 1 Stunde kühl stellen. Die Keulen aus dem Fond nehmen und das Fleisch gründlich von den Keulen ablösen, zugedeckt bereitstellen. (Der Fond ist sehr gehaltvoll und kann für ein anderes Geflügelgericht verwendet werden.)

Für die Raviolifüllung das Weissbrot in dünne Scheiben schneiden und mit der warmen Milch beträufeln. Schalotte, Speckwürfel und Apfelscheiben im heissen Entenfett gut andünsten. Zusammen mit dem ausgelösten Entenfleisch, der Entenleber und dem eingeweichten Brot durch den Fleischwolf drehen. Gut vermischen, mit Salz und Pfeffer abschmecken. Die ausgekühlte Masse in einen Spritzsack mit runder Tülle füllen und im Kühlschrank bereitstellen.

Für den Orangenravioliteig die Eier, das Wasser, die Orangenzesten und das Öl mit einem Schwingbesen verquirlen. Den Dunst und das Mehl in die Rührschüssel der Küchenmaschine geben oder zu einem Kranz ausstreuen. Die Eimischung dazugeben, mischen und sehr gut durchkneten. Falls der Teig unelastisch und brüchig erscheint, noch wenig Wasser dazugeben und nochmals durchkneten. Den Teig luftdicht in Klarsichtfolie eingepackt 1 Stunde im Kühlschrank ruhen lassen. Den Ravioliteig mit der Nudelmaschine oder dem Teigroller dünn auswallen und Quadrate von 7 x 7 cm ausschneiden. Die Ränder 1 cm breit mit etwas Wasser bestreichen und mit dem Spritzsack oder mit zwei Kaffeelöffeln walnussgrosse Häufchen der Raviolifüllung in die Mitte platzieren. Einschlagen, gut andrücken und darauf achten, dass sich keine Luftblasen gebildet haben. Gut zugedeckt bereithalten.

Die Ravioli in viel Salzwasser 3–4 Minuten leicht kochen.

Entenfiletmousse im Haselnussblatt

2 Entenfilets (40 g), sehr kalt
30 ml Vollrahm, sehr kalt
1 Kaffeelöffel (5 ml) Haselnusslikör
Salz und weisser Pfeffer aus der Mühle
4–8 junge hellgrüne Haselnussblätter, blanchiert, in Eiswasser abgeschreckt

Alle Zutaten bis auf die Blätter im Cutter oder Mixer zu einer cremigen Masse verarbeiten. Mit Salz und Pfeffer abschmecken.
Die Haselnussblätter gut abtrocknen und den Stiel bis etwa 1 cm ins Blatt hinein herausschneiden. Die Entenmasse mit zwei Kaffeelöffeln in die Mitte der Haselnussblätter geben, das Blatt einschlagen und leicht andrücken, zugedeckt bereithalten.
In viel knapp siedendem Salzwasser 1–2 Minuten pochieren.

Gebratene Entenbrust

2 (ca. 500 g) Entenbrüste, pariert
Haselnussöl zum Anbraten
Salz und weisser Pfeffer aus der Mühle

Die Fettschicht der Entenbrüste mit einem scharfen Messer schachbrettartig einritzen. Das Fleisch etwa 20 Minuten zugedeckt Zimmertemperatur annehmen lassen.
Mit Salz und Pfeffer gut würzen. In einer sehr heissen Pfanne zuerst auf der Fettseite 3–5 Minuten in Haselnussöl scharf anbraten, dann auf der Fleischseite 2–3 Minuten. Je nach Grösse 15–20 Minuten bei 50 Grad gar ziehen lassen.

Haselnuss-Balsamico-Sauce

200 ml Balsamicoessig
200 ml Apfel-Träsch (Apfeltresterbranntwein)
50 ml Haselnusslikör
50 g grüne Haselnüsse (mit der weichen Schale; Saison: Juni/Juli; ersatzweise reife Haselnüsse ohne Schale)

Den Balsamicoessig und den Träsch mit dem Haselnusslikör und den Nüssen langsam auf 50 ml einreduzieren. Die Reduktion zugedeckt über Nacht ziehen lassen. Vor Verwendung erwärmen.

Entenfantasie

Haselnussschaum

150 ml Vollrahm
50 ml Haselnussöl
Salz und weisser Pfeffer aus der Mühle

Den Rahm und das Haselnussöl langsam bei schwacher Hitze auf die Hälfte einreduzieren. Mit einem Schwingbesen oder Milchschäumer aufschäumen und mit Salz und Pfeffer abschmecken.

Anrichten

Die Ravioli auf die vorgewärmten Teller legen. Die Entenbrust aufschneiden und zusammen mit der Entenfiletkugel im Haselnussblatt zu den Ravioli anrichten. Mit den beiden Saucen und den mitgekochten grünen Haselnüssen sowie gerösteten Haselnüssen garnieren.

Sehen Sie die Enten, wie sie schnatternd unter den Haselnusssträuchern nach Würmern und Schnecken suchen, wie sie genüsslich die frischen, grünen Gräser schnabulieren?
Die Weibchen sehen aus wie ein grosser Haufen Haselnüsse, und die Männchen sind so bunt wie meine Fantasie.
Kurzum, Ente gut, alles gut.

Kaninchen-Strudelteigtäschchen auf rotem und gelbem Peperonicoulis mit Lavendel und Amarettibrösel

Kaninchen-Strudelteigtäschchen

Füllung:
- 2 Kaninchenschlegel (ca. 300 g Fleisch)
- Olivenöl zum Andünsten
- 150 g Zwiebeln, klein gewürfelt
- 150 g rote und gelbe Peperoni (Paprika), klein gewürfelt
- 350 ml Barbera oder anderer Rotwein
- 2 Esslöffel (25 ml) Rotweinessig
- 3 schwarze Pfefferkörner, 1 Lorbeerblatt, 1 Nelke, ¼ Zimtstange, in einem Stoffstück zu einem Säcklein gebunden
- 3 kleine Amaretti
- ½ Kaffeelöffel Kakaopulver
- 3–5 Esslöffel Paniermehl
- 1 Prise frische Lavendelblüten
- Salz und weisser Pfeffer aus der Mühle
- 250 g Strudelteig
- Mehl zum Verarbeiten
- flüssige Butter

Das Kaninchenfleisch ausbeinen, parieren und in 8 x 8 mm grosse Würfel schneiden, die Knochen beiseite legen.

Die Kaninchenwürfel in einer Bratpfanne in Olivenöl kurz andünsten. Das Fleisch herausnehmen und bereithalten.

Die Zwiebeln und die Peperoni mit den Kaninchenknochen im restlichen Olivenöl gut andünsten und mit dem Rotwein und dem Essig ablöschen. Mit Salz und Pfeffer würzen. Das Gewürzsäcklein, die Amaretti und den Kakao beigeben. Das Gemüse 20–30 Minuten weich kochen. Vom Herd nehmen und etwas auskühlen lassen. Die Kaninchenknochen und das Gewürzsäcklein aus der Sauce entfernen. Die Sauce mixen, nochmals aufkochen und dicklich einreduzieren.

Das Kaninchenfleisch wieder beigeben und gut mischen. Auskühlen lassen.

Das Paniermehl (je nach Dicke der Masse etwas mehr oder weniger) und die Lavendelblüten zur kalten Fleischmasse geben und gründlich vermengen. Mit Salz und Pfeffer abschmecken und vor dem Weiterverarbeiten rund 15 Minuten ziehen lassen.

Die Arbeitsfläche gleichmässig mit Mehl bestäuben. Die Strudelteigkugel bemehlen und grob ausrollen, dann mit beiden Handrücken unter den Teig fahren und diesen langsam und vorsichtig dünn ausziehen. Der Teig darf nicht reissen, sollte aber so dünn sein, dass man durch ihn hindurch eine Zeitung lesen könnte. Falls er doch reisst, nimmt man ein Stück Teig vom Rand, zieht es hauchdünn aus, befeuchtet die gerissene Stelle ganz leicht und drückt das Teigstück darauf.

Aus dem Strudelteig 12 Quadrate von 10 x 10 cm schneiden (ergibt 3 Taschen pro Person). Auf jedes Teigstück etwa 1 Esslöffel Kaninchenfüllung geben, die Seiten nach oben heben und mit einem Bindfaden vorsichtig zu einem Beutel zusammenbinden.

Die Strudeltaschen mit flüssiger Butter bestreichen, auf ein mit Backpapier belegtes Blech setzen und sofort im vorgeheizten Backofen bei 200 Grad 15–20 Minuten backen. Den Bindfaden entfernen und mit einer Schnittlauchschleife ersetzen. Die Taschen sofort servieren, da sie schnell ihre verführerische Knusprigkeit verlieren.

Strudelteig

- 200 g Weizenmehl, gesiebt
- 2 Esslöffel (20 ml) Olivenöl
- 60 ml Wasser
- 1 Prise Salz, im Wasser aufgelöst
- 2 Kaffeelöffel weisser Balsamicoessig
- wenig Olivenöl zum Bepinseln

Das Mehl auf die Arbeitsfläche geben und in die Mitte eine Mulde drücken. Das Öl, das Salzwasser und den Essig hineingeben und alles zusammen zu einem geschmeidigen, glatten Teig verarbeiten.

Zu einer Kugel formen, die Oberfläche mit wenig Olivenöl bepinseln und in Klarsichtfolie luftdicht einwickeln. So trocknet der Teig nicht an und reisst nicht beim Verarbeiten. 1 Stunde im Kühlschrank ruhen lassen.

Rotes und gelbes Peperonicoulis

Rotes Peperonicoulis:
- 1 sehr reife rote Peperoni (Paprika)
- ½ Kaffeelöffel weisser Balsamicoessig
- 1 Kaffeelöffel Olivenöl
- Salz und weisser Pfeffer aus der Mühle

Gelbes Peperonicoulis:
- 1 sehr reife gelbe Peperoni (Paprika)
- ½ Kaffeelöffel weisser Balsamicoessig
- 1 Kaffeelöffel Olivenöl
- Salz und weisser Pfeffer aus der Mühle

Die Peperoni im Backofen bei 180 Grad 30–40 Minuten weich backen. Leicht auskühlen lassen und mit den Fingern oder einem Küchenmesser die Haut abziehen. Die Peperoni halbieren, von Kernen und weissen Teilen befreien und für jedes der Coulis nach Farben getrennt mit den restlichen Zutaten im Cutter oder Mixer sehr fein pürieren. Durch ein feines Sieb streichen, erwärmen, mit Salz und Pfeffer abschmecken und zugedeckt bereithalten.

Anrichten

Die Saucen auf vorgewärmte Teller geben und die Strudelteigtäschchen darauf setzen. Mit zerdrückten Amarettibröseln und frischen Lavendelblüten und -zweigen dekorieren.

Das Herz der Nonna

Ausflug aus unserem Reservat ins Piemont zu Alessandro Boido Ca'd'gal, S. Stefano Belbo, wo wir das Kaninchen der Nonna gegessen haben. Das hat so vorzüglich geschmeckt, dass ich einfach wissen musste, wie es zubereitet wurde. Da mein Italienisch miserabel ist, musste mir mein Bruder Peter, der übrigens mit bestem Können das Restaurant Schiff in Luzern führt, helfen, der Nonna das Rezept zu entlocken.

Sie gab ihr gut gehütetes Geheimnis nur zögerlich preis, doch nach einigem Hin und Her hatten wir es beisammen.

Das Kaninchen vergesse ich meiner Lebtage nicht mehr.

Mein Kaninchenstrudel weicht vom Originalrezept ab, da ich dem Gericht meinen eigenen Charakter gegeben habe, jedoch das Herz der Nonna schlägt in meinem Strudel weiter.

Ying-Yang von Sommerrehbock-Rücken und Kalbsfilet in der Poulethaut, mariniert mit Honig und Sojasauce, auf grünen und roten Linsen, mit heller Kalbssauce und dunkler Rehsauce

Ying-Yang von Sommerrehbock-Rücken und Kalbsfilet

200 g Rehrücken vom Sommerbock, sauber pariert
200 g Kalbsfilet, sauber pariert
200 g sehr frische Hühnerhaut
50 g Waldhonig
50 g Sojasauce
Salz und weisser Pfeffer aus der Mühle
Olivenöl zum Anbraten

Die beiden Filets so zurechtschneiden, dass sie die gleiche Länge und den gleichen Durchmesser haben. Sehr gut trocknen und aufeinander legen. Die Hühnerhaut auf der Arbeitsfläche ausbreiten, die beiden Filets in die Mitte legen und gut in die Haut einschlagen. Mit Bindfaden zusammenbinden.
Den Waldhonig in einem Pfännchen auf rund 60 Grad erhitzen, vom Herd nehmen und die Sojasauce darunter mischen. Das Fleisch kräftig mit Salz und Pfeffer würzen, in einen Vakuum- oder Gefriersack legen, mit der noch warmen Marinade übergiessen und luftdicht verschliessen. Im Kühlschrank pro 1 cm Fleischdurchmesser 1 Stunde marinieren, danach wieder Zimmertemperatur annehmen lassen. Das Fleisch aus dem Sack nehmen und in einer stark erhitzten Bratpfanne in Öl rundherum anbraten. Die Marinade beiseite stellen. Auf ein Blech geben und im 210 Grad heissen Backofen pro 1 cm Fleischdurchmesser (vor dem Anbraten gemessen) 1 Minute weiterbraten, dabei immer wieder mit der Marinade bestreichen. Herausnehmen und 15 Minuten bei 50 Grad ruhen lassen. Den Bindfaden entfernen, das Fleisch mit einem sehr scharfen Messer aufschneiden und sofort anrichten.

Bemerkung: Normalerweise darf man in einer Marinade kein Salz verwenden, da das Fleisch sonst Wasser zieht. Die Poulethaut hält jedoch hier das Salz vom Fleisch fern.

Grüne und rote Linsen

100 g grüne Linsen (am besten Puylinsen), 2 Stunden in viel kaltem Wasser eingeweicht
80 g sehr kleine Würfel von Lauchgrün und Zwiebeln
Butter zum Andünsten
eine Messerspitze thailändischer grüner Curry
Salz

100 g rote Linsen
80 g kleine Gemüsewürfel von Karotten und Zwiebeln
Butter zum Andünsten
eine Messerspitze thailändischer roter Curry
Salz

Die grünen und roten Linsen getrennt zubereiten. Die eingeweichten grünen Linsen sowie die roten Linsen je in der doppelten Menge siedendem Wasser etwa 10 Minuten kochen, dann erst salzen und 5 Minuten fertig garen. Das Wasser abschütten.
Die Zwiebel- und Gemüsewürfel getrennt jeweils in Butter andünsten, den Curry beigeben und mitdünsten. Die noch heissen Linsen und wenig Kochwasser beigeben, gut vermischen, aufkochen, mit Salz abschmecken und warm stellen.

Helle Kalbssauce

300 ml Kalbsfond
(siehe Grundrezepte Seite 188)
kalte Butterwürfel nach Belieben
Salz und weisser Pfeffer aus der Mühle

Den Fond auf knapp einen Drittel einreduzieren und unter Rühren mit der kalten Butter aufschlagen. Mit Salz und Pfeffer abschmecken.

Dunkle Rehsauce

100 ml Blauburgunder oder anderer Rotwein guter Qualität
1 Schalotte (20 g), fein gehackt
1 Pfefferkorn, zerstossen
100 ml Wildjus aus Rehknochen
(siehe Grundrezepte Seite 189)
kalte Butterwürfel nach Belieben
Salz und weisser Pfeffer aus der Mühle

Den Rotwein mit Schalotte und Pfeffer einköcheln lassen, bis fast keine Flüssigkeit mehr vorhanden ist. Den Wildjus beigeben, leicht köcheln lassen, abpassieren, mit der kalten Butter aufschlagen und mit Salz und Pfeffer abschmecken.

Anrichten

Die roten und die grünen Linsen gefällig zum Ying-und-Yang-Symbol anrichten und das Fleisch darauf legen. Dabei darauf achten, dass das dunkle Rehfleisch auf den roten Linsen liegt und das helle Kalbfleisch auf den grünen. Mit den beiden Saucen umgiessen und mit Minze garnieren.

Ying-Yang

Ying-Yang, liebe Leserinnen und Kochbegeisterte, ist ein Symbol dafür, dass alles irgendwie zusammengehört, ohne dass man genau erklären könnte wieso. Es ist einfach so. Wie ein Zauber, der mit einer Prise Weltoffenheit gewürzt wird.

Sorbet von schwarzem Pfeffer auf Erdbeer-Erbsen-Kompott, garniert mit Kefenpralinen

Sorbet von schwarzem Pfeffer

100 g Zucker
400 ml Wasser
10–15 Tropfen 100% naturreines
ätherisches Öl von schwarzem Pfeffer
(z. B. von Primavera Life)
etwas schwarzer Pfeffer aus der Mühle
2 Eiweiss (60 g)
150 g Zucker
100 ml Mineralwasser

Die 100 g Zucker mit dem Wasser kurz aufkochen und etwas auskühlen lassen. Das ätherische Pfefferöl und etwas frisch gemahlenen schwarzen Pfeffer aus der Mühle gut darunter rühren.
Die Eiweisse mit den 150 g Zucker im 50 Grad heissen Wasserbad aufschlagen, dann kalt schlagen.
Das Pfeffer-Zuckerwasser in die Glacemaschine geben und knapp gefrieren lassen, das Mineralwasser beigeben und weiter gefrieren lassen, kurz vor dem Ende des Gefrierprozesses die Eiweiss-Zuckermasse beigeben und fertig gefrieren.

Erdbeer-Erbsen-Kompott

200 ml Zuckerwasser
(aus 100 ml Wasser und 100 g Zucker)
150 g Erbsen
75 g Erdbeeren, geviertelt
75 g Zucker
200 g Erdbeeren, in kleine gleichmässige
Würfel geschnitten

Die Erbsen in Zuckerwasser blanchieren und ausgebreitet auskühlen lassen.
Die geviertelten Erdbeeren mit dem Zucker aufkochen, mixen und durch ein mittelfeines Sieb streichen, auskühlen lassen. Mit den Erbsen und den Erdbeerwürfeln vermischen und zugedeckt im Kühlschrank bereitstellen.

Kefenpralinen

200 ml Zuckerwasser
(aus 100 ml Wasser und 100 g Zucker)
frische Kefen nach Belieben
(ca. 3 Stück pro Person), gerüstet
100 g weisse Schokolade
40 ml Vollrahm
2 Esslöffel Erdbeerlikör
1 Vanilleschote, aufgeschlitzt, Mark ausgekratzt
50 g weiche Butter
1 grosse Spritze ohne Nadel
(in der Apotheke erhältlich) oder
ein Spritzsack mit sehr feiner Tülle
50 g schwarze Schokolade

Die Kefen in Zuckerwasser blanchieren und in Eiswasser abkühlen.
Die weisse Schokolade im Wasserbad schmelzen. Den Rahm aufkochen, etwas abkühlen lassen und mit der flüssigen Schokolade mischen. Den Erdbeerlikör beigeben, gut verrühren und ganz auskühlen lassen.
Das ausgekratzte Vanillemark zusammen mit der Butter zu einer hellen cremigen Masse aufschlagen. Unter die Schokoladenmasse mischen und 30 Minuten zugedeckt kühl stellen.
Von den blanchierten Kefen die Enden wegschneiden, so dass jeweils eine kleine Öffnung entsteht. Die Pralinenmasse in die Spritze oder in den Spritzsack füllen und mit gleichmässig starkem Druck vorsichtig in die Kefen füllen, so dass sie schön prall sind.
Die dunkle Schokolade im Wasserbad schmelzen und beide Enden der Kefenpralinen hineintauchen. Kurz warten, bis die Schokolade etwas fest geworden ist, dann auf ein Backpapier legen und im Kühlschrank auskühlen.
Vor dem Servieren etwa 10 Minuten Zimmertemperatur annehmen lassen.

Anrichten

Das Erdbeer-Erbsen-Kompott in ein tiefes Gefäss geben. Eine Kugel Pfeffersorbet abstechen und darauf anrichten. Mit den Kefenpralinen ausgarnieren.

Ätherische Öle in der Küche

Für die Verwendung in der Küche kommen nur 100% naturreine ätherische Öle bester Qualität in Frage, wenn möglich aus biologischem Anbau. Erhältlich in guten Reform- und Fachgeschäften. Ätherisches Öl muss sehr genau dosiert und immer erst in Trägerstoffen wie Speiseöl, Butter, Rahm, Alkohol, Honig oder Zuckersirup emulgiert werden.

Mitteilung

Escholzmatt, 25. Mai 2003
Essenzen-Information

Sehr geehrte Damen und Herren

Essenzen sind stark konzentrierte Charaktere der Natur. Es sind
Geschmacksbomben, die entschärft werden müssen. Richtig eingesetzt
sind sie jedoch eine wertvolle Hilfe in unserer Küche.
Ich bitte Sie um Kenntnisnahme.

Mit freundlichen Grüssen
Sprengmeister Wiesner Stefan

Käse und Käsereien

Strukturwandel

Es gibt kein anderes Grundnahrungsmittel, das so viele verschiedene Produkte hervorbringt wie die Milch. Neben allen anderen Milchspezialitäten gibt es vor allem eine unendliche Vielfalt an Käse, Tausende Sorten, die immerhin bei mehr als der Hälfte der Menschheit auf dem Speiseplan stehen.

Früher hat man nur auf den Alpen im grösseren Stil gekäst. Die erste gewerbliche Emmentaler-Talkäserei der Schweiz wurde erst 1815 bei Thun gegründet. Die besten Käse, da sind sich alle einig, stammen aus den Berggebieten mit dem kräuterreichsten Gras und daher der besten Milch. Trotzdem werden in der Schweiz lediglich zweitausend Tonnen Alpkäse hergestellt. Da immer mehr Käsereien verschwinden, wird der Grossteil der Bergmilch eingesammelt und, auf dem langen Weg in Tanklastwagen ziemlich malträtiert, in Grosskäsereien verfrachtet. In den grossen Tanks verflachen schliesslich alle qualitativen Vorteile und Eigenheiten zum Einheitssaft der Industriemilch.

Die achtzehn verbliebenen Käsereien und Käsereigenossenschaften im Entlebuch befinden sich seit 2003 in einer noch schwierigeren Situation, seit der grosse Milchverarbeiter Emmi fünf von ihnen den Abnahmevertrag für Käse gekündigt hat. Das Entlebuch als Bergregion – 95% seiner Milchwirtschaftsbetriebe befinden sich im Berg- oder Alpengebiet – hat es dabei besonders hart getroffen. Für die Milchlieferung direkt an die Emmi statt in die Käserei müssen die Bauern kostspielige Milchtanks oder Milchsammelstellen einrichten. Dabei ist der Milchpreis bereits markant tiefer als vor zwei Jahren. Oder aber sie sind gezwungen, auf Aufzucht und Mutterkuhhaltung umzustellen.

Es ist dies die Folge eines Umstellungsprozesses in der Landwirtschaftspolitik: des Strukturwandels von fixen Milchkontingenten und Käseabsatz zu festen Preisen hin zur Einführung von Direktzahlungen und einem Käsemarkt, der sich nach der Nachfrage richtet. Und denn auch gleich zusammengebrochen ist. Viele Käsereien sind nun nur noch zur Hälfte ausgelastet. Für die Wertschöpfung in der Region wäre es jedoch wichtig, die Milch möglichst vor Ort zu verarbeiten.

Die Entlebucher Käser verarbeiten als selbständige Milchkäufer pro Tag bis zu 5000 Liter von den Bauern angelieferte Abend- und Morgenmilch zu Emmentaler, Sbrinz oder eigenen Spezialitäten. Bei der Anlieferung wird die Milch gewogen und nach den Vorgaben der Qualitätssicherung untersucht. Im Gegenzug nehmen die Bauern in den Milchkannen Sirte für die Schweine mit nach Hause. Escholzmatt, das früher über sieben gewerbliche Käsereien verfügte und heute über keine einzige mehr, liefert seine jährlich sechs Millionen Liter Milch als Industriemilch an die Emmi. Anlässlich des grossen Landschaftstheaters zum Jubiläum 350 Jahre Bauernkrieg haben sich vierzig Bauern, Käser und Interessierte in Eigeninitiative zum Verein Schybi-Käse zusammengeschlossen, um eigene innovative Milchprodukte und Käse herzustellen. So kann ein Teil der Milch wieder vor Ort verwertet und die Wertschöpfung in der Region gehalten werden. Als Erstes haben sie den «Schybi-Käse» lanciert, benannt nach ihrem Bauernkieg-Helden. Zwei Käser produzieren nun die Spezialität in der ungewöhnlichen Würfelform im Auftrag des Vereins, und weitere Produkte sind in Entwicklung.

Alpkäse

«Wir geniessen die Einsamkeit der Alp»
Toni und Regula Vogel, Alpkäserei Küblisbühlegg, Sörenberg

Die Küblisbühlegg ist eine weitläufige Alp inmitten blühender Weiden mit mehreren Alpwirtschaften in der Nachbarschaft, von denen einige ganzjährig betrieben werden. Das alte dunkel gegerbte Holzhaus mit Stall ist gross wie ein Bauernhof unten im Tal. Nebenan steht ein neues Stöckli für die Eltern, die die Alpwirtschaft vor wenigen Jahren ihrem Sohn übergeben haben. Alpschweine setzen den Sommer über durch die nahrhafte Käsesirte gutes Fett an, und die Milch von 36 Kühen füllt jeden Tag den mächtigen, freihängenden, 490 Liter fassenden Kupferkäsekessel aus dem Jahre 1889, in dem schon Toni Vogels Urgrossvater gekäst hat. Eingefeuert wird immer noch mit Holz, und russgeschwärzt ist die kleine alte Alpkäserei, in der ein herrlich würziger Berghartkäse entsteht. Nichts hat sich verändert seit damals, ausser der neuen Melk- und Pumpanlage und einer automatischen Schwenkvorrichtung für das Käsekessi.

Regula Vogel schenkt uns einen Entlebucher Kafi ein. «Wir sind gerade eben von unserem Talheimet auf die Alp gezogen. In den ersten zwei Wochen auf der Alp geben die Kühe mehr Milch, so dass unser Käsekessi etwas zu klein ist. Viele der Kühe haben unten noch gekalbt, und das Maigras hier oben ist einfach das beste. Unser Talheimet in Flühli ist klein, so dass wir einen Teil unserer eigenen Kühe im Winter fremdplatzieren müssen. Unsere kleine Fläche Land ergibt zu wenig Heu und Futter für alle. Die Kälber gehören dann den Bauern, die unsere Kühe über den Winter gehirtet haben. Wir selber hirten über den Sommer auf der Alp auch fremde Kühe. Im Herbst hören wir auf mit Käsen und bleiben im Winter mit der Kälbermast so lange oben, wie das Alpheu reicht.

Ich bin in Nottwil auf einem Bauernhof aufgewachsen und bin schon immer sehr gerne auf die Alp gegangen – die Alp ist meine Welt. Mit meiner Schwester habe ich zwei Sommer lang in Sedrun eine Alp bewirtschaftet und das restliche Jahr als Krankenschwester gearbeitet. Das Entlebuch hat viele Seiten, hier oben ist es noch ländlicher und urchiger als unten in Schüpfheim. Ich gehe selten ins Dorf, alle ein bis zwei Wochen, um einzukaufen. Ich habe ja genug Arbeit hier oben, und mit dem Kind bin ich auch mehr angebunden. Es gibt Zeiten, wo ich das Dorfleben etwas vermisse, aber sonst geniesse ich die Einsamkeit hier. Ich möchte nicht zurück, mir hat das Ländliche, die Alpen, die Landwirtschaft immer sehr gefallen. Vieles ist für mich immer noch aussergewöhnlich, weil ich nicht hier oben aufgewachsen bin, nur schon die Alpenblumen faszinieren mich jeden Tag neu.

Wir rahmen die Milch jeden Tag ab, und ich mache daraus alle zwei Tage Anke im Ankefässli. Die ganze Abendmilch wird im Ankehüüsli in weiten Becken über Nacht stehen gelassen und morgens entrahmt, ausser wenn wir Raclettekäse machen, der einen höheren Fettanteil braucht. Alpbutter ist ganz besonders. Verkaufen dürfen wir nur pasteurisierte Butter, die schmeckt wie normale Butter, für uns privat machen wir aber zusätzlich unpasteurisierte.»

«Älpler sein ist nicht immer nur schön; wir haben sehr wenig Freizeit, aber die Arbeit gefällt mir. Ich kann machen, wie ich will. Es hat alles Vor- und Nachteile. Ich habe auch in Käsereien gearbeitet, bevor wir die Alp übernommen haben, aber der Stall und die Tiere fehlen einem.

Wir stellen drei verschiedene Käse her: Raclettekäse zu 6 Kilogramm, Hohwandkäse zu 8 Kilo und grosse 35-Kilogramm-Laibe Alpkäse. Den grossen Alpkäse hat schon mein Grossvater so gemacht. Jeder Alpkäse ist anders, auch wenn er genau gleich hergestellt wird. Das hat mit der Bodenbeschaffenheit, den Kräutern, dem Vieh zu tun, ob man die Milch ein Grad mehr oder weniger erwärmt, der Käse kleiner oder grösser, der Keller feuchter oder trockener ist. Käsen ist eine heikle Angelegenheit; wenn nicht ganz sauber gearbeitet wird, leidet das Produkt mit grosser Wahrscheinlichkeit.»

Der Dorfkäser

«Emmentaler ist meine Leidenschaft»

Fredy Studer, Dorfkäserei Schüpfheim

«Emmentaler ist meine Leidenschaft. Der rezente, sehr alte Emmentaler – 18 bis 19 Monate gelagert, wegen des fortgeschrittenen Eiweissabbaus flacher und mit Salzwasser in den Löchern – ist eine Freude für das Auge und den Gaumen, eine Delikatesse, geschmacklich sehr abgerundet. Wir verkaufen drei verschiedene Altersstufen, sechs, elf und achtzehn Monate. Unser Emmentaler hat mit über 19 Punkten die Höchstwertung erhalten. Er ist ein durch und durch ehrliches Produkt, ein reines Naturprodukt.

Alter Käse ist immer ein Risiko. Viele Einflussfaktoren tragen zur richtigen Reifung bei, und viele Fehlentwicklungen sind während der langen Lagerungszeit möglich. Der Reifungsprozess steht nie still. Als Käser muss man die Ehrlichkeit haben, objektiv zu beurteilen, ob ein Käse in Ordnung ist oder nicht. Es kann während des Eiweissabbaus Veränderungen geben, die man nicht beeinflussen kann und die sich geschmacklich negativ auswirken, oder es bilden sich Spalten und Risse in der Masse. Man nimmt einen Gewichtsverlust in Kauf, man steckt viel Zeit und Pflege hinein und hat viel Kapital eingelagert. Das hält viele vom alten Käse ab. Aber diese Risiken geht man halt ein, wenn man das Produkt liebt.

Qualität wird heute einfach erwartet, sie ist eine Selbstverständlichkeit geworden. Qualität betrifft sowohl den Rohstoff und seinen Produzenten, den Bauern, wie auch die Produktion, den Käser. Qualität muss erschaffen werden, und zwar lückenlos im ganzen Kreislauf von Fütterung, Bewirtschaftung, Milchgewinnung bis zum Käsen, vom Produzenten bis zum Verwerter. Und etwas Glück gehört auch noch dazu.

Qualität und Quantität von Milch und Käse hängen stark vom Klima ab. Von der Menge an Regen und Sonnenlicht, davon, ob der Boden trocken oder nass, neutral oder sauer ist. Wenn das Gras trocken wächst, gibt es etwas weniger, dafür besseres Heu, und der Nährwert der Milch ist höher. Nasses Gras hat weniger Gehalt und ist schneller verdaut, deshalb müssen die Kühe mehr davon fressen. Überdüngte Wiesen ergeben saures Gras und verringern die Milchmenge.

Beim Käsen merken wir den Einfluss dieser Faktoren sofort. Wenn es im Frühling viel regnet, haben wir weniger Ausbeute. Dies zeigt sich sogleich im Fett- und Eiweissgehalt der Milch, und aus derselben Menge Milch erhalten wir weniger Käse. Natürlich spielen auch die Erbanlagen, die Züchtung, die Fütterung, die Haltung der Tiere und die Gewinnung der Milch eine Rolle. Ich bemerke Unterschiede zwischen den Bauern, je nachdem, wie gut die Tiere gehalten werden. Wenn ein Tier sich wohl fühlt, ist es zu einer grösseren Leistung fähig.

Die meisten Bauern gehören hier den Bergzonen an. So genannte Alpenmilch schmeckt tatsächlich anders, würziger. Es ist ein weniger intensiv bewirtschafteter Boden mit anderen Gräsern. Ein Laie merkt den Unterschied vielleicht nicht so leicht, es braucht dazu wie beim Wein Erfahrung und ein geschultes Geschmacksempfinden.

Die Liberalisierung des Emmentaler-Markts mit dem Übergang zum freien Markt mit Angebot und Nachfrage macht uns schon Sorgen. Die Produktionsmenge von Emmentaler ist in der Schweiz noch zu hoch, man muss sich auf eine marktgerechte Menge von 35 000 Tonnen einstellen. Es ist zu viel junger Käse auf dem Markt.

Wie andere Berufe und Gewerbe ist auch unser Beruf in einem Wandel, einem Veränderungsprozess begriffen. Ich habe Freude an meinem Beruf, setze mich ein, bin hundertprozentig motiviert, aber wenn ich nochmals wählen könnte, würde ich vielleicht einen anderen Beruf ergreifen. Gewisse Fähigkeiten und Stärken entdeckt man eben manchmal erst später, und heute wäre ich am liebsten am Morgen Käser und am Nachmittag – nun, etwas Pädagogisches und Geistiges.»

Stefan Wiesner: «Es ist mir ein grosses Anliegen, dass der Emmentaler wieder einen besseren Ruf bekommt, nicht als der Grossverteiler-Gummikäse, sondern als Delikatesse. Die Leute sollen wieder für alten Käse sensibilisiert werden und nicht nur jungen geschmacksarmen Käse essen. Es wird immer nur der Alpkäse gerühmt, ich aber finde, jeder Käser, der sich bemüht, ein Spitzenprodukt herzustellen, hat ebenso Anerkennung verdient.»

Spezialitäten

«Es reizt mich, mit neuen Spezialitäten zu experimentieren»

Heinz und Pia Stalder, Landbrügg-Käserei, Schüpfheim

«Der frische Ziegenkäse in Asche oder in Kräutern ist unsere bekannteste Spezialität, sogar der ‹Schweizer Käsepapst› Rolf Beeler hat ihn in seinem Sortiment. Wir haben ihn selber entwickelt und ausgetüftelt wie viele unserer Spezialitäten. Wir beziehen die Ziegenmilch von zwei Bauern und verkäsen hundert Liter pro Tag zu neun Kilo Käslein. Das ist aber nur ein kleiner Teil unserer gesamten Produktion. Wir machen beispielsweise noch Napfköhler-, Sunnsyte- und Landbröggkäse, und als Hauptteil Emmentaler, 160 Tonnen pro Jahr. Total sind es zehn verschiedene Sorten.

Momentan geht der Trend auch im Entlebuch dahin, neue Produkte zu entwickeln, angesichts der ungewissen Zukunft sowieso. Ich probiere gerne Neues aus, manchmal ist es gut, manchmal weniger. Dahinter steht sicher Neugierde und der Berufsstolz, ein gutes Produkt zu schaffen, aber auch die Notwendigkeit zu überleben. Die Entwicklung einer neuen Käsesorte dauert mindestens ein bis zwei Jahre. Man muss vier bis acht Monate Lagerungszeit abwarten, um erste Resultate zu erhalten, dann Veränderungen und Anpassungen in der Rezeptur oder Fabrikation vornehmen, wieder warten. Es braucht mehrere Durchgänge, bis etwas wirklich stimmt. Und zuletzt entscheidet der Konsument.

Wir sind im Entlebuch drei Käsereien, die Spezialitäten herstellen und entwickeln, und das stachelt gegenseitig natürlich an. Man könnte es einen freundschaftlichen Wettbewerb nennen. Es ist allerdings nicht einfach, etwas wirklich Neues zu kreieren. Vieles ist ähnlich wie andere schon bestehende Käsesorten, es gibt einfach schon sehr viele. Letztlich ist es wieder ein Verdrängungskampf auf dem Markt, ein neuer Käse verdrängt einen anderen. Wenn ein Grossverteiler einen unserer neuen Käse ins Sortiment nimmt, muss dafür ein anderer weg – der mit dem schlechtesten Umsatz. Oder ein Käse hatte einige Jahre Erfolg und ist plötzlich nicht mehr gefragt. Der Konsument orientiert sich gerne an Neuem.

Die riesige Vielfalt von verschiedensten Käsesorten ergibt sich aus einer Vielzahl von Faktoren: der Behandlung der Milch, der Verwendung von Rohmilch oder pasteurisierter Milch, den verschiedenen Milchsäurebakterien, die man zugibt, kälte- oder wärmeliebende. Die Bakterienkulturen kann man selber auswählen oder mischen, es gibt Tausende von Möglichkeiten. Dann sind die Temperaturen bei der Fabrikation massgebend, der Ausdickungsgrad, die Fabrikationszeit, der Wassergehalt und nachher die Lagerung, Trocken- oder Feuchtlagerung mit Schmiere. Bei den Schmieren gibt es viele Geheimrezepte mit Kräutern und allem Möglichen. Das alles hat einen Einfluss auf den Geschmack, und so gibt es unendlich viele Möglichkeiten. Das ist unser Berufsstolz.

Ich habe Freude am Käsen, trotz den harten Arbeitszeiten. Wir arbeiten sieben Tage die Woche, die Milch kommt jeden Tag. Aber wir schauen, dass wir jedes Jahr eine Woche in die Ferien gehen können, diesen Sommer zum ersten Mal ins Ausland.

Die Zukunft ist ungewiss. Braucht es uns in zehn Jahren noch, oder wird dann Käse nur noch industriell hergestellt? Deshalb, denke ich, kann man noch am ehesten mit Spezialitäten überleben.»

Biogemüse

«Uns ist eine gute Esserziehung unserer Kinder wichtig»

Ruedi und Anita Lischer, Biohof Längmatte, Wiggen

«Unsere Kinder lehren wir, gutes Essen zu schätzen, das ist uns wichtig in der Erziehung. Aber es ist ein steter Kampf, vor allem beim Gemüse. Eine gute, ausgewogene Ernährung gehört einfach zur Philosophie eines Biobauern. Von allem ein wenig, wie es sich gehört. Wir sind Selbstversorger, vom Gemüse bis zum Fleisch muss für uns von der Qualität her alles stimmen.

Was nach unserem Eigenverbrauch übrig bleibt, bringen wir jeweils dem ‹Rössli›: Eier, Gemüse, Salate. Wir bringen einfach alles, was wir gerade haben, und als Bezahlung fürs Gemüse wollen wir kein Geld, sondern Essensgutscheine. Für uns ist es ein Erlebnis, im ‹Rössli› essen zu gehen, auch für unsere Kinder bis zur Kleinsten. Stefan ist vorbildlich in seiner Verwendung regionaler Produkte. Wir gehen nicht oft mit der Familie auswärts essen, aber wenn wir es tun, muss es richtig gut sein und stimmen, dann wollen wir keine Halbfertigprodukte auf dem Teller. Das tun wir auch bewusst für die Esserziehung, und unsere Kinder haben inzwischen gemerkt, dass gutes Essen nicht selbstverständlich ist. Sie essen alle gerne gut, sie schauen kritisch hinter die Dinge, sie merken, dass Fleisch nicht gleich Fleisch und Gemüse nicht gleich Gemüse ist.

Ich bin hier auf dem Hof aufgewachsen und habe ihn vor sieben Jahren von meinen Eltern übernommen. Zur Bioproduktion kam ich aus Überzeugung; als Quereinsteiger habe ich alles etwas anders betrachtet. Damals war mein grosses Ziel, die ganze Käsereigenossenschaft auf ‹Bio› umzustellen. Ich hatte die Situation in der Region analysiert, es wäre für die Bauern gerade in der Milchwirtschaft eine grosse Chance gewesen. Mittlerweile habe ich einsehen müssen, dass man das nicht mit Zwang erreichen kann. Es muss Überzeugung dahinter stehen. Man kann nicht aus einem, der ganz anders denkt, plötzlich einen Biobauern machen.

Unser Hauptstandbein ist die Milchwirtschaft, daneben halten wir Hühner, bauen Gemüse und Kräuter an. Ausserdem bin ich Ofenbaumeister. Wir sind ein reiner Familienbetrieb mit vier Kindern zwischen 11 und 17 Jahren, die alle mithelfen müssen. Jedes hat seine Vorlieben: Julia ist sehr gut im Stall, Lukas ist unser ‹Biologe› und arbeitet lieber draussen auf dem Feld, Severin und Roman kann man für alles brauchen. Die zwei ältesten sind im Stand, den Betrieb allein zu führen, wenn wir mal nicht da sind.

Nächstes Jahr wollen wir einen neuen Laufstall bauen, in dem die Kühe sich frei bewegen können, nach draussen auf die Weide oder rein in den Stall, liegen oder fressen, wie sie wollen. Unter unseren 29 Hühnern befinden sich einige vierjährige Pensionäre, die hier noch ihren Lebensabend verbringen dürfen. Schöne Appenzeller Barthühner, eine Rasse der Pro Specie Rara. Sie legen im Sommerhalbjahr immerhin noch jeden zweiten Tag ein Ei.

Wir sind etwa zwanzig Bauern im Entlebuch, die Kräuteranbau betreiben, einige wenige wie wir biologisch. Einen Teil verwerten und verarbeiten wir selber in der Kräuteranbaugenossenschaft, der Rest wird für Tees, Sirupe und Kräuterbonbons verkauft. Kräuteranbau ist sehr arbeitsintensiv, und wir müssen die Arbeitsabläufe noch optimieren, bevor wir die Anbaufläche vergrössern, aber unser Land ist ein idealer Standort.

Die Arbeit muss Spass und Sinn machen, das ist mein oberstes Gebot. Wir müssen davon leben und eine Wertschöpfung erreichen können. Ich bin gerne bereit, mehr zu arbeiten als andere, aber nachher muss es stimmen. Die grösste Gefahr in einem solchen Betrieb ist, dass man nur noch arbeitet und nicht mehr lebt. Abends wartet immer noch Arbeit, aber sie sollte immer auch ein Dürfen bleiben. Da muss man sich manchmal selbst an der Nase nehmen.»

Menü 4 SOMMER

Badenixen

Eine Erinnerung von Monika Wiesner:
Von Badenixen und anderen Inspirationen

Es war in den Sommerferien in der Toskana. Während sich meine Schwester, unsere Kinder und ich am Meer vergnügten, sass Stefan – er ist keine Wasserratte – in einem Strandcafé in Sichtweite und schrieb am neuen Gourmetmenü, das nach den Ferien neu starten sollte. Am letzten Ferientag offenbarte er uns, dass er eine geniale Sonnenbrille habe. Durch die sehe er die Badenixen noch viel deutlicher und bunter ... Ganz nach dem Motto: «Geniessen und sich inspirieren lassen»!

Kirschensuppe total

Kirschensuppe

500 ml Vollrahm
500 ml Geflügelfond
(siehe Grundrezepte Seite 188)
150 g Kirschen (Steine, Fruchtfleisch und Stiele voneinander trennen)
100 g Kirschenholz
80 ml Kirschgeist
Salz und weisser Pfeffer aus der Mühle

Den Rahm und den Geflügelfond mit den Kirschensteinen, den Kirschenstielen und dem zerkleinerten Kirschenholz rund 2 Stunden bei schwacher Hitze köcheln lassen. Durch ein feines Sieb passieren. Das Kirschenfruchtfleisch und den Kirschgeist beigeben. Das Ganze aufkochen, mixen, nochmals passieren und mit einem Kaffeelöffel Kirsch, Salz und Pfeffer abschmecken.

Anrichten

Die ausgekochten Kirschensteine waschen und im Backofen bei 80 Grad erhitzen. Die Suppe mit dem Stabmixer oder Schwingbesen aufschäumen und in vorgewärmte Tassen oder Teller giessen. Auf Unterteller stellen und diese ringsum mit den heissen Kirschsteinen auffüllen. Mit Kirschenblättern und -stielen dekorieren.

Kirschholz

Kirschholz erhalten Sie beim Schreiner. Es hat wenig Eigengeschmack, rundet aber wie alle Hölzer die Gerichte im Hintergrund ab.

Kirschereien

Kirschstein
Kirschstiel
Kirschfrucht
Kirschblätter
Kirschgeist
Kirschholz
pralle Sommerkirsche

| Ich sehe vor mir einen Kirschbaum stehen.
In Gedanken umarme ich ihn.
Plötzlich wird mir klar,
mit seiner und meiner Kraft,
zaubern wir zusammen
die «Kirschsuppe total».

Gedämpftes Bachforellenfilet mit Basilikum und Schokoladen-Blutwurst auf Zwiebelbrot, mit Olivenölcreme und Tomatenkonfitüre, in der Schale gebackenem Knoblauch und Silberzwiebeln

Gedämpftes Forellenfilet

4 (ca. 320 g) Forellenfilets, mit oder ohne Haut
Salz und weisser Pfeffer aus der Mühle
Butter zum Aus- und Bestreichen
8 Basilikumblätter, gezupft

Eine Gratinplatte mit Butter ausstreichen. Die Forellenfilets mit Salz und Pfeffer würzen, nebeneinander mit der Hautseite nach unten in die Form legen und mit Butter bestreichen. Den Basilikum darüber verteilen. Straff mit Klarsichtfolie zudecken. Im vorgeheizten Backofen bei 90 Grad je nach Grösse der Filets etwa 10–15 Minuten garen. Bis zur Verwendung warm stellen.

Blutwurst mit schwarzer Schokolade und Oliven

4 Blutwürste mit schwarzer Schokolade und Oliven
(siehe Wurstrezepte Seite 75)
Olivenöl zum Anbraten

Die fertigen Blutwürste in Salzwasser 5–7 Minuten pochieren; die Würste müssen sich danach fest anfühlen. Anschliessend abtrocknen und bei schwacher Hitze in Olivenöl anbraten, sofort anrichten.

Zwiebelbrot

100 g Zwiebeln, in dünne Streifen geschnitten
Olivenöl zum Anbraten
125 g Weizenmehl, gesiebt
2 Esslöffel (20 ml) Olivenöl
70 ml warmes Wasser
knapp ½ Kaffeelöffel (4 g) Salz, im Wasser aufgelöst
2 g Hefe

Die Zwiebeln in einer Bratpfanne in etwas Olivenöl anrösten. Anschliessend kalt stellen. Mit dem Weizenmehl einen Kranz formen. Das Olivenöl und das Salzwasser in die Mitte geben, die Hefe darüber zerkrümeln und alles zu einem Teig kneten. Zuletzt die gerösteten Zwiebeln beigeben und nochmals durchkneten. Mit Klarsichtfolie bedeckt an einem warmen Ort etwa 20 Minuten aufgehen lassen. Den Teig auf etwas Mehl dünn ausrollen und in 8 x 13 cm grosse Rechtecke schneiden. Ein Blech mit Olivenöl einfetten, die Teigstücke darauf legen, mit Olivenöl bepinseln und im Backofen bei 210 Grad 12 Minuten backen. Warm stellen.

Tomatenkonfitüre

2 (200 g) fleischige Tomaten
1 Esslöffel (10 g) Butter
3 Esslöffel (30 ml) Zuckersirup (1 Esslöffel Zucker mit 2 Esslöffel Wasser aufgekocht)
½ Bourbon-Vanillestange, Mark
Salz und 1 kleine Prise Cayennepfeffer

Die Tomaten oben kreuzweise einschneiden und den Stielansatz herausschneiden. 10 Sekunden in kochendes Wasser tauchen und anschliessend in Eiswasser abschrecken. Mit einem Messer die Haut abziehen. Die Tomaten halbieren, entkernen und in kleine Würfel schneiden.
Die Tomatenwürfel mit der Butter, dem Zuckersirup und dem Vanillemark aufkochen. Bei kleiner Hitze köcheln lassen, bis eine dickflüssige Masse entstanden ist. Zugedeckt kühl stellen.

Olivenölcreme

1 Eigelb
100 ml Olivenöl
1 Kaffeelöffel Wasser
Salz und weisser Pfeffer aus der Mühle
2 Esslöffel (20 ml) Vollrahm, geschlagen

Das Olivenöl in dünnem Faden unter das zimmerwarme Eigelb schlagen, bis eine cremige Masse entstanden ist. Das Wasser beigeben. Mit Salz und Pfeffer würzen und beiseite stellen.
Kurz vor der Verwendung den geschlagenen Rahm darunter ziehen und mit Salz und Pfeffer abschmecken.

Zwiebeln und Knoblauch in der Schale

4 Saucenzwiebeln, ungeschält
4 Knoblauchzehen, ungeschält

Die Zwiebeln und den Knoblauch in der Schale im Backofen bei 200 Grad 15 Minuten backen. Wenn sie weich sind, herausnehmen und warm stellen.

Anrichten

Die Zwiebelbrote auf vorgewärmte Teller legen. Jeweils die eine Hälfte mit Olivenölcreme, die andere mit Tomatenkonfitüre überziehen. Forellenfilet, Blutwurst, Zwiebeln und Knoblauchzehe gefällig auf dem Zwiebelbrot anrichten.

Internationale Schokoladenseiten

Ferien wie es sich gehört.
Eine Reise durch die katalanische,
die mexikanische, die mediterrane,
die piemontesische und die wiesnerische Küche.
Eben die Schokoladenseiten des Lebens.

Stubenküken im Cohiba-Zigarrenrauch mit Polenta und Maisgarnitur

Stubenküken im Cohiba-Zigarrenrauch

1 Maiskolben
Maiskeimöl zum Aus- und Bestreichen
1 Esslöffel (10 g) Schalotte, gehackt
4 Stubenkükenbrüstchen (ca. 300 g)
Salz und weisser Pfeffer aus der Mühle
100 ml Geflügelfond
(siehe Grundrezepte Seite 188)
100 ml Bourbon-Whisky (Four Roses)
1 Havanna-Cohiba-Zigarre (Siglo 1)
(eine kleine Zigarre, da für das Gericht nur wenige Züge Rauch benötigt werden – der Geniesser kann natürlich auch eine grössere Zigarre verwenden)
kalte Butterwürfel nach Belieben

Vom Maiskolben die Blätter und die Griffel entfernen und voneinander getrennt beiseite legen, den Maiskolben in Rädchen oder längs, den Maiskörnern entlang, in Stäbchen schneiden.
Einen Topf mit Maiskeimöl ausstreichen. Die gehackte Schalotte, die Maisgriffelfäden und die Maiskolbenstücke hineingeben. Die Hühnerbrüstchen mit Salz und Pfeffer würzen, in die Maiskolbenblätter einpacken und mit Maiskeimöl bestreichen. In den Topf einschichten, mit Geflügelfond und Whisky übergiessen und zudecken.
Die Zigarre anzünden. Den Deckel leicht anheben und mit einem Strohhalm einige Züge Rauch in den Topf blasen, sofort wieder schliessen. Zugedeckt bis zum Siedepunkt erhitzen und bei 90 Grad auf dem Herd oder im Backofen 5–6 Minuten pochieren. Die Hühnerbrüste und den Mais herausnehmen und warm stellen. Den Pochierfond passieren, einreduzieren und mit der kalten Butter aufschlagen.

Polenta

1 (30 g) Schalotte, fein gehackt
Maiskeimöl zum Andünsten
400 ml Gemüsefond oder Geflügelfond
(siehe Grundrezepte Seite 188/189)
100 g Maisgriess
50 ml Vollrahm oder Mascarpone
Salz und weisser Pfeffer aus der Mühle

Die Schalotte in Maiskeimöl glasig dünsten. Mit dem Fond ablöschen und aufkochen. Den Maisgriess unter ständigem Rühren einrieseln lassen und bei kleiner Hitze 10 Minuten leicht kochen lassen. 1 Stunde weiterköcheln, dabei fleissig umrühren, oder im Backofen bei 120 Grad 1 Stunde zugedeckt ziehen lassen. Den Rahm oder Mascarpone beigeben, gut umrühren, mit Salz und Pfeffer abschmecken und warm stellen.

Popcorn

2 Esslöffel (40 g) Popcorn (Maiskörner)
2 Esslöffel (20 ml) Maiskeimöl

Das Maiskeimöl in einer schweren tiefen Pfanne erhitzen. Die Maiskörner dazugeben, zudecken, den Herd auf mittlere Hitze stellen und die Pfanne schütteln, bis alle Körner aufgesprungen sind. In eine Schüssel geben und salzen.

Anrichten

Die Polenta in der Mitte der vorgewärmten Teller anrichten. Das aufgeschnittene Hühnerbrüstchen und die in Maiskeimöl angebratenen Maiskolbenstücke darauf legen, mit der Sauce umgiessen und mit den Maisblättern, -griffeln und Popcorn dekorieren.

Mais mit allen

Meine alchemistische Ader hat schon manchen «Mais» zum Brodeln gebracht.
Also: Die Küken werden mit Mais gefüttert. Daher passen Maisgriffel, Maiskeimöl, Maisblätter, Maispolenta und Maiswhisky (Bourbon) gut zusammen. Nun setze ich noch einen oben drauf und bringe die Havanna mit ins Spiel.
Ich bin der Ansicht, dass Whisky und Havannas hervorragend zusammenpassen.
Ein Beispiel: Meine Frau Monika in meiner Linken, einen Whisky in meiner Rechten und eine rauchende Cohiba im Mundwinkel.
Alles zusammen pure Harmonie. Als wäre ich im Sommerurlaub an einer Strandbar.

Schwarze Tortellini, gefüllt mit geschmorten Tauben und Tintenfisch, serviert mit Thunfischsauce, Balsamico-Honig-Buttersauce und Moscardini

Schwarze Tauben-Tintenfisch-Tortellini

Füllung:
1 Taube von 400–500 g, gesengt, ausgebeint, zerlegt, das Fleisch von Sehnen befreit (die ausgelösten Knochen beiseite legen)
100 g Tintenfisch (Polpo oder Grosse gemeine Krake), gewaschen
50 g Schweinsrückenspeck (nicht geräuchert)
Olivenöl zum Braten
100 g Gemüsewürfel (Karotte, Sellerie, Lauch, Zwiebel, wenig Knoblauch)
1 Kaffeelöffel (10 g) Tomatenpüree
100 ml Blauburgunder oder anderer Rotwein
500 ml Geflügelfond (siehe Seite 188)
½ Kaffeelöffel (2 g) Waldhonig
Salz, weisser Pfeffer aus der Mühle

Schwarzer Tintenfisch-Ravioliteig:
2 Eier (100 g)
2 Eigelb (40 g)
20 g Tintenfischtinte (Sepiatinte, in Delikatessgeschäften erhältlich)
1 Kaffeelöffel (3 g) Olivenöl
125 g Hartweizendunst
150 g Weizenmehl, gesiebt
evt. wenig Wasser
Hartweizendunst zum Verarbeiten

Das Taubenfleisch, die Taubenknochen, den Tintenfisch und den Speck in einem feuerfesten Topf in heissem Olivenöl anbraten. Die Gemüsewürfel dazugeben und mit anbraten. Überschüssiges Fett abgiessen. Das Tomatenpüree dazugeben und langsam anrösten. Mit dem Rotwein ablöschen und mit dem Fond aufgiessen. Den Honig dazugeben und zugedeckt bei 180 Grad 1 Stunde im Backofen schmoren. Erkalten lassen. Die Taubenknochen entfernen und alles durch den Fleischwolf (Scheibe 3) drehen. Die Masse mit Salz und Pfeffer abschmecken.
Für den Ravioliteig die Eier und Eigelbe, die Tinte und das Öl mit einem Schwingbesen verquirlen, bis sich die Tinte aufgelöst hat. Den Dunst und das Mehl in die Rührschüssel der Küchenmaschine geben oder zu einem Kranz ausstreuen. Die Eimischung dazugeben, mischen und sehr gut durchkneten. Falls der Teig unelastisch und brüchig erscheint, noch wenig Wasser dazugeben und nochmals durchkneten. Den Teig luftdicht in Klarsichtfolie eingepackt 1 Stunde im Kühlschrank ruhen lassen.

Den Ravioliteig mit der Nudelmaschine oder mit einem Teigroller dünn ausrollen. Quadrate in beliebiger Grösse ausschneiden und jeweils Häufchen der Füllung in die Mitte setzen. Die Teigquadrate zu Dreiecken zusammenfalten und die Ränder andrücken. Die Dreiecke mit der Spitze nach vorne um den Zeigefinger wickeln, die beiden Enden gut zusammenpressen und die Spitze dabei mit der anderen Hand nach unten drücken. Die Tortellini auf ein mit Hartweizendunst bestreutes Blech legen und etwas antrocknen lassen.
Die Tortellini in viel kochendem Salzwasser 3–4 Minuten garen, in Olivenöl und etwas Pastawasser schwenken. Sofort servieren.

Thunfischsauce

100 g Thunfisch aus der Dose, in Wasser eingelegt, gut abgetropft
200 ml Vollrahm
1 Eigelb
Salz und weisser Pfeffer aus der Mühle

Den Rahm auf die Hälfte einkochen, den Thunfisch beigeben und weiter zu einer cremigen Masse einkochen. Heiss sehr fein mixen. Das Eigelb beigeben und weiter mixen. Mit Salz und Pfeffer abschmecken und warm stellen, nicht mehr aufkochen.

Honigsauce

50 ml Balsamicoessig
50 ml Blauburgunder oder anderer Rotwein
50 ml Portwein
50 g Butter
50 g Waldhonig

Balsamicoessig, Rotwein und Portwein zusammen auf 50 ml einreduzieren. Die Butter in einem Pfännchen unter Rühren so lange kochen, bis sie braun wird und nussig riecht. Vom Herd ziehen und in einen kalten Topf sieben, den Honig und die Weinreduktion beigeben und alles zusammen verrühren. Bereitstellen.

Moscardini

4 Moscardini (Kleine gemeine Krake)
1 Esslöffel (15 g) Karottenwürfelchen
1 Esslöffel (15 g) Selleriewürfelchen
1 Esslöffel (15 g) Lauchwürfelchen
Olivenöl zum Andünsten
Salz und weisser Pfeffer aus der Mühle

Die Moscardini von der Haut befreien, halbieren, gut waschen und in Salzwasser 15 Minuten weich kochen.
Anschliessend die Moscardini und die Gemüsewürfelchen in Olivenöl andünsten und mit Salz und Pfeffer abschmecken.

Anrichten

Die Tortellini mit den Saucen anrichten und mit den Moscardini und den Gemüsewürfelchen dekorieren.

Tintello Tonnato

Während sich der knackige Tintenfisch am Strand an der Sonne räkelt, startet die zarte Taube eine erfolgreiche Flirt-Attacke. Welcher Thunfisch wäre bei diesem Anblick nicht auch gerne dabei, wenn sich die beiden am Tintensee turtelnd tortellieren!

Das Vitello Tonnato war mein Vorbild. Der Tintenfisch und die Taube haben einen gleich kräftigen Geschmack. Die cremige Thunfischsauce würzt und rundet das Gericht ab.

Rehnüsschen vom Sommerbock mit Schwarztee geräuchert, mit Sonnenblumen-Rehhackplätzchen, Orangen-Kardamom-Sauce, Limettenrösti und getrockneten Limettenscheiben

Rehnüsschen, mit Schwarztee geräuchert

400 g Rehnüsschen vom Sommerbock, pariert und von der Silberhaut befreit, gebunden
1½ Esslöffel (20 g) Rohzucker
1½ Esslöffel (10 g) Earl-Grey-Tee
Salz und weisser Pfeffer aus der Mühle
Kokosfett zum Anbraten

Das Rehnüsschen nach der Anleitung auf Seite 145 mit dem Rohzucker und dem Earl-Grey-Tee etwa 40 Sekunden räuchern.
Das geräucherte Fleisch mit Salz und Pfeffer würzen. In heissem Kokosfett stark anbraten, auf ein Blech geben und im vorgeheizten Backofen bei 200 Grad pro 1 cm Fleischdurchmesser (vor dem Anbraten gemessen) 1 Minute weiterbraten. Herausnehmen und rund 15 Minuten bei 50 Grad ruhen lassen.

Sonnenblumen-Rehhackplätzchen

20 g Weissbrot
40 ml Milch
200 g Rehschlegel, sauber pariert und von der Silberhaut befreit
1 Esslöffel (10 g) Zwiebel, gehackt, in wenig Kokosfett angedünstet
1 kleine Hand voll (4 g) ungespritzte Sonnenblumenblütenblätter, fein geschnitten
Salz und weisser Pfeffer aus der Mühle
Kokosfett zum Anbraten

Das Weissbrot in der Milch etwa 1 Stunde einweichen, bis das Brot ganz weich ist.
Das Rehfleisch durch die Scheibe 3 des Fleischwolfs drehen. Fleisch, Zwiebel, Sonnenblumenblätter und das weiche Brot zu einer kompakten Masse vermengen und mit Salz und Pfeffer abschmecken. Gleichmässig grosse Hackplätzchen formen und im Kokosfett saftig braten. Warm stellen.
Dieses Rezept kann auch mit anderem Fleisch zubereitet werden.

Limettenrösti

400 g rohe festkochende Kartoffeln, geschält
Salz und weisser Pfeffer aus der Mühle
1 unbehandelte Limette, Zesten, blanchiert
Kokosfett zum Braten

Die rohen Kartoffeln mittelfein raffeln oder in feine Streifen schneiden, leicht wässern und gut auspressen. Mit Salz und Pfeffer würzen und die Limettenzesten darunter mischen. Die Masse in vier Portionen in einer heissen Bratpfanne in genügend Kokosfett knusprig braten, auf einem Gitter abtropfen lassen und warm stellen.

Orangen-Kardamom-Sauce

300 ml frisch gepresster Orangensaft
4 Schoten Kardamom (oder 1 grosse Prise gemahlener Kardamom)

Den Orangensaft durch ein feines Sieb in einen Topf giessen und mit dem Kardamom langsam zu einem Sirup einkochen lassen. Die Sauce bereitstellen.

Getrocknete Limettenscheiben

1–2 Limetten, unbehandelt
Puderzucker

Die Limetten in 2 mm dünne Scheiben schneiden, auf ein antihaftbeschichtetes Backblech legen und mit Puderzucker bestreuen. Bei 100 Grad im Backofen 2–3 Stunden trocknen, bis die Scheiben knusprig sind. Auskühlen lassen. In einem luftdichten Behälter aufbewahren.

Anrichten

Die Rösti in der Mitte vorgewärmter Teller anrichten, die Hackplätzchen darauf legen und auf diese die aufgeschnittenen Rehnüsschen platzieren. Mit der Orangen-Kardamom-Sauce umgiessen und mit Limettenscheiben, Sonnenblumenblättern und Milchpulver (aus Reformhaus oder Drogerie) ausgarnieren.

Sommerbock

Sommerbock ist eine seltene Delikatesse, das beste Wildfleisch überhaupt. Die streng regulierte Sommerbockjagd ist keine Treibjagd wie im Herbst, sondern das Wild wird beobachtet, angeschlichen und überraschend mit einer Kugel erschossen. So schütten die Tiere keine Angst- und Stresshormone aus. Das Fleisch ist vom Geschmack sehr fein und zart und «wildelet» nicht.

Gute Besserung

Ein Entlebucher trinkt Kaffee Fertig. Tee, nur wenn er krank ist. Krankhaft angestrengtes Denken braucht es allerdings, um den Sommerbock mit Tee zu kombinieren. Dafür gebe ich ihm alles, was zum Schwarztee passt: Zitrone, Limette, Orange, Kardamom, Milch und Zucker. Statt Jasminblüten Sonnenblumenblüten, die wie das Böcklein im Sommer erscheinen. Und vom Tee sowieso nur den Rauch.
Wenn der Entlebucher also ausgerechnet während der Badesaison krank sein sollte, möge er unserem Rezept folgen.
Auf dass er wieder gesund werde!

Heidelbeerkompott mit Zitronenthymian und Heidelbeerblättern, begleitet von Heidelbeersorbet, Sauerrahm und geröstetem Mehl

Heidelbeersorbet

200 g Heidelbeeren
200 g Gelierzucker
200 ml Wasser
1 Esslöffel (15 ml) Glukose
100 ml Mineralwasser mit Kohlensäure

Die Heidelbeeren mit dem Gelierzucker aufkochen und mixen. Das Wasser und die Glukose beigeben, nochmals aufkochen und gut vermengen, so dass die Glukose sich gut auflöst. Die Masse durch ein mittelfeines Sieb passieren. Anschliessend in der Glacemaschine gefrieren lassen, kurz vor Schluss das Mineralwasser beigeben und weiter gefrieren, bis das Sorbet seine Festigkeit erreicht hat.

Heidelbeerkompott mit Zitronenthymian und Heidelbeerblättern

Kompott:
200 g frische Heidelbeeren
2 Esslöffel (20 ml) Wasser
2 Kaffeelöffel (20 g) Puderzucker
2 Zweige Zitronenthymian
2 Zweige Heidelbeerblätter

50 ml Sauerrahm
1 Esslöffel (20 g) Weizenmehl, gesiebt, geröstet
Zitronenthymianzweige
Heidelbeerblätterzweige, sehr gut gewaschen

Alle Zutaten für das Kompott in ein kochfestes Geschirr geben und luftdicht verschliessen. 20 Minuten im leicht siedenden Wasserbad pochieren, kalt stellen. Die Zweige entfernen.

Anrichten

Das Heidelbeerkompott in vorgekühlten tiefen Tellern anrichten, 1 Kugel Heidelbeersorbet darauf setzen. Den Sauerrahm und das geröstete Mehl um das Sorbet verteilen. Mit Zitronenthymian- und Heidelbeerblätterzweiglein ausgarnieren.

Blätterernte

Das Heidelbeerfraueli ist ein blaufingeriges und blaumundiges Geschöpf. In ihrem Eifer «strählt» sie sogar die Heidelbeerblätter mit. Zu Hause isst sie die Beeren am liebsten mit Zucker, Rahm und geröstetem Mehl. Mit dem Sorbet und dem Zitronenthymian sorge ich bestimmt für Unfrieden im traditionellen Ritual. Aber, ehrlich gesagt, ist mir das egal. Den Heidelbeeren bestimmt auch.

Wein und Sein

«Guter Wein ist eine Gratwanderung»

Ines und Thomas Bisang, Winzer in Rumi, Dagmersellen

Bisangs Weinberg befindet sich in Dagmersellen im Luzerner Hinterland, angrenzend an die Region Entlebuch. Das Wiggertal ist trotz des warm-trockenen Klimas und des humus-, kies-, sand- und tonhaltigen Bodens keine typische Weingegend, wirklich nicht. Bisangs waren bis vor kurzem die einzigen Weinbauern weit und breit. Und die Weinbautradition im Tal ist gerade mal zwanzig Jahre alt. Damals erfüllte sich Vater Bisang, ein experimentierfreudiger Querdenker, seinen Bubentraum und stellte auf seinem kleinen, aber sonnigen Stück Land von Gemüse- und Obstanbau auf Rebbau um. Heute sind es 3,5 Hektaren auf den steilen, terrassierten Südhängen von Rumi und Chrüzberg, 30 000 Flaschen Wein, 17 000 Rebpflanzen, 7 Rebsorten, 10 verschiedene Weine. Die nächsten Winzer im Kanton Luzern gibt es in Hitzkirch, Meggen und Kastanienbaum. Luzern ist mit 25 Reblagen und 25 Hektaren flächenmässig einer der kleinsten Rebbaukantone der Schweiz.

Thomas Bisang hat den Weinbau vor zehn Jahren mit gerade 27 Jahren von seinem Vater übernommen. Als gelernter Gemüsegärtner besucht er die Weinfachschule in Wädenswil, schliesst aber nicht ab, als er findet, er habe genug gelernt. Der Rest ist autodidaktisch erworben, Fachliteratur lesen, ausprobieren. 1997 zerstörte ein Grossbrand Bisangs sämtliche Gebäude. Ein Schock, aber gleichzeitig eine Zäsur, ein Neubeginn.

«Das Keltern haben wir neu aufgebaut. Mein Vater hat früher nur die Trauben produziert und im Schloss Heidegg, zwei Täler weiter, daraus Wein keltern lassen. Das war damals die Regel.

Wenn man drei Jahre im Weinkeller gearbeitet hat, hat man natürlich schon einiges gesehen. Aber bis man die ganzen Schritte von der Traubenproduktion bis zum Abfüllen, Etikettieren, Büro und Verkauf kennt, braucht man viel Zeit. Das ist eine Entwicklung, die wohl jeder durchmacht. Am Anfang wurden wir deshalb ziemlich ins kalte Wasser geworfen. Die erste Ernte 1994 haben wir zu hundert Prozent durch Hagel verloren. Ich hatte eben 150 000 Franken in Weinbaugeräte investiert, und dann kam ein Haufen fauler Trauben an, mit denen ich Wein machen musste. Das war das ‹kalte Wasser›, aber dann hatten wir das auch hinter uns. 1995 ist noch nicht alles rund gelaufen, auch beim Keltern nicht, und das Jahr war ziemlich verregnet. Klar, die Weine waren trinkbar in den ersten zwei Jahren, aber wir haben gesehen, dass wir uns deutlich verbessern müssen. 1996 war ein gutes Jahr, und ab da war ein Jahr besser als das letzte. Es hat sich stetig gesteigert.

Guter Wein ist eine Gratwanderung. Zu einem guten Wein gehört vieles: die Mitarbeiter, die Rebarbeit, Schnitt, Ertragsregulierung, Kelterung … Was uns am meisten reizt, ist, hier im Luzerner Hinterland einen wirklich guten Wein herzustellen. Es ist noch ungewohnt für die Leute, sie denken, hier hat es eh zu wenig Sonne für einen guten Wein. Die Sonne ist zwar der massgebliche, aber nicht der allein entscheidende Faktor dafür. Die Menschen, die damit arbeiten, stecken auch Energie hinein. Uns ist extrem wichtig, dass genau und regelmässig gearbeitet wird. Wenn es ums Erlesen geht, müssen die Triebe so regelmässig wie möglich stehen, das Ziel ist alle 15 cm ein Trieb. Es muss sorgfältig eingeschlauft werden, so dass es eine schöne kompakte Laubwand gibt. Kein Geheu, wo die Äste dann im Herbst über die Trauben hängen und die Beeren faulen. Die Trauben müssen in der Sonne hängen, damit sie nach Niederschlägen schnell wieder abtrocknen können. Je regelmässiger gearbeitet wird, desto regelmässiger, sprich harmonischer ist der Wein. Die ganze Ernte sollte die gleiche Qualität aufweisen. Das ist uns am wichtigsten.

Qualität ist das A und O, Qualität, Qualität, Qualität. Die Pflege das ganze Jahr über, Schneiden, Erlesen, Stämme putzen, Einschlaufen, Laub schneiden … Siebzehn Mal, sagt man, legt man an jeden einzelnen Rebstock Hand an, bis die Traube reif ist. Und wenn man dabei dauernd genau arbeitet, kommt es gut heraus. Dann hat man auch in einem schlechten Jahr einen guten Wein. Die Rebe baut über die Jahre Reservestoffe auf, wenn sie es immer gut hat. Aber wenn sie wie früher üblich mit grossen Erträgen geplagt wird, läuft die Pflanze immer ‹am Limit›, und in einem schlechten Jahr hat man dann nichts. Die Regelmässigkeit ist im Ganzen sehr, sehr wichtig.

Sehr wichtig ist uns ebenfalls, dass der Ertrag gering bleibt. Für den Standardwein beim Riesling x Sylvaner 900 Gramm, beim Blauburgunder 700 Gramm pro Quadratmeter, bei anderen Sorten noch weniger. So fliesst die ganze Kraft des Rebstocks in die Trauben und ergibt hohe Öchslegrade. Früher hat man 2,5 Kilo pro Quadratmeter geerntet. Wir produzieren lieber eine Flasche weniger, dafür ist sie etwas teurer. Alle haben mehr davon, der Kunde erhält eine bessere Qualität, und für uns geht die Rechnung auch auf. Wichtig ist einfach ehrliche Arbeit.

Im Reifeprozess der Trauben gibt es einen Punkt, an dem das Verhältnis von Säure und Süsse für den Wein ideal ist, und diesen Zeitpunkt versucht man bei der Ernte zu treffen. Wenn die Traubenbeeren grün und hart sind, ist der Säureanteil am höchsten, nachher baut sich die Säure kontinuierlich ab, und der Zuckergehalt steigt. Der ideale Erntezeitpunkt ist bei jeder Sorte verschieden. Einige haben an sich wenig Säure, wie zum Beispiel die Garanoire. Dann erhält man einen Wein, der zwar genug Alkohol, aber zu wenig Säure hat. Im Süden müssen die Weine oft künstlich mit Weinsäure nachgesäuert werden, weil die Trauben zu süss sind. Zu viel Sonne kann genauso schädlich sein wie zu wenig Sonne, das ist vielen nicht bewusst.

Wir produzieren nach IP-Richtlinien, machen so wenig wie möglich an den Reben und verwenden keinen Mineraldünger, sondern Hühnermist oder Biodünger. Die Biodiversität ist in unserem Rebberg deshalb sehr gross, es finden sich über hundert verschiedene Pflanzenarten, dazu viele seltene Tiere wie Eidechsen und Blindschleichen.

Luzerner Hinterländer Wein

Wir haben momentan keine Probleme, unseren Wein zu verkaufen. Vor allem nicht, seit wir 2001 Gold- und Silbermedaillen erhalten haben. Wovon wir immer genug haben, ist der Riesling x Sylvaner. Das ist noch ein alter Zopf aus den Zeiten, als der Staat vorgeschrieben hat, was man anbauen muss, und Riesling x Sylvaner war Vorschrift. Der Schweizer trinkt acht Flaschen Rotwein auf zwei Flaschen Weisswein, und du hast genau das Umgekehrte: Drei Viertel Riesling x Sylvaner, der Rest Blauburgunder, und nach eineinhalb Monaten hatten wir jeweils keinen Rotwein mehr.

Nach dem Lebensmittelgesetz gibt es genaue Vorschriften, wie viele Grad Öchsle ein Erstklasswein haben muss, damit er ‹Dagmerseller› heissen darf. Darunter dürfen wir ihn nur noch mit ‹Schweizer Weisswein› anschreiben. Das Minimum liegt zum Beispiel beim Riesling x Sylvaner bei 65 Grad Öchsle, und wir hatten in den letzten Jahren immer 75 bis 88. Früher gab es immer wieder diese Geschichten mit dem Zucker und so, aber Betrügen bringt einfach nichts. Wenn der Wein am Schluss nicht gut ist, wird er nicht verkauft. Das Produkt muss gut sein, sonst geht es nicht.

Dieses Jahr haben wir etwas Malbec angepflanzt und experimentieren damit, weil wir nach einer gerbstoffhaltigeren Traubensorte suchen. Malbec ist hier noch sehr selten, aber vielleicht entdeckt man sie noch als ideale Traube für die Schweiz. Die Trauben wurden vollreif, haben fast keinen Mehltau bekommen, das Blatt ist noch grün, obwohl es so kalt war, sie fault nicht, weil die Trauben weit voneinander hängen, und sie ist sehr robust.

Teil unserer Philosophie ist es, alles auf Deutsch anzuschreiben. ‹Schaumwein› und nicht ‹Vin mousseux› zum Beispiel. Als wir mit unserem Rumi-Schaumwein begonnen haben, haben wir das anfangs noch anders gehalten, weil der Deutschschweizer denkt, er habe mit Vin mousseux etwas Besseres. Dabei versteht man in der Westschweiz darunter billige Ware. Da hat es bei uns Klick gemacht. Wir machen Wein an einem so isolierten Ort und schreiben ihn noch in einer Fremdsprache an, das passt nicht zusammen. Wir müssen da viel direkter sein und die Region auch durch deutsche Bezeichnungen klar abstecken.»

Ines Bisang: «Ich arbeite seit sechs Jahren als Quereinsteigerin mit im Betrieb, von Beruf bin ich Vergolderin. Als uns kurz vor der Ernte der alte Hof abgebrannt ist, war hier so ein Chaos, dass ich Thomas nicht allein lassen wollte. So habe ich angefangen mitzuarbeiten und bin hängen geblieben.
Der Brand war ein grosser Schock, wir hatten nur noch die Kleider am Leib, sonst war alles verloren. Aber es war eine Kehrtwende für uns. Wir haben dadurch begonnen zusammen zu arbeiten, wir mussten ein neues Haus bauen, einen neuen Weinkeller, vieles hat sich in der Arbeitsweise verändert. Wir wohnen und arbeiten jetzt mitten in den Reben, haben einen Degustationsraum, es ist einfacher und attraktiver als vorher. Es war Glück im Unglück, aber wir hatten auch keine andere Wahl. Der neue Ort gibt der Kundschaft mehr Sicherheit, sie sehen, dass der Wein wirklich von hier kommt und hier produziert wird. Und alle fühlen sich bei uns wie in den Ferien, da das Haus mitten im Weinberg einen sehr mediterranen Stil hat.

‹Männlich› und ‹Weiblich› sind unsere besten Weine, unsere Spezialitäten, unsere Leidenschaft. Mit ihnen experimentieren wir jetzt im vierten Jahr. Thomas macht den ‹Männlich›, ich den ‹Weiblich›, es sind immer verschiedene Rebsorten oder Assemblages im Holzfass.»

Stefan Wiesner: «Sie sind einfach genial. Sie sitzen im gleichen Boot wie wir, sie sind Botschafter, die etwas Neues machen, Mut haben. Junge Leute, die einen steinigen, harten Weg beschreiten. Sie könnten es sich auch einfacher machen, aber sie fahren so weiter. Qualität ist immer ein steiniger Weg. Mit den Jahren wird sich das auszahlen, aber nicht sofort. Das ist bei mir genau dasselbe. Berufsleute, die auf Qualität pochen, anstatt nur den kurzfristigen Gewinn zu sehen, sind selten. Früher haben die Winzer die Weine noch in Swimmingpools gelagert, weil sie keinen Platz mehr hatten. Heute sind sie hart mit sich selber und schneiden Trauben radikal ab, die ihnen mehr Geld bringen würden. Solche Leute muss man loben und fördern. Deshalb haben sie einen wichtigen Platz in meinem Buch. Das ist wie mit dem Emmentaler, der einfach bestehen bleiben muss. Sie müssen es so weit bringen, dass sie eine Zukunft haben, überleben und es schön haben können. Und sie sind auf dem besten Weg dazu, sie machen wirklich für die Gegend sensationelle Sachen. Jeder sagt, Dagmerseller, kann man den überhaupt trinken, der ist doch sauer. Aber ich hatte erst einen Gast, der ihn nicht mochte. Mittlerweile ist der Riesling x Sylvaner-Auslese Kult im ‹Rössli›. In meiner Küche setze ich wo immer möglich Bisangs Weine ein.»

Edelkrebse vom Soppensee

«Die Natur ist mir das Wichtigste beim Krebsen oder Fischen»

Guido Muff, Butthisholz, Fischereiverein Luzern

Der idyllische kleine Soppensee bei Butthisholz, gleich angrenzend ans Entlebuch, bei Wolhusen, ist in Privatbesitz. Der Fischereiverein Luzern hat den See gepachtet und bewirtschaftet ihn, die Mitglieder kommen aus der ganzen Region.

«Der Edelkrebs ist sehr rar geworden. In den sechziger Jahren vernichtete im Soppensee die Krebspest den gesamten Bestand, 1975 wurden wieder Krebse ausgesetzt, und seither läuft alles gut. Wir hatten grosses Glück. Die Bedingungen im See sind optimal. Ausschlaggebend ist jedoch auch die Bewirtschaftung: Wir müssen die älteren Krebse herausnehmen, damit die jungen wieder Platz haben. Der Krebs frisst Grünfutter, Algen und tote Fische, er ist ein Aasfresser und reinigt den See. Das Krebsweibchen hat im Frühling um die zweihundert Eier unter dem Schwanz. Nach dem Schlüpfen trägt sie die Krebslein weiter mit, bis sie eine gewisse Grösse haben und selbständig werden. Die Jungen häuten sich im Wachstum bis zu viermal pro Jahr, die Grossen noch einmal. Bei der Häutung brechen sie in der Mitte von innen den Panzer auf, schlüpfen durch das kleine Loch und sind dann ganz weich-schlabbrig-schleimig, ganz schutzlos. Der Krebs dehnt sich, indem er grosse Mengen Wasser aufnimmt, bis der neue Panzer hart geworden ist. Einige sterben bei der Häutung, weil sie zum Beispiel ihre grossen Scheren nicht mehr aus dem Panzer ziehen können, oder sie werden im schutzlosen Zustand von ihren Artgenossen aufgefressen.

Die Krebse – nur die männlichen – dürfen in den Monaten Juli bis September entnommen werden. Neun Monate lang ist Schonzeit, und im August häuten sie sich. Pro Saison holen wir 150 bis 300 Kilo Krebse aus dem See. Wir können die Nachfrage des Gastgewerbes und der privaten Abnehmer bei weitem nicht befriedigen und könnten ein Mehrfaches verkaufen.

In der Schweiz gibt es drei Krebsarten: Flusskrebs, Steinkrebs und Edelkrebs. Früher gab es in fast allen Gewässern Europas Krebse. Wenn aber einmal die Pest eingeschleppt wird, geht gleich der gesamte Bestand verloren. Die Pestträger – gegen die Pest immune Krebse aus Amerika – wurden mal als Speise- oder Aquarientiere importiert und dann in Flüssen und Seen ausgesetzt. Kormorane und andere Vögel verbreiten die Pest dann weiter.

Von Beruf bin ich Werkstattchef, Fischen ist seit zwanzig Jahren mein Hobby. Die Arbeit mit den Krebsen ist ehrenamtlich, und der Verkaufserlös geht in die Vereinskasse. Wir setzen jeden Abend zehn Reusen mit Fischködern rund um das Seeufer aus, leeren sie am nächsten Abend und sortieren die Krebse. Die Weibchen und die kleinen kommen wieder ins Wasser. Erstklasskrebse haben zwei gleich grosse Scheren. Bei Krebsen wächst jedes Glied nach, und wenn sie eine Schere verloren haben, meist bei Kämpfen untereinander, wächst sie nach, nur kleiner.

Ich habe riesige Freude an der Natur. Das ist für mich das Wichtigste beim Fischen – die Tiere, die Vögel, die man sieht, alles, was man dabei erlebt. Es ist mir nicht wichtig, ob ich tatsächlich einen Fisch fange, aber natürlich ist es schön. Ich besuche regelmässig Fachtagungen über Krebse im In- und Ausland. Der Krebs fasziniert mich.»

Menü 5 HERBST

On the Road

Mein Körper ist ein Entlebucher,
jedoch mein Geist ein kochender Weltenbummler!

Stein-Moos-Suppe mit Forellennocken

Stein-Moos-Suppe

500 g Bachkieselsteine
(sie sollten mit Algen bewachsen sein)
500 ml Fischfond, mit Forellengräten zubereitet (siehe Grundrezepte Seite 189)
250 ml Vollrahm
50 g gewaschenes Brunnenlebermoos
Salz und weisser Pfeffer aus der Mühle
1 Spritzer Champagner, Sekt oder Prosecco

Die Steine mit dem Fischfond und dem Rahm aufkochen und 12 Stunden stehen lassen. Die Steine aus der Suppe nehmen, das Moos beigeben, nochmals aufkochen und 2 Stunden stehen lassen. Nun die Suppe mixen. Eigenartigerweise wird das Moos beim Kochen nicht braun, sondern behält seine leuchtend grüne Farbe. Die Bachkieselsteine waschen und für die Garnitur beiseite stellen. Die Suppe durch ein feines Haarsieb giessen, mit Salz, Pfeffer und einem Spritzer Champagner, Sekt oder Prosecco vollenden. Warm stellen.

Forellennocken

150 g Forellenfilet, sauber filetiert, enthäutet und entgrätet (die Gräte für den Fond verwenden), eiskalt
100 ml Vollrahm, eiskalt
Salz und weisser Pfeffer aus der Mühle
wenig Zitronensaft

Das kalte Forellenfilet mit dem Rahm im Cutter zu einer festen Masse verarbeiten. Wichtig: Die Forelle und der Rahm müssen sehr kalt sein, sonst gerinnt die Masse. Das Ganze schnell durch ein Sieb drücken und mit Salz, Pfeffer und einem Spritzer Zitronensaft abschmecken.
Mit zwei in kaltes Wasser getauchten Kaffeelöffeln Nocken abstechen und im Fischfond (siehe oben) pochieren. Die Nocken aus dem Fond heben und warm stellen.

Anrichten

Vorgewärmte Suppenteller mit Tannenmoos und im Backofen erwärmten Bachkieseln belegen, Forellennocken hineingeben und mit der Suppe auffüllen. Das feuchte Moos entwickelt zusammen mit den warmen Steinen Dämpfe, die einen wunderbar zur Suppe passenden Duft verströmen.

Bachkieselsteine und Moos

Für die Steine fahren Sie aufs Land an einen Bach. Fragen Sie die Einheimischen, wie sauber er ist. Je näher Sie an den Entspringungsort gelangen, desto sauberer ist der Bach. Fischen Sie mit einer gelochten Kelle frische Bachkiesel aus dem plätschernden Wasser. Am liebsten habe ich, wenn die Steine mit wenig Algen beschlagen sind. Die gesammelten Steine im Bachwasser waschen. Meistens wächst in der Nähe auch das Brunnenlebermoos. Schneiden Sie es behutsam ab und bewahren Sie es in einem Plastiksack auf, damit es feucht bleibt.

Menü 5 / Gang 1

Lustig ist das Zigeunerleben

Ich liess mich vom alten Lied «Lustig ist das Zigeunerleben» berieseln:
«Sie trinken das Wasser vom moosigen Stein und meinen, es müsse Champagner sein.»
Jetzt stellen Sie sich die Forelle vor, ganz cool im klaren Bergbach «Lustig ist das Forellenleben»
vor sich hin singend, dabei im Flossentakt von einem Stein zum anderen schwimmend.
Ab und zu rastet sie auf einem moosigen Stein, berauscht von des Kaisers Champagnerbad fein ...

Wasser, Moos, Steine und Forelle sind alle erdige Geschmäcker und «leben» zusammen.

Kalbskopf mit Thaicurry-Kokos-Kutteln und Soppensee-Krebsen

Kalbskopf

½ (500 g) Kalbskopf mit Bäckchen, gewässert, gerollt, gebunden oder im Rollschinkennetz (beim Metzger bestellen)
1 Kalbszunge
100 g gemischtes Gemüse (Karotte, Knollensellerie, Lauch), grob geschnitten
2 (60 g) Schalotten, grob geschnitten
1 Knoblauchzehe, ungeschält
1 Lorbeerblatt
1 Gewürznelke
6 weisse Pfefferkörner
1 Zweig Petersilie
1 Kaffeelöffel (10 g) Meersalz
100 ml Sauvignon Blanc oder ein anderer trockener Weisswein

Das Netz über eine Ein-Kilo-Konservenbüchse ohne Deckel und Boden ziehen. Den gerollten Kalbskopf durch die Büchse ins Netz stossen. Beide Enden satt verschnüren.
Den Kalbskopf, die Zunge, das Gemüse und sämtliche Würzzutaten in einen grossen Topf geben. Mit dem Weisswein und kaltem Wasser bedecken und alles 2–3 Stunden köcheln lassen, bis der Kalbskopf und die Zunge weich sind. Die Zunge unter fliessendem kaltem Wasser schälen, zusammen mit dem Kalbskopf in der Brühe auskühlen lassen und anschliessend in den Kühlschrank stellen.
Vor Gebrauch den Kalbskopf und die Zunge aus der Brühe nehmen und mit Haushaltspapier abtrocknen. (Die Brühe nicht weggiessen, sie ist sehr gehaltvoll und kann anderweitig zum Kochen verwendet werden.)
Mit der Aufschnittmaschine oder von Hand mit einem scharfen Messer den Kalbskopf in dünne Scheiben schneiden und auf die Teller verteilen. Aus der Zunge kleine Würfelchen schneiden und gefällig auf den Kalbskopfscheiben anrichten. Die Teller mit Klarsichtfolie bedeckt bei Zimmertemperatur bereitstellen.

Tipp: Dieses Rezept ergibt mehr Zunge und Kalbskopf, als Sie für dieses Gericht benötigen. Für den Rest ist Ihre Fantasie gefragt!

Kutteln

Erdnussöl zum Anziehen
200 g Kalbskutteln, gewaschen und gekocht, von Hand fein geschnitten
1 Schalotte, gehackt
½ Knoblauchzehe, gehackt
200 ml Kalbskopfbrühe (siehe links) oder Kalbsfond (siehe Grundrezepte Seite 188)
Meersalz und weisser Pfeffer aus der Mühle

Das Erdnussöl leicht erwärmen. Die Kutteln, die Schalotte und den Knoblauch darin leicht dünsten; sie dürfen nicht braun werden. Mit dem Kalbsfond ablöschen, 5 Minuten leicht köcheln lassen und mit Meersalz und Pfeffer abschmecken. Im Fond warm stellen.

Soppensee-Krebse

4 l Wasser
2 Esslöffel (40 g) Meersalz
8 Krebse
reichlich Eis

In einem grossen Topf das Wasser mit dem Meersalz zum Kochen bringen. Die Krebse in das kräftig sprudelnde Wasser geben und mit Hilfe einer Lochkelle unter Wasser drücken. Einmal kräftig aufkochen, dann den Topf zur Seite stellen. Die Krebse etwa 1 Minute ziehen lassen (die Dauer hängt von der Grösse der Krebse ab; sie dürfen nicht trocken werden und sollten innen noch glasig sein), anschliessend herausheben und in Eiswasser abschrecken. Die Brühe nicht weggiessen, sie wird zum Erwärmen der Krebse benötigt.
Die Krebse mit Haushaltspapier abtrocknen. Die Fleischteile mit einer Küchenschere auslösen und beim Schwanz vorsichtig den Darm entfernen. Die anfallenden Karkassen (Schalen der Krebse) gründlich waschen und grob gehackt für die Sauce beiseite stellen.

Rote Thaicurry-Kokos-Sauce

Erdnussöl zum Anrösten
Krebskarkasse, grob gehackt
600 ml Krebsbrühe
1 Dose (400 g) ungesüsste Kokosmilch
3 Kaffirlimonenblätter, in feinste Streifen geschnitten
1 Stengel Zitronengras, in feinste Streifen geschnitten
½ Kaffeelöffel (5 g) rote Thaicurrypaste (Fertigprodukt)
1 Kaffeelöffel (10 g) Rohzucker oder Palmzucker
1 Spritzer Limettensaft und Meersalz zum Abschmecken

In einem Topf das Erdnussöl erhitzen und die Krebskarkasse darin von allen Seiten leicht anrösten. Mit der Krebsbrühe ablöschen und diese leicht köcheln lassen, bis sie auf die Hälfte einreduziert ist. Absieben, die restlichen Zutaten beigeben und so lange köcheln lassen, bis die Sauce eine sämige Konsistenz hat. Mit Limettensaft und eventuell etwas Meersalz abschmecken. Warm stellen.

Anrichten

Die abgesiebten warmen Kutteln mit der Thaicurrysauce vermengen und auf das Kalbskopf-Carpaccio mit den Zungenwürfeln verteilen. Mit dem im Krebsfond nochmals erwärmten Krebsfleisch belegen und mit Zitronengrashalmen und ganzen Kaffirlimonenblättern garnieren.

Ein Kalb auf Reisen

**Der Kalbskopf hat nicht sehr viel erlebt in seinem Leben. Nur Mama, Stall, Weide, ab und zu so zweibeinige Gestalten mit Stumpen oder Tabakpfeife im Maul, Gummistiefeln und Helly-Hansen-Fell. Es wird Zeit, dass ich ihm die grosse, weite Welt zeige. Dazu lege ich ihm einen Süsswasserkrebs auf den Schoss, lasse die beiden in Kokosnussmilch baden, parfümiere sie mit Thaigeschmack, Zitronengras, Kaffirlimonenblättern und rotem Curry.
Ich glaube, dem Kälblein war das zu viel des Guten: Vor lauter Freude gerieten ihm die Kutteln durcheinander.**

> Die Sauce ist sehr fein, so dass sie den im Geschmack ebenfalls zarten Krebs nicht übertönt, und doch von einer gewissen Rasse. Der Kalbskopf und die Zunge verbinden die beiden ideal.

Wachtelbrüstchen, im Birkenblatt gebraten, mit Wachtelschenkel-Birkenholz-Confit gefüllte Cherrytomaten auf Zwiebel-Tarte-Tatin, dazu weisser Tomatensabayon und Rotweinsauce

Wachtelbrüstchen, im Birkenblatt gebraten

4 Wachtelbrüstchen mit Haut
Salz und weisser Pfeffer aus der Mühle
4 Birkenblätter
Olivenöl zum Anbraten

Die Wachtelbrüstchen mit Salz und Pfeffer würzen. Auf der unteren Seite jeweils ein Birkenblatt andrücken.
Die Wachtelbrüstchen in heissem Olivenöl beidseitig anbraten und warm stellen.

Cherrytomaten, gefüllt mit Wachtelschenkelconfit

60 g Wachtelschenkelconfit mit Birkenholz (siehe Grundrezepte Seite 187)
60 ml Vollrahm
Salz und weisser Pfeffer aus der Mühle
4 Cherrytomaten mit Stiel

Das lauwarme Wachtelschenkelconfit mit dem Rahm im Cutter cremig pürieren. Mit Salz und Pfeffer abschmecken und durch ein feines Sieb streichen.
Von den Cherrytomaten den Stiel vorsichtig abbrechen und beiseite legen.
Für die einfachere Variante das obere Viertel der Tomaten abschneiden und beiseite legen. Die Tomaten mit einem Kaffeelöffel auskratzen, Kerne und Saft durch ein Sieb streichen und den Saft für den Sabayon beiseite stellen. Anschliessend die ausgehöhlten Tomaten mit der Wachtelcreme füllen, die Deckel wieder auflegen und die gefüllten Tomaten 15 Minuten bei 130 Grad backen. Den Tomatenstiel wieder obenauf setzen. Warm stellen.
Für die Profivariante beim Arzt eine möglichst grosse Spritze mit Nadel besorgen. Mit der Spritze durch den Tomatenstrunk (Stielansatz) hindurchstechen und unter leichtem Hinundherbewegen ein wenig Saft herausziehen (darauf achten, dass die Öffnung nicht zu gross wird). Den Tomatensaft für den Sabayon beiseite stellen. Die Tomaten auf ein Blech setzen, mit Olivenöl bestreichen, mit einem zweiten Blech zudecken und 2–3 Stunden im 60 Grad heissen Backofen trocknen. Danach nochmals mit der Spritze Saft herausziehen.
Nun die warme Wachtelcreme in die Spritze aufziehen und die Tomaten damit füllen, bis sie wieder ihre ursprüngliche Grösse erreicht haben. Die beiseite gelegten Stiele in die Einspritzöffnung stecken. Warm stellen.

Tarte Tatin mit roten Zwiebeln

250 g Butterblätterteig (siehe Rezept Seite 142, Kakaopulver durch Mehl ersetzen)
2 grosse rote (oder milde weisse) Zwiebeln
300 ml Milch
Salz und weisser Pfeffer aus der Mühle
1 Lorbeerblatt
500 ml Barolo oder anderer kräftiger Rotwein
3 Esslöffel (30 ml) Rotwein- oder Balsamicoessig
100 g Waldhonig

Den Backofen auf 220 Grad vorheizen. Den Blätterteig etwa 2–3 mm dünn ausrollen. 4 Kreise von 10 cm Durchmesser ausstechen oder ausschneiden, auf einen Teller legen und mit Klarsichtfolie zugedeckt in den Kühlschrank stellen.
Die Zwiebeln schälen, dabei jedoch Wurzel und Stengelansatz nicht abschneiden. Die Milch mit Salz und Pfeffer, dem Lorbeerblatt und den Zwiebeln aufkochen. Die Zwiebeln so lange köcheln lassen, bis sie aussen weich sind, aber innen noch Widerstand geben (ca. 10 Minuten). Die Zwiebeln herausnehmen, abtropfen lassen, halbieren und die äusserste, durch die geronnene Milch unansehnliche Schicht entfernen.
Den Wein mit Essig, Salz und Pfeffer in einen Topf geben. Die Zwiebelhälften mit der Schnittseite nach unten hineinlegen, aufkochen und etwa 10 Minuten köcheln lassen (eventuell nach 5 Minuten noch etwas Wein nachgiessen). Die Zwiebeln von Zeit zu Zeit wenden. Sie müssen in der Mitte ziemlich weich werden. Die Zwiebelhälften auf einem Gitter abtropfen und auskühlen lassen. Die Flüssigkeit absieben und für die Sauce beiseite stellen.
Wurzeln und Stengelansatz der Zwiebeln abschneiden. Die Zwiebelhälften mit der Schnittseite nach unten legen, mit je einer Teigrondelle bedecken, dabei den Teig etwas unter die Zwiebeln schieben, mit einer Gabel einstechen. Den Waldhonig in vier kleine feuerfeste Formen verteilen. Je eine Zwiebelhälfte im Blätterteig hineinsetzen und 10 Minuten bei 220 Grad goldbraun backen, bis die Teigränder karamellisiert sind. Die Tartes Tatins aus dem Backofen nehmen und gestürzt, mit der karamellisierten Zwiebelseite nach oben, auf vorgewärmte Teller anrichten. Höchstens kurz warm stellen, damit sie knusprig bleiben.

Barolo-Zwiebelsauce

Garflüssigkeit der Zwiebeln (siehe Tarte Tatin)
kalte Butterflocken nach Belieben
Salz und weisser Pfeffer aus der Mühle

Die Zwiebelgarflüssigkeit erhitzen und mit kalter Butter aufschlagen. Mit Salz und Pfeffer abschmecken und warm stellen.

Weisser Tomatensabayon

1/2 Eigelb (10 g)
Saft der Cherrytomaten
Cherrytomaten, nur Saft, durch ein Sieb gestrichen
Salz und weisser Pfeffer aus der Mühle

Den Saft der gefüllten Cherrytomaten mit dem Saft weiterer Cherrytomaten auf 50 ml ergänzen. Mit dem Eigelb in einer Schüssel im heissen Wasserbad zu einem Sabayon schlagen (bei kleinen Mengen eignet sich ein Capuccino-Milchschäumer am besten). Mit Salz und Pfeffer abschmecken. Sofort servieren.

Anrichten

Die gefüllten Cherrytomaten auf die Zwiebel-Tartes-Tatins stellen. Die Wachtelbrüstchen halbieren, mit der Birkenblattseite nach oben aufeinander schichten und zum Tarte Tatin legen. Mit Sabayon und Rotweinsauce umgiessen.

Vogelbaum

Die Birke mit ihren kleinen Blättern ist ein typischer Vogelbaum. Die Vögel pfeifen und zwitschern gerne darinnen, bis sie mir auf den Geist gehen. Eines Tages in derselben Situation beflügeln mich ein paar herzerfrischende Tomaten vom Escholzmatter Tomatenbauern Bobi, und ich beschmeisse die Vögel damit – bis sich ein harmonisches Gericht erschmiss ...

> Birke besitzt Gerbsäure und die Tomate Fruchtsäure, die beiden ergänzen sich hervorragend.

Kartoffelkugeln, gefüllt mit Steinpilzen, garniert mit Farnsprossen und mit Nussbutter übergossen

Kartoffelkugeln mit Steinpilzfüllung

Kartoffelteig:
500 g mehlige Kartoffeln (ergibt 375 g gekochte und passierte Kartoffeln)
125 g Weizenmehl, gesiebt
Salz und weisser Pfeffer aus der Mühle
3 Eigelb (60 g)
2 Esslöffel (20 ml) Olivenöl
Mehl zum Verarbeiten

Füllung:
100 g frische Steinpilze, grob geschnitten
Olivenöl zum Anbraten
100 ml Gemüsefond
(siehe Grundrezepte Seite 189)
1 Knoblauchzehe, gehackt
2 Esslöffel (10 g) blanchierter, fein gehackter Farn
Salz und weisser Pfeffer aus der Mühle
100 g frische Steinpilze, klein gewürfelt

30 g Butter

Die Kartoffeln in Alufolie einwickeln und auf ein Backblech legen. Im Backofen rund 1 Stunde bei 220 Grad backen. Die Kartoffeln aus der Alufolie nehmen, halbieren und mit einem Löffel das weiche Innere herauslösen. Etwas auskühlen lassen und durch eine Kartoffelpresse drücken.

Mit den Kartoffeln und dem Mehl einen Kranz formen, Salz und Pfeffer darüber streuen. Das Eigelb und das Olivenöl in die Mitte geben und alles vorsichtig zu einem glatten Teig verarbeiten; dabei nicht länger als nötig kneten. Den Teig mit Klarsichtfolie zugedeckt 1 Stunde im Kühlschrank ruhen lassen.

Für die Füllung die grob geschnittenen Steinpilze in Olivenöl anbraten. Mit dem Gemüsefond ablöschen. Den Knoblauch und den Farn dazugeben und kochen lassen, bis die Flüssigkeit vollständig einreduziert ist. Im Cutter oder Mixer pürieren und mit Salz und Pfeffer abschmecken. Die klein gewürfelten Steinpilze in heissem Olivenöl anbraten, mit Salz und Pfeffer abschmecken. Unter das Steinpilzpüree mischen und beiseite stellen.

Mit einem Löffel Kartoffelteig abstechen, Kugeln von etwa 30 g formen und diese jeweils zu einem Kreis drücken. Je einen Kaffeelöffel (ca. 10 g) Steinpilzfüllung in die Mitte der Teigkreise geben. Den Teig darüber schlagen, oben zusammendrücken und zu einer Kugel formen.

Die Kugeln vorsichtig in siedendem (aber nicht sprudelnd kochendem!) Salzwasser 3–4 Minuten ziehen lassen.

Für die Nussbutter die Butter in einem Pfännchen köcheln lassen, bis sie bräunlich wird und nussig duftet.

Garnitur

hauchdünne Steinpilzscheiben oder Steinpilzwürfelchen
Farnspitzen

Anrichten

Die Kartoffelkugeln gut abgetropft direkt auf vorgewärmte Teller anrichten und mit der heissen Nussbutter übergiessen. Die hauchdünnen Steinpilzscheiben oder -würfelchen in Butter braten, mit Salz und Pfeffer abschmecken, an die Kartoffelgnocchi legen und mit Farnspitzen dekorieren.

Penizillinkugeln

Farn ist das Penizillin für freilebende Tiere. Auch der dick-protzige Steinpilz geht auf Nummer sicher und gesellt sich gerne zum Penizillin-Farn, da ist er ganz ganz sicher.

| Nussbutter, Kartoffeln, Steinpilze und Farn –
da verschwende ich keine Zeit, das ist einfach gut.

Im Hochmoortorf geräuchertes Filetmedaillon vom Alpschwein, dazu Hühnerwurst mit Kaffee und weisser Schokolade, in Kornblüten panierte Ziegenkäsebällchen, Vanillemilch-Gerstotto und Stroh-Talisker-Whisky-Sauce, garniert mit Totentrompeten

Im Hochmoortorf geräuchertes Alpschweinfiletmedaillon

320 g Alpschwein- oder Schweinsfilet, ohne Sehnen und Haut, in 4 Medaillons geschnitten
4 Tranchen grüner Speck (nicht geräuchert, nur gesalzen)
40 g getrockneter Torf
20 g Rohzucker
Salz und weisser Pfeffer aus der Mühle
Schweinefett zum Anbraten

Die Schweinsfiletmedaillons mit je einer Scheibe Speck umwickeln und diese mit einer Strohschnur festbinden. Die Medaillons nach der Anleitung auf Seite 145 mit Torf und Rohzucker 40–50 Sekunden räuchern, herausnehmen.
Eine Bratpfanne stark erhitzen, die Medaillons mit Salz und Pfeffer würzen und beidseitig im Schweinefett anbraten. Das Fleisch aus der Pfanne nehmen und 2 Minuten bei 200 Grad im Backofen weiterbraten, dann etwa 10 Minuten bei 50 Grad ruhen lassen.

Hühnerwurst mit Kaffee und weisser Schokolade

4 Hühnerwürstchen mit Kaffee und weisser Schokolade
(siehe Wurstrezepte Seite 74)
Schweinefett zum Anbraten

Eine Bratpfanne mit dem Schweinefett erhitzen und die Würste darin beidseitig vorsichtig anbraten (ca. 3–5 Minuten). Sie müssen sich fest anfühlen. Sofort anrichten.

Vanillemilch-Gerstotto

1 Esslöffel (20 g) Zwiebel, gehackt
20 g Butter
150 g Rollgerste, 2 Stunden in kaltem Wasser eingelegt, abgetropft
100 ml Milch
1/4 Knoblauchzehe, gehackt
1 Bourbon-Vanillestengel, aufgeschnitten
400 ml Geflügelfond
(siehe Grundrezepte Seite 188)
50 ml Chardonnay oder ein anderer trockener Weisswein
Salz und weisser Pfeffer aus der Mühle
ein Spritzer Weisswein zum Abschmecken
wenig geschlagener Vollrahm

Die Zwiebel in der Butter glasig dünsten. Die Gerste dazugeben und kurz mitdünsten. Mit der Milch ablöschen, den Knoblauch und den Vanillestengel beigeben. Nach und nach unter ständigem Rühren den Fond dazugiessen und einkochen lassen, dann den Wein dazugiessen und bei kleiner Hitze fertig garen. Den Gerstotto mit Salz, Pfeffer und Weisswein abschmecken und warm stellen. Vor dem Anrichten den geschlagenen Rahm darunter ziehen.

Dunkle Stroh-Talisker-Whisky-Geflügelsauce

1 l Geflügeljus, auf 200 ml einreduziert
(siehe Grundrezepte Seite 188)
50 ml Talisker-Whisky (Torfwhisky)
1 kleine Hand voll Stroh (5 g)
etwas kalte Butter, wenn nötig
Salz und schwarzer Pfeffer aus der Mühle

Den einreduzierten Geflügeljus und den Whisky mischen und das Stroh darin 5–10 Minuten auskochen, bis die gewünschte Saucendicke erreicht ist. Durch ein Sieb passieren und je nach Dicke der Sauce eventuell mit kalter Butter aufschlagen. Die Sauce mit Salz und Pfeffer abschmecken. Warm stellen.

Hausgemachter Ziegenricotta

1 l Ziegenmilch (oder andere Milch)
10 g Calcium Lacticum
(aus der Apotheke oder Drogerie)

Zuerst das Calcium in 50 ml Milch anrühren, anschliessend zur restlichen Milch geben. Diese unter Rühren auf rund 75 Grad erwärmen. Das Eiweiss gerinnt, und gelbliche Molke beginnt sich abzuscheiden. Den Topf vom Herd nehmen. Ein grosses Sieb mit einem Passiertuch auslegen, die geronnene Milch hineingiessen und gut ausdrücken. Das Sieb über einen Topf oder eine Schüssel hängen und einen Teller auf die in das Passiertuch eingeschlagene Käsemasse legen, um die restliche Flüssigkeit auszupressen. 4–6 Stunden im Kühlschrank abtropfen lassen. Die gesiebte Molke ist als Getränk verwendbar.

Ziegenkäsebällchen, in Kornblüten paniert

100 g hausgemachter Ziegenricotta
(oder Ziegenfrischkäse)
1 Messerspitze getrocknetes Rehpilz- oder Steinpilzpulver (Grundrezepte S. 186)
Salz und schwarzer Pfeffer aus der Mühle
Kornblumen-Blütenblätter zum Panieren

Den Ziegenricotta oder -käse zusammen mit dem Rehpilzpulver mit einer Gabel zerdrücken, mischen und mit Salz und Pfeffer abschmecken. Gleichmässige Käsebällchen formen (sie müssen zimmerwarm sein) und mit den Blütenblättern panieren.

Garnitur

12 Totentrompeten, gewaschen und gerüstet
Butter zum Andünsten
Salz und weisser Pfeffer aus der Mühle

Die Pilze in Streifen schneiden und in etwas Butter leicht andünsten. Mit Salz und Pfeffer abschmecken.

Anrichten

Den Vanillemilch-Gerstotto auf vorgewärmten Tellern anrichten. Das Filet in die Mitte darauf setzen. Die Würstchen und Käsebällchen nach Gefallen arrangieren. Mit der Talisker-Sauce umgiessen und mit Totentrompeten und Strohgarnitur ausgarnieren.

Toni, Toneli

Ich sitze mit meiner Familie bei einem Kaffee bei Toni und seinem Sohn Toneli auf der Schlundhütten-Alp in Sörenberg. Plötzlich bin ich in einer anderen Welt: Ich rieche, fühle, höre, beobachte die Landschaft, die Tiere – nur meine Familie ist wie weggeblasen. Ich sehe ein Hochmoor, sehe Kühe, Schweine, Ziegen, Schafe, Hühner, Hunde und Menschen. Ich fühle die Kommunikation zwischen ihnen, rieche den Kuhmist, den Ziegenbock, die Kräuter und die Blumen. Ich höre das Gebimmel der Kuhglocken, das Meckern der Ziegen und Schafe. Ich höre und beobachte, beobachte und höre … und plötzlich erkenne ich die Stimme meiner Frau, die mich sicher schon seit einiger Zeit anzusprechen versucht.

Singlemalt-Whisky wird aus Korn hergestellt und mit Torf geräuchert, wie es auch im Sörenberger Hochmoor zu finden ist. Stroh ist das «Abfallprodukt» des Korns und gehört deshalb mit dem Whisky in die Sauce. Kornblumen wachsen im Kornfeld. Das Hochmoor gehört zur Alp, wo Schweine, Hühner, Schafe und Ziegen leben.
Deshalb liegt auf dem Alpschweinfilet eine Hühnerwurst im Schafsdarm und ein Geisskäslein mit Kornblumen paniert.
Die ganze Alp in ein Gericht verpackt.

Leicht flüssiger Schokoladenpudding mit Sauerkraut-Limetten-Glace, Wacholderkrokant und Blattsilber

Schokoladenpudding

5 Eier (250 g)
5 Eigelb (100 g)
125 g Puderzucker
250 g dunkle Schokolade (Valrhona) mit 67% Kakaoanteil (Amer), grob gehackt
250 g Butter
50 g Weizenmehl, gesiebt
Butter zum Einfetten

Die Eier, die Eigelbe und den Zucker in einer Schüssel schaumig rühren.
Die Schokolade und die Butter zusammen im Wasserbad schmelzen, von der Hitze nehmen und die vorbereitete Eimischung darunter rühren, bis sich eine geschmeidige Creme bildet. Das Mehl vorsichtig einarbeiten. Die Masse sofort in sehr gut eingefettete Förmchen füllen und mindestens 6 Stunden kalt stellen (eventuell einfrieren).
Den Backofen auf 200 Grad vorheizen und den Pudding bei 180 Grad etwa 5–8 Minuten backen, bis er sich zu wölben beginnt. Er muss innen aber noch leicht flüssig sein. Sofort vorsichtig aus den Formen stürzen, auf Tellern anrichten und 1 Minute ruhen lassen.

Sauerkraut-Limetten-Glace

100 g **Sauerkraut** (siehe Grundrezepte Seite 186)**, in Wasser sehr weich gekocht und gut ausgepresst**
200 ml Wasser
100 g Gelierzucker
1 Esslöffel (25 g) Glukose
1 1/2 Esslöffel (15 ml) Limettensaft
100 ml Vollrahm

Das weich gekochte und gut ausgepresste Sauerkraut mit dem Wasser, dem Gelierzucker und der Glukose aufkochen und heiss mixen. Die warme Flüssigkeit mit dem Limettensaft mischen und in der Glacemaschine gefrieren. Kurz vor Schluss den Rahm beigeben und fertig gefrieren.
Wenn Sie keine Glacemaschine zur Verfügung haben, stellen Sie die Masse in einem Gefäss in den Tiefkühler und rühren sie jede Viertelstunde gut durch, um die Kristallbildung zu verhindern. Gegen Schluss den Rahm darunter rühren und fertig gefrieren. Auf diese Art wird die Glace nicht so cremig wie mit der Maschine.

Wacholderkrokant

50 g Zucker
20 getrocknete Wacholderbeeren (3 g)

Den Zucker zusammen mit den Wacholderbeeren karamellisieren. Auf eine Granit- oder Marmorplatte oder auf ein gefettetes Blech giessen. Auskühlen lassen. Grob zerbrechen und im Cutter oder Mixer zu Krokant verarbeiten.

Garnitur

reines Blattsilber für Lebensmittelzwecke

Anrichten

Die Puddinge auf Tellern anrichten und leicht anstechen, so dass die Schokolade herausfliesst. Auf jeden Pudding eine Kugel Sauerkraut-Limetten-Glace legen. Mit Wacholderkrokant und Blattsilber ausgarnieren.

Metzgete

Ein Metzgete-Dessert ist eigentlich ganz normal, finde ich.
Das bissige säuerliche Kraut sucht sich etwas Schmusiges, Süsses und Warmes zum Liebhaben, den Pudding.
Hat natürlich mit dem Limettenjus und den frechen Wacholderbeeren arge Konkurrenz, und vor lauter «Flirterei»
ergibt sich ein fantastisches Feuerwerk von einem Dessert.

| Die Herausforderung des Wechselspiels zwischen Süss und Sauer.

Jagd im Entlebuch

«Das Tier soll eine faire Chance haben»
Hans Zemp, Agronom, Präsident des Verbands Luzerner Jäger und Mitpächter Revier Sonnseite, Escholzmatt

Jagd- und Fischereirechte gehörten in den meisten Gegenden Europas über Jahrhunderte den Feudalherren. Die Jagd war ein Privileg des Adels und des Klerus, dem niederen Volk verboten, bis sie im 19. Jahrhundert durch die Demokratisierung wieder jedem Bürger zugänglich wurde. Nicht so im Entlebuch, wie auch in vielen anderen Berggegenden. Hier hat schon immer die einfache Bevölkerung gejagt, die Bauern und Handwerker, jedermann, nicht nur die Oberen. Die Jagd gehört seit Menschengedenken zum Entlebuch.

Im Kanton Luzern gilt seit 1941 die Revier- oder Gesellschaftsjagd, die Jagd durch eine Gesellschaft von Pächtern, in anderen Kantonen wie beim Nachbarn Bern die Patent- oder Einzeljagd, bei der jeder mit bestandener Jagdprüfung ein einjähriges Jagdpatent lösen und die Abschussquote im ganzen Kanton verwerten kann.

Von den insgesamt 27 Entlebucher Jagdrevieren umfasst die Hubertus-Gesellschaft in Escholzmatt vier Jagdgesellschaften. Die Jagd ist in der Kernzone des Biosphärenreservates zulässig.

«Die Jagdgesellschaften haben Rechte und Pflichten. Ausserhalb der eigentlichen Jagdsaison pflegen wir an Hegetagen den Wald, den Wildbestand, verbessern Lebensräume oder reparieren Wanderwege. Je mehr Wild, desto grösser sind die Waldschäden. Forstarbeiten sind bei uns im Voralpengebiet besonders wichtig, da wir auf den Lawinenschutz durch die Schutzwälder angewiesen sind. Junge Tannen gehen schnell kaputt, wenn das Wild sein Geweih an den Bäumen fegt oder mit dem Gebiss die Rinde abschält. Für Wildschäden kommen die Wildschädenkasse und die Jagdgesellschaften auf. Bei einem Überbestand an Wild nimmt auch die Raubwildpopulation an Füchsen, Mardern und Luchsen zu. Daher müssen wir Überbestände regulieren. Sobald der Mensch einmal in ein Ökosystem eingegriffen hat, muss er immer wieder eingreifen. Der Mensch ist Teil des Ökosystems und kann nicht so tun, als ob er nicht da wäre.

Wir beobachten die Tiere das ganze Jahr. So können wir im Herbst auch schwächere Tiere schiessen. Wir nehmen über das Jahr hinweg eine Bestandeserhebung des Wildes vor, erstellen einen Abschussplan und eine Abschussquote, die von der Jagdverwaltung genehmigt wird, und müssen uns dann zwingend daran halten. Es braucht die Jagd, um die Bestände gesund zu erhalten. Wir haben Respekt vor der Natur und den Tieren, wir haben Respekt, wenn wir sie schiessen. Wir leben mit ihnen das ganze Jahr, und wir ehren sie, wenn wir sie erlegen müssen.

Wenn ein Tier auf der Jagd erlegt wird, machen wir eine so genannte Achtung bei ihm, nehmen den Hut ab, einige sprechen eine Art Gebet für es, so verabschieden wir uns vom Tier. Der Schütze legt ihm einen letzten Bissen in den Mund, ein Zweiglein.

Und der Jagdleiter steckt dem Schützen ein Zweiglein an den rechten Hutrand, den ‹Schützenbruch›. Am Abend dann wird ‹die Strecke verblasen›, wir legen alle erlegten Tiere in einer Reihe auf die rechte Seite, schmücken sie mit Zweigen und blasen verschiedene Jagdsignale, Rehtod, Hastod, Fuchstod, ihnen zu Ehren. Es wird bei jedem Tier gesagt, du bist von dem und dem so und so erlegt worden, und wir halten eine kleine Andacht. Wenn einer unserer Jäger stirbt, geleiten wir ihn ans Grab und tragen den ‹letzten grünen Bruch›, ein Zweiglein, links am Hut und legen auch einen Zweig in sein Grab.

‹Hobby› hören wir nicht gerne, die Jagd ist nicht ein Hobby, aber eine Passion, ja, eine Leidenschaft. Wir pflegen das jagdliche Brauchtum, arbeiten nach wildbiologischen Grundsätzen und nehmen die Tiere als Lebewesen ernst. In strengen Wintern machen wir ihnen die Wechsel und die Wege zum Wasser frei, schoren Dornen ab, füttern sie wenn nötig, legen Salzgelecke an. Durch die Wald- und Hegearbeiten sehen wir die Tiere das ganze Jahr.

Es gibt Tage, an denen wir nichts schiessen, und zwei geschossene Rehe sind schon viel, das wird gefeiert. Im Flachland dagegen, wo die Wälder kleiner und die Wilddichte grösser ist, ist es keine Sache, mehrere Tiere am Tag zu erlegen.»

Jagdtag

Am 1. Oktober 2002 versammeln sich morgens um acht Uhr an die zwanzig Jäger jeden Alters – darunter zwei junge Jägerinnen – der Jagdgesellschaft Sonnseite Escholzmatt zum alljährlichen Beginn der Jagdsaison, zum Anblasen der Jagd. Es ist der erste Jagdtag der so genannten lauten Jagd, die Hochwildjagd dagegen ist schon fast vorbei. Die Blasformation bläst zum Auftakt den Jagdmarsch «die Begrüssung», alle Jäger stehen lauschend da, den Hut in der Hand vor der Brust. Der Marsch wird vom Geheul der Jagdhunde beinahe übertönt. Sobald die Bläser ansetzen, beginnen die Hunde ihr Gejaule mit weit nach hinten gestrecktem Kopf.

Der Jagdauftakt ist streng geregelt und ritualisiert. Nach den Jagdmärschen begrüsst der Obmann und erklärt der Jagdleiter die Regeln der Jagd, danach teilt er die Anwesenden nach Gebieten und Aufgaben ein. Im Sommer gab es viel Hegearbeit, jetzt kommt sozusagen das Ernten, der Lohn für die Arbeit, Reh, Fuchs und vielleicht eine Gams. Die Kameradschaft ist das höchste Gut unter den Jägern: Kein Neid soll herrschen, alle sollen sich freuen, wenn einer trifft. Eine Aufrichtigkeit, die vor allem dann wichtig wird, wenn einer ein Tier angeschossen hat und eine Nachsuche gestartet werden muss. Auch gilt es, mal zu verzichten, wenn ein anderer unbedingt schiessen will. Es gibt ethische Regeln, etwa, dass man nie eine Geiss mit Kitz schiesst oder dass man ein Tier nie hinterrücks, aus dem Hinterhalt erlegt. Das Tier soll eine faire Chance haben.

«Weidmannsheil!», wünscht der Jagdleiter, oder «Jägersgföu», wie es im Entelbuch heisst. Die Jagd beginnt. Die Treiber scheuchen mit den Hunden das Wild auf und bewegen es den Jägern in den Ständen vor den Schuss. Von überall hört man Hundegebell, ab und zu ein Jagdhorn, um den anderen den eigenen Standort anzuzeigen oder die anderen über einen Abschuss zu informieren.

Der «Schüsseltrieb», das Abendessen, wird gemeinsam in der eigenen Jagdhütte eingenommen. Die kostbare Rehleber darf in der Regel der Schütze mit nach Hause nehmen, doch bei der Escholzmatter Jagdgesellschaft ist es üblich, sie gemeinschaftlich zu verspeisen. Sie gilt als Delikatesse, und auch Stefan Wiesner ist scharf darauf, ab und zu eine Rehleber für seine Gourmetküche zu erhalten...

So sehen sich die Jäger als Pfleger und Hüter des Waldes und der Tiere. Besorgt, das Gleichgewicht zu bewahren zwischen den Arten, das Wild zu hegen und zu pflegen in den Schonzeiten, zu füttern in strengen Wintern und zu ernten im Herbst...

Gemsjagd

«Eine Leidenschaft. Man hat es im Blut.»
Fritz Portmann, Obmann Beichlen, Escholzmatt

«Die Gemsjagd ist eine ruhige Jagd ohne Hunde, eine reine Ansitz-, Pirsch- oder Drückjagd. Auf die Gemsjagd brechen wir noch bei Nacht auf. Das ist wunderschön, wenn vielleicht der Mond noch scheint, dann der Tag anbricht und man jeden Vogel hört. Bei der Ansitzjagd wartet man versteckt, bis sich eine Gemse zeigt. Wenn man kein Glück hat, sieht man bis mittags, nach fünf, sechs Stunden Ansitzen, kein einziges Tier. Wir haben halt viel Wald im Revier, nicht wie im Hochgebirge. Bei der Pirschjagd pirschen wir dem Tier möglichst lautlos nach. Dafür legen wir über das Jahr Pirschwege an, halten sie instand und befreien sie von Hindernissen. Eine Gemse hört ein Ästeknacken auf 150 Meter. Die Drückjagd schliesslich ist die letzte Möglichkeit, wenn wir sehr lange kein Tier gesehen haben. Ein paar warten auf ihren Ständen, zwei Jäger drücken, das heisst, sie laufen durch den Wald, husten mal oder geben sonst einen Laut von sich, um das Wild zu beunruhigen.

Die Gemsjagd ist anstrengender als unten die Rehjagd. Wir steigen bis zwei Stunden den Berg hoch, tragen das Tier nachher wieder weit hinunter, und im Winter ist das Gebiet für die Hege nur mit Fellskiern erreichbar. Ich persönlich hätte Mühe, im Flachland zu jagen. Wir schiessen hier oben sicher weniger Tiere, dafür haben wir das Hochwild, Gemsen und Hirsche, das jeder Jäger besonders schätzt.

Es gehört sich, Andacht zu halten beim erlegten Tier. Man soll sich Gedanken machen über das Tier, das man erlegt hat. Das ist Teil der Jagd und für mich sehr wichtig. Ebenso das Jägerlatein. Es geht nicht an, morgens auf die Jagd zu gehen, ohne abends das ‹Jägerlatein›, die Kameradschaft, zu pflegen. Zum Beispiel wenn wir zusammen zu Stefan gehen, ihm ein Tier bringen, es in den Keller tragen, zusammen eine Runde trinken und ‹plagieren›. Geld ist bei der Jagd eine Nebensache, darüber wird nicht gesprochen. Auch Kritik gehört nicht in die Wirtschaft, das wird vorher verhandelt.

Ich bin jetzt Obmann unseres Reviers Beichlen. Meine Frau jagt in der Nachbargemeinde Marbach, gleich wie ihr Vater und Grossvater, und ist da als erste Frau im Kanton Obfrau geworden. Für uns ist Jagen eine Leidenschaft, man hat es im Blut oder eben nicht. Es bedeutet mir sehr viel; neben meiner jungen Familie ist es mein ganzes Leben und füllt meine ganze Freizeit aus. Meine Frau und ich sind ständig im Revier unterwegs, mit der Jagd beschäftigt, aber die meiste Zeit natürlich mit dem Hegen und Pflegen. Da nehmen wir auch die Kinder mit. Wenn ein Jäger seine Pflichten ernst nimmt und richtig ausführt, ist er das ganze Jahr über voll ausgelastet. Zu den Aufgaben rund ums Jahr gehört neben den Wildzählungen das Anlegen von Salzlecken, das Ausholzen von Wegen, das Bauen von Futterkrippen und im Winter bei viel Schnee das Füttern, mit Ski und Fellen und Rucksäcken voller Heu. Aber für mich ist es immer ein Dürfen, ich gehe gern.

Das Töten ist das, was viele Leute nicht verstehen können. Wir hegen und pflegen die Tiere das ganze Jahr, aber im Herbst ist es eine ganz andere Situation. Dann gehen wir auf die Jagd und müssen etwas schiessen, das ist unsere Pflicht. Es ist unsere Erntezeit, wie beim Bauern. Es ist absolut keine Freude dabei, ein Tier zu töten. Man ist angespannt, und wenn ich zu einem erlegten Tier komme, habe ich immer ein komisches Gefühl. Aber gleichzeitig ist es natürlich auch unser Erfolg und unser Stolz.

Bei der Revierjagd gehören die erlegten Tiere der Gesellschaft, nicht dem einzelnen Jäger. In den Zeiten im 19. und 20. Jahrhundert, als die Bestände stark dezimiert waren und es mehr Armut gab, wurde weniger rücksichtsvoll geschossen. Heute haben wir viel schönere Gems- und Rehbestände als früher, weil sie viel mehr geschont und geschützt werden. Wir pachten das Revier jeweils für acht Jahre und haben dadurch natürlich ein Interesse, dass die Bestände langfristig gesichert sind.

Das Entlebuch und die Beichlen ist mein Ein und Alles, meine Heimat. Ich könnte nirgends anders leben.»

Stefan Wiesner: «Die Jäger schleichen sich zu mir ins Haus, trinken ein Bierchen, lachen mich zwei-, dreimal an, da denke ich, aha, die haben sicher ein Tier. Dann kommen sie zu mir in die Küche und sagen: ‹Du, Stefan, ich habe dir dann noch was.› Sie sagen nicht: ‹Ich habe dir ein Reh oder eine Gams›, sondern sie sagen: ‹Ich hab dir dann noch was›, ganz verstohlen, versteckt, verschmitzt, geheimnisvoll. Das darf nie so offiziell sein. Dann frage ich sie also: ‹Was hast du?› Er: ‹Ein Rehli.› Ich: ‹Dann brings hinten rein und in den Keller.› Dann kommen alle Jagdkollegen auch in den Keller hinunter und mit ihnen ihre Frauen, Grossmütter, Kinder, alle kommen und bestaunen zusammen das Reh oder das Gemschi, stehen darum herum und reden. Ich gehe also auch in den Keller und bestaune das Tier, frage, wer der Schütze sei und sage ihm Weidmannsheil, er Weidmannsdank. Dann wird zusammen in der Beiz noch eins getrunken und untereinander plagiert.»

Waldpilz, Steinpilz, Eierschwamm …

«Die Pflege der Pilzplätze ist wichtig»
Erika und Sepp Bieri, Bergbauern auf Böschholdern, Escholzmatt

Der Bergbauernhof von Erika und Sepp Bieri thront hoch über Escholzmatt auf 1060 Meter unter der Beichlen, auf einer vorgelagerten Kanzel unter der Felswand. Kühe, Hunde, eine umwerfende Aussicht über das Land, alles liegt einem zu Füssen. Natürlich ist Sepp ein passionierter Jäger, wie alle hier oben, und geht auf Gemsjagd in der Beichlen. Erika, bei Wiesners schon seit vielen Jahren die gute Seele für alles – Kinder hüten, bügeln, einkaufen, servieren –, hat fünf Kinder grossgezogen und träumt, ganz Energiebündel, von einer Alpwirtschaft. Ein paar Tische nur für Gäste, die sie mit Wild- und Pilzgerichten bekochen könnte.

«Wenn wir Pilze finden, nehmen wir nie alle. Wir lassen immer mindestens einen Drittel stehen, verstecken sie unter Blättern, damit sie der nächste nicht ausreisst, putzen die geernteten vor Ort, zerreiben einen Pilz und verstreuen ihn. Die Pflege der Pilzplätze ist wichtig, damit es immer wieder Pilze gibt. Wir haben Plätze, an die wir seit dreissig, vierzig Jahren gehen. Von einigen würde man nie denken, dass es da Pilze gibt. Alle hier gehen in die Pilze, von Kindsbeinen an. Jeder, jede kennt ein paar Plätze oder hat seinen oder ihren Geheimplatz. Das Entlebuch ist witterungsbedingt ein gutes Pilzgebiet, wir haben viele Steinpilze, Eierschwämme, Boviste, Rehpilze und Reizker, nur wenige Morcheln. Im Emmental nebenan gibt es sogar Trüffeln. Was wir selber essen, wird gebraten, gedörrt, eingemacht oder eingefroren. Einen Teil bringen wir dem Stefan ins ‹Rössli›.

Wir gehen häufig in die Pilze, verbinden es mit einem Spaziergang oder mit dem jagdlichen Hegen. Wir legen einen Leckstein an für die Gemsen oder halten einen Pirschweg instand, da läuft man immer mal wieder an Pilzplätzen vorbei. Die ersten sieben Tage im Monat ist Schonzeit und das Pilzesammeln verboten. Pro Tag dürfen wir zwei Kilo pro Person nehmen, Eierschwämme nur ein halbes Kilo.

In tieferen Lagen sind die vielen Pilztouristen ein Problem, oben, wo die Zufahrt mit dem Auto schwierig ist, weniger. Wo es zu viele Pilzsucher hat, an gut zugänglichen Plätzen, geht der Pilzbestand deutlich zurück. Da wird einfach alles ausgerissen, auch wenn die Pilze zu alt sind und zuhause dann weggeworfen werden.

Der Entlebucher ist sehr verbunden mit seiner Heimat, obwohl man hier weniger verdient. Aber das Leben ist besser als in der Stadt, vor allem für die Kinder. Kinder grosszuziehen war bei uns auf dem Berg oben schon einfacher als im Dorf unten. Unser Jüngster will den Hof übernehmen. Aber Bauern ist momentan nicht einfach, es gibt immer mehr Vorschriften, und man sollte den Betrieb vergrössern können, was hier im Berggebiet kaum möglich ist. Es muss einer wirklich ein grosses Interesse am Bauern haben, dass er heute noch damit anfängt.

Aber was will man mehr, als sich irgendwo hinsetzen, die Welt anschauen und zufrieden sein. Was willst du mit einer Million, wenn du nicht gesund bist, mittags plötzlich drei Koteletts essen statt nur eines? Gesundheit kann man nicht kaufen. Es gibt viele andere Leute, die noch weniger haben. Uns freuen die Leute, die nicht viel haben, aber trotzdem immer gut gelaunt und zufrieden sind. Wir sind ja gesund, können arbeiten, was wollen wir mehr.»

Menü 6 HERBST

Berg und Meer

«Wir sind in der freien Wildbahn und sehen Fische und Meeresgetier, wie sie umhertollen, springen, fressen und das Leben in vollen Zügen geniessen. Nun steigen wir in die Tiefen des Meeres und finden schwimmende Rehe, tauchende Gemsen und Steinböcke. Sie fühlen sich im frischen Wasser so wohl wie die Fische in den Bergen.
Jetzt ist nur noch ein Hexerich gefragt, der aus dieser fantastischen Welt eine Vollendung herbeizaubert. Einfach crossover.»

Reh-Tintenfisch-Kürbis-Päckchen mit schwarzem Tintenfischgelee, übergossen mit Eichenholz-Gemüse-Tintenfischbrühe

Klares Rehragout

100 g Rehragout
300 ml Geflügelfond
(siehe Grundrezepte Seite 188)
100 ml Arneis oder ein anderer Weisswein
einige getrocknete Würzpilze
(Rehpilz, Steinpilz, Shiitake)
1 Esslöffel (10 g) Karotte,
in Würfel geschnitten
1 Esslöffel (10 g) Sellerie,
in Würfel geschnitten
1 Esslöffel (10 g) Lauch,
in Würfel geschnitten
1 Schalotte mit der Schale
1 kleine Knoblauchzehe mit der Schale
1 kleines Lorbeerblatt
1 kleine Nelke
1 kleiner Zweig Rosmarin
3 schwarze Pfefferkörner
1/2 Kaffeelöffel (5 g) Zucker
1/2 Zitrone, ausgepresst
Meersalz

Das Rehfleisch kurz abspülen und abtrocknen. Den Geflügelfond mit dem Weisswein aufkochen, das Fleisch und alle restlichen Zutaten beigeben. Rund 1 Stunde am Siedepunkt halten, bis das Fleisch durchgegart ist, immer wieder abschäumen. Das Fleisch in der Flüssigkeit auskühlen lassen.

Gewürzfische

«Ich teile Fische ein in Speisefische und Gewürzfische. Sardellen, Sardinen, Thunfisch aus der Dose, Pulpo, Stockfisch und gebeizter Lachs sind für mich Gewürzfische, die ich in erster Linie zum Würzen und Aromatisieren von Gerichten verwende. Vor allem in Fisch-Fleisch-Kombinationen fungiert der Fisch immer als Gewürz. Ansonsten verwende ich bewusst wenig Meerfisch, da das Entlebuch eine typische Fleischgegend ist. Aber ganz verzichten will ich deshalb auch nicht darauf, ich hole ihn mir, wenn mich das Fernweh packt …»

Eichenholz-Gemüse-Tintenfischbrühe

1 Zwiebel, geschält, grob geschnitten
200 g Lauch, gerüstet, grob geschnitten
200 g Karotten, gerüstet, grob geschnitten
50 g Sellerie, gerüstet, grob geschnitten
Olivenöl zum Andünsten
300 ml Arneis oder ein anderer Weisswein
1,2 l Geflügelfond
(siehe Grundrezepte Seite 188)
ca. 300 ml des Rehragoutfonds, durch ein Sieb passiert
200 g Tintenfisch (Polpo oder Grosse gemeine Krake), gewaschen
400 g unbehandeltes Eichenholz, zerkleinert (vom Schreiner oder aus der Sägerei)
Salz und weisser Pfeffer aus der Mühle

Die Zwiebel und das Gemüse in Olivenöl andünsten und mit dem Weisswein ablöschen. Mit dem Geflügelfond auffüllen und aufkochen. Den Tintenfisch beigeben und etwa 15 Minuten leicht köcheln lassen. Den Tintenfisch und das Gemüse herausnehmen, abkühlen und für die Kürbispäckli beiseite stellen. Die heisse Brühe durch ein feines Sieb passieren. Das Holz beigeben, aufkochen und 1–2 Stunden ziehen lassen, bis die gewünschte Geschmacksstärke erreicht ist. Erneut durch ein Tuch passieren und mit Salz und Pfeffer abschmecken. Die Brühe warm bereitstellen.

Es wird zwar nicht die gesamte Menge Gemüse und Tintenfisch für die Päckchen verwendet, doch braucht es sie für eine kräftige, geschmacklich ausgewogene Suppe.

Tintenfischgelee

150 ml Eichenholz-Gemüse-Tintenfischbrühe
2 Portionenbeutel Tintenfischtinte à 4 g (Sepiatinte, im Comestible- oder Fachhandel erhältlich)
2 Blatt Gelatine, in kaltem Wasser eingeweicht und ausgepresst

Die Brühe mit der Tinte aufkochen. Auf rund 60 Grad abkühlen lassen, die Gelatineblätter beigeben und gut verrühren. Den flüssigen Gelee etwa 3 mm hoch in ein mit Klarsichtfolie ausgelegtes Blech giessen und kalt stellen. In Quadrate von 2 x 2 cm schneiden und auf einem kalten Teller wiederum kalt stellen.

Reh-Tintenfisch-Kürbis-Päckchen

1 Stück grosser festfleischiger Kürbis
ca. 80 g gekochtes Rehragout, in ganz feine Scheiben geschnitten
ca. 50 g gekochter Tintenfisch, in ganz kleine Würfel geschnitten
ca. 80 g gekochtes Gemüse, in ganz kleine Würfel geschnitten

Aus dem Kürbis pro Person 2 Scheiben von etwa 3 cm Breite, 9 cm Länge und 1–2 mm Dicke schneiden. Die Kürbisstreifen ganz kurz in kochendem Salzwasser blanchieren und in Eiswasser abschrecken. Mit Küchenpapier abtrocknen und mit Klarsichtfolie zugedeckt bereithalten.
Alle restlichen Zutaten mischen. Je zwei Kürbisstreifen kreuzweise übereinander legen und 1 Esslöffel Füllung in die Mitte geben. Die Enden satt darüber legen, so dass ein Päckchen entsteht, umdrehen, so dass die Naht unten ist. Die Päckchen bei Raumtemperatur mit Klarsichtfolie zugedeckt bereithalten.

Anrichten

Die Päckchen im Dampf oder in der Mikrowelle auf maximal 40 Grad erwärmen und auf sehr heissen Tellern anrichten. Den Gelee auf die Päckchen legen. Die aufgekochte Brühe in einen Krug füllen und bei Tisch über das Gericht giessen. Der Gelee verflüssigt sich dabei und die Brühe färbt sich schwarz.

Paketpost

Das Postpäckchen in Gelb kommt meistens von der Soll-und-Haben-Treuhand, unserem Buchhaltungsbüro.
Manuela und Peter sind für unsere Zahlen verantwortlich. Mögen sie schwarz bleiben und nicht rot werden.
Also, passt doch ganz gut, schwarze Zahlen zum gelben Päckchen. Sie können aber auch mit etwas Rotem garnieren.
Ich persönlich aber bleibe lieber bei den schwarzen Zahlen.

Das Reh und der Tintenfisch sind beide wild und kräftig von Natur.
Verpacke ich die beiden in den lieblichen Geschmack des Kürbis und des
Eichenholzes mit seinem Vanilleduft, entsteht ein fulminantes Gericht.

Pilz-Trüffel-Tiramisù mit Feigen, Gamstrockenwurst, Kastanien und Portwein-Honig-Sauce

Steinpilzbiskuit

3 Eier (150 g)
25 g getrocknetes Steinpilzpulver
65 g Weizenmehl, gesiebt
1 Prise Salz
8 g Backpulver

Die Eier schaumig schlagen, bis eine dickliche helle Creme entstanden ist. Die restlichen Zutaten vorsichtig darunter ziehen. Auf einem mit Backpapier belegten Blech ½ cm hoch ausstreichen. Bei 180 Grad im Backofen 10–15 Minuten backen.

Für das Steinpilzpulver 50 g getrocknete Steinpilze grob hacken und im Mixer oder Cutter sehr fein mahlen. Das Pulver durch ein feines Sieb sieben. Luftdicht verpacken.

Pilz-Trüffel-Tiramisù

Füllung:
1 Kaffeelöffel (10 g) Zwiebel, gehackt
50 g frische Feigen, geschält, klein gewürfelt
50 g gekochte Kastanien (evtl. tiefgekühlt oder pasteurisiert), klein gewürfelt
1 gehäufter Esslöffel (20 g) klein gewürfelte Gamstrockenwurst (oder andere Trockenwurst)
Traubenkernöl zum Anbraten
50 ml Portwein
1 Esslöffel (10 g) Waldhonig, erwärmt

Tiramisù-Creme:
2 Eigelb (40 g)
125 g Mascarpone
1 Esslöffel (10 ml) Trüffelöl
1 Prise Salz
125 ml Vollrahm
1 Blatt Gelatine, eingeweicht und ausgedrückt
wenig weisser Pfeffer aus der Mühle

Eine Pfanne stark erhitzen. Die Zwiebel, die Feigen-, Kastanien- und Gamswurstwürfel im Öl kurz und stark anbraten. Mit dem Portwein ablöschen, einreduzieren und mit dem Waldhonig abschmecken.
Für die Tiramisù-Creme Eigelbe, Mascarpone, Trüffelöl und Salz zu einer glatten, homogenen Masse rühren. Den Rahm leicht steif schlagen und unter die Mascarponemasse ziehen. 2 Esslöffel dieser Mischung zusammen mit der Gelatine leicht erhitzen (ca. 60 Grad) und vorsichtig unter die Tiramisù-Masse ziehen. Mit Pfeffer abschmecken. Sofort weiterverarbeiten, sonst beginnt die Gelatine zu stocken.
In der Grösse der Tiramisù-Förmchen Rondellen aus dem Steinpilzbiskuit ausstechen.
Die Förmchen zur Hälfte mit der Tiramisù-Creme füllen. Die Feigen-Kastanien-Füllung so in die Mitte jedes Förmchens verteilen, dass sie die Wand nicht berührt (andernfalls ist die Stabilität des Köpfchens gefährdet). Mit der restlichen Tiramisù-Masse auffüllen und mit den Biskuitrondellen zudecken. Mit Klarsichtfolie abdecken und für rund 6 Stunden in den Kühlschrank stellen.

Portwein-Honig-Sauce

200 ml Portwein, auf 50 ml einreduziert
1 Esslöffel (10 g) Waldhonig, erwärmt
4 schwarze Pfefferkörner

Alle Zutaten zusammen einreduzieren, bis die gewünschte Saucendicke erreicht ist. Auskühlen lassen.

Waldpilze

Waldpilze nach Belieben
Traubenkernöl zum Dünsten
Salz und weisser Pfeffer aus der Mühle

Das Öl in einer Pfanne erhitzen. Die Pilze kurz andünsten, mit Salz und Pfeffer abschmecken.

Anrichten

Die Pilze auf einem kalten Teller kreisförmig anrichten. Etwas Portwein-Honig-Sauce in die Mitte geben. Das Tiramisù-Förmchen kurz in warmes Wasser tauchen, mit einem kleinen Messer am Rand lösen und vorsichtig stürzen. Mit Steinpilzpulver satt bestäuben und auf dem Saucenspiegel anrichten.

Waldpilze

Der Waldpilz ist eines der letzten Nahrungsmittel, das sich der industriellen Produktion widersetzt. Er wächst über Jahrzehnte hinweg als spinnwebenartiges Geflecht unter dem Waldboden, und nur wenn die Bedingungen stimmen, wenn es feucht und warm ist, schiesst ein Fruchtkörper aus dem Boden. Er ernährt sich von Mineralien und anderen Stoffen aus der Erde. Viele Waldpilze bilden eine Symbiose mit Bäumen, Moosen und Farnen. Der Steinpilz, König der Pilze, tritt zum Beispiel häufig bei der Fichte auf, da er von ihr Zucker bekommt, sie von ihm Mineralien.

Herbstlicher Zündstoff

Ich und Dich
Ich bekoche Dich
Ich betrüffle Dich
Ich fülle Dich
Ich dekoriere Dich
Ich rieche Dich
aber,
Dich esse Ich

Die Trüffelcreme, das Steinpilzbiskuit, die Pilze und die Sauce harmonieren perfekt miteinander. Mit den Feigen, den Kastanien und der Gamstrockenwurst hat sich der Herbst aufgedrängt. Das gibt so richtig Zündstoff. Und daraus haben wir dem Gericht Feuer unter dem Hintern gemacht.

Chorizo-Rehwurst mit Crevetten, Borlottibohnenküchlein, Hagebuttensalsa und panierte Kokosnussmilch

Borlottibohnenküchlein

2 Kaffeelöffel (20 g) Zwiebel, fein gehackt
1 Stück Speckabschnitt
Butter zum Andünsten
½ Knoblauchzehe, gehackt
150 g Borlottibohnen, 12 Stunden in viel Wasser eingeweicht, abgegossen
300 ml Geflügelfond, Gemüsefond oder Kalbsfond ohne Salz
(siehe Grundrezepte Seite 188/189)
Salz und weisser Pfeffer aus der Mühle
1 Ei (50 g)
3 Eigelb (60 g)
Paniermehl (getrocknete, geriebene Semmeln)
Butter zum Anbraten

Die Zwiebel mit der Speckschwarte in Butter andünsten. Den Knoblauch und die Bohnen beigeben und mitdünsten. Mit dem Fond auffüllen und zugedeckt auf kleiner Hitze unter fleissigem Rühren vollständig einkochen lassen. Mit Salz und Pfeffer würzen (Hülsenfrüchte immer erst salzen, wenn sie weich sind, sonst brauchen sie eine viel längere Garzeit). Die Bohnenmasse durch den Fleischwolf (Scheibe 8) oder ein Passiergerät (Passevite) drehen. Leicht auskühlen lassen.
Ei und Eigelbe beigeben, die Masse gut durchkneten und eventuell nochmals mit Salz und Pfeffer abschmecken. Wenn sich die Masse sehr klebrig und feucht anfühlt, noch etwas Paniermehl beigeben, wenn sie zu trocken ist, etwas Fond nachgiessen. Mit Hilfe eines Ausstechrings Küchlein formen und in heisser Butter kurz anbraten. Warm stellen.

Panierte Kokosnussmilch

1 m Schweinsdarm, 32–34 mm Durchmesser (beim Metzger erhältlich)
120 ml Kokosnussmilch (aus der Dose, ungesüsst), gemixt
Weizenmehl zum Panieren
Eiweiss zum Panieren
Kokosraspel zum Panieren
Kokosfett zum Frittieren

Den Darm unter fliessendem Wasser innen und aussen sehr gut waschen, dann durch die fast geschlossene Hand ziehen, um das Wasser auszupressen. Auf einen umgekehrten Trichter stülpen, das Ende mit einem doppelten Knoten verschliessen. Die Kokosmilch durch den Trichter in den Darm fliessen lassen. Mit den Fingern die gewünschten Portionen abtrennen und zwischen den «Würstchen» jeweils etwa 15 cm Platz lassen. Mit einer Schere zwischen den Portionen durchschneiden und jeweils beide Enden zuknoten. Der Darm darf nur etwa zur Hälfte gefüllt sein, sonst dehnt er sich beim späteren Frittieren zu weit aus und könnte platzen. Die Kokoswürstchen gut abtrocknen.
Das Kokosfett in einer passenden Pfanne auf rund 140 Grad erhitzen. Die Würstchen hineingeben und warten, bis sie beginnen, prall zu werden. Mit einer Lochkelle herausheben und auf Küchenpapier legen. Sofort gut mehlen, durch das Eiweiss ziehen und mit den Kokosraspeln panieren. Wenn man sie nicht sofort fertigstellt, warm stellen. Kurz vor dem Servieren in Öl knusprig frittieren.

Chorizo-Rehwurst mit Crevetten

4 Chorizo-Rehwürstchen mit Crevetten
(siehe Wurstrezepte Seite 74)
Olivenöl zum Anbraten

Eine Bratpfanne mit dem Olivenöl erhitzen und die Würste darin beidseitig vorsichtig anbraten (ca. 3–5 Minuten). Sie müssen sich fest anfühlen. Sofort anrichten.

Anrichten

Die Hagebuttensalsa auf vorgewärmte Teller geben. Das Bohnenküchlein, das Würstchen und die panierte Kokosmilch darauf anrichten.

Hagebuttensalsa

200 g reife Hagebutten, entstielt, sauber geputzt, grob geschnitten
2 Kaffeelöffel (20 g) Zucker
¼ Chilischote, entkernt, sehr fein geschnitten

Die Hagebutten in einen Topf geben, mit Wasser knapp bedecken und 1 Stunde leicht kochen lassen. 12 Stunden zugedeckt im Kühlschrank ziehen lassen. Danach die Hagebutten im Cutter oder Mixer pürieren, eventuell noch etwas Wasser hinzufügen und alles durch ein feines Sieb streichen. Zucker und Chili beigeben und die Salsa auf die gewünschte Konsistenz einreduzieren. Warm stellen.

Menü 6 / Gang 3

Salsatanz

Der spanisch-mexikanische Tanz mit der Wurst auf dem Parkett der Bohnen
zur feurigen Salsamusik ist die Kokosmilch aller Gefühle ...
Ich habe das mexikanische Gefüge etwas durcheinander gebracht, sorry.

Steinbockpfeffer-Crêpe-Köpfchen mit Espresso und Milchschaum

Crêpes

200 ml Milch
100 ml Wasser
Salz und weisser Pfeffer aus der Mühle
170 g Weizenmehl, gesiebt
4 Eier (200 ml)
Erdnussöl zum Ausbacken

Milch und Wasser mischen und würzen. Das Mehl einrühren und zum Schluss die Eier einarbeiten. Den Teig 1/2 Stunde quellen lassen. Nacheinander in einer Bratpfanne in Erdnussöl dünne Crêpes ausbacken. Bereithalten.

Steinbockpfeffer

500 g Steinbockragout ohne Knochen, in der Marinade gebeizt
(siehe Grundrezepte Seite 187)
Erdnussöl zum Anbraten
Salz und schwarzer Pfeffer aus der Mühle
1 Kaffeelöffel (10 g) Tomatenmark
150 ml Barbera oder ein anderer guter Rotwein
300 ml Beize (Marinade)
400 ml Wildjus (siehe Grundrezepte S. 189)
1 kleiner Zweig Thymian
1 Lorbeerblatt
1 Nelke
2 Wacholderbeeren
3 schwarze Pfefferkörner
1/4 Zimtstange
1 Orangenschnitz, ungespritzt
einige getrocknete Pilze (Steinpilze, Rehpilze, Herbsttrompeten)
1 Kaffeelöffel Kakaopulver
1 Esslöffel (10 g) schwarze Schokolade (Valrhona), gehackt
1 Kaffeelöffel (10 g) Kaffeefärber (Pectoral) oder verbrannter Zucker
50 g Mehlbutter (25 g geröstetes Mehl mit 25 g weicher Butter vermengt)
2 Esslöffel (20 ml) Balsamicoessig
Salz und schwarzer Pfeffer aus der Mühle

Das Steinbockfleisch und das Marinadengemüse abgiessen und gut abtropfen lassen. Die Marinade auffangen, aufkochen und durch ein Passiertuch absieben. Fleisch und Gemüse voneinander trennen. Das Fleisch in heissem Erdnussöl rundherum anbraten. Mit Salz und Pfeffer würzen und herausnehmen. Das Marinadengemüse in der gleichen Pfanne anrösten, überschüssiges Öl abgiessen. Das Tomatenmark dazugeben und kurz mitrösten. Das Fleisch wieder beigeben, darunter mischen und mit dem Wein ablöschen, einkochen lassen. Mit der aufgekochten und abgesiebten Marinade aufgiessen und erneut einkochen. Den Wildjus dazugeben. Die Gewürze in einem Stück Stoff zu einem Säcklein binden und zusammen mit dem Orangenschnitz und den Pilzen beigeben. Zugedeckt etwa 1 Stunde weich schmoren.

Das Fleisch herausnehmen. Die Sauce durch ein Sieb passieren, mit dem Kakaopulver, der Schokolade und dem Kaffeefärber mischen und mit der Röstmehlbutter binden. Mit dem Balsamicoessig und eventuell mit etwas Salz und Pfeffer abschmecken.

Das Fleisch wieder zur Sauce geben und erkalten lassen.

Tipp: Aufgewärmt schmeckt Wildpfeffer immer besser!

Steinbockpfefferköpfchen

500 g Steinbockpfeffer ohne Sauce
100 ml Steinbockpfeffersauce
4–6 Crêpes
Butter zum Ausbuttern

frische pasteurisierte Milch für den Milchschaum
1 sehr guter Espresso
1 1/2 Würfel Zucker

Das Fleisch zu feinem Tatar schneiden. Zusammen mit der Sauce in eine grosse flache Pfanne geben und auf kleiner Hitze zu einer sehr kompakten Masse einkochen.
Feuerfeste Förmchen ausbuttern. Aus den Crêpes je zwei Rondellen ausstechen, eine für den Boden und eine für den Deckel, sowie einen langen Streifen in der Höhe der Förmchen. Den Boden der Förmchen mit einer Rondelle belegen, die Wand mit den Crêpestreifen auskleiden. Die ausgekühlte, gut durchgerührte Fleischmasse hineingeben. Mit der zweiten Rondelle zudecken. Die Förmchen auf ein Blech stellen und mit einem zweiten Blech zudecken, damit sie nicht austrocknen. Im auf 180 Grad vorgeheizten Backofen etwa 12 Minuten backen. Das Blech entfernen und nochmals 4–5 Minuten knusprig backen. Sofort anrichten.

Die Milch mit einem Milchschäumer aufschäumen (funktioniert am besten, wenn die Milch eine Temperatur von rund 63 Grad hat, aber nicht aufgekocht wurde). Einen Espresso frisch zubereiten und 1 1/2 Würfel Zucker darin auflösen.

Anrichten

Das Steinbockpfefferköpfchen auf einen passenden Teller stürzen und mit wenig Espresso übergiessen. Mit dem Milchschaum krönen.

König der Berge

Der Steinbock ist der König der Berge, möge er auch der König über das Reich der Teller sein.
Ich baue ihm einen Berg aus Crêpes und setze eine Milchschaum-Schneehaube auf, so ist er dem Olympe nah!

> Zum Steinbockpfeffer passt Kaffee ausserordentlich gut.
> Und wenn die Milch in den Kaffee passt, lässt sie sich auch
> mit dem Steinbockpfeffer verheiraten.

Gamsrücken, gefüllt mit Stockfisch, Miesmuscheln in Apfelweinsauce, Lauchstroh und mit gerösteten Pinienkernen und Goldhirse gefüllter Apfel

Stockfischpüree

200 g Stockfisch, nicht ganz durchgetrocknet, 24 Stunden gewässert
300 ml Milch
200 ml Wasser
1/2 Zwiebel, mit 2 Nelken gespickt
1 Knoblauchzehe, geschält
1 Lorbeerblatt
50 ml Olivenöl
1/2 Zitrone, ausgepresst
1 Prise Cayennepfeffer

Den Stockfisch abgiessen und vierteln. Die Milch und das Wasser in einen Topf geben. Den Stockfisch mit der gespickten Zwiebel, Knoblauch und Lorbeerblatt beigeben, aufkochen und auf der ausgeschalteten Herdplatte 3 Stunden ziehen lassen; ab und zu wenden. Den Sud weggiessen und den Fisch von Haut, Gräten und dunklen Stellen befreien. Mit einer Gabel zerstossen und mit Olivenöl, Zitronensaft und Cayennepfeffer abschmecken.

Mit Stockfisch gefüllter Gamsrücken

400 g Gamsrücken, pariert
(ohne Sehnen und Silberhaut)
100 g Stockfischmasse
evtl. Schweinsnetz vom Metzger
Salz und weisser Pfeffer aus der Mühle
Olivenöl zum Anbraten
1 Esslöffel (20 g) Zwiebeln, gewürfelt
1 Esslöffel (20 g) Lauch, gewürfelt
1 Apfel (Cox Orange, 100 g), ungeschält gewürfelt
1 Knoblauchzehe, ungeschält
300 ml saurer Most (Apfelwein)
300 ml Geflügel- oder Kalbsfond
(siehe Grundrezepte Seite 188)
3 schwarze Pfefferkörner
1 Lorbeerblatt
2 Nelken
wenig Zitronenzeste
1/4 Zimtstange
1 Prise gemahlener Ingwer
frische kalte Butterwürfel für die Sauce
Salz und weisser Pfeffer aus der Mühle

Mit einem spitzen, scharfen Fleischmesser eine lange Tasche in den Gamsrücken schneiden (bis auf ca. 1 cm fast durchschneiden, an den Enden jedoch nicht durchschneiden). Den Gamsrücken mit dem Stockfischpüree füllen und mit Schnur oder einem Rollschinkennetz binden (siehe Kalbskopf Seite 116; wenn man das Fleisch vor dem Binden in ein Schweinsnetz einschlägt, bleibt es schön saftig und hält besser zusammen).

Das Fleisch mit wenig Salz und reichlich Pfeffer würzen und in einem ofenfesten Bratgeschirr in Olivenöl rundum anbraten. Das Fleisch herausnehmen, überschüssiges Öl abgiessen, die Hitze zurückschalten und die Zwiebeln, den Lauch, die Apfelstücke und den Knoblauch darin hellbraun dünsten. Mit dem sauren Most ablöschen, mit dem Fond auffüllen, die Gewürze beigeben und alles auf einen Drittel einreduzieren. Den Gamsrücken darauf legen und im auf 200 Grad vorgeheizten Backofen garen (pro 1 cm Fleischdurchmesser 1 Minute). Das Fleisch herausnehmen, in Klarsichtfolie einschlagen und bei 50 Grad 10–15 Minuten ziehen lassen. Die Bratflüssigkeit in eine Pfanne absieben und eventuell noch etwas einreduzieren. Zum Schluss mit kalten Butterwürfeln aufmontieren, mit Salz und Pfeffer abschmecken und warm stellen.

Miesmuscheln

Olivenöl zum Andünsten
50 g Zwiebel, gehackt
20–24 frische geputzte Miesmuscheln
(frische offene Muscheln sind nicht geniessbar, entfernen)
200 ml Arneis oder anderer Weisswein

Eine grosse flache Pfanne erhitzen, das Olivenöl beigeben. Die Zwiebel und die Muscheln miteinander hineingeben und sofort zudecken. Die Pfanne leicht schwenken. Die Muscheln mit dem Wein ablöschen. Etwa 4 Minuten leicht köcheln lassen. Geschlossen gebliebene Muscheln sind nicht geniessbar, entfernen. Die anderen ausgelöst oder in der Schale im Fond auskühlen lassen.

Apfelschussduell

Goldhirse-Apfel mit gerösteten Pinienkernen

30 g Butter
100 g Goldhirse, kurz in kaltem Wasser gewaschen, gut abgetropft
40 g Zucker
30 g geröstete Pinienkerne
250 ml Apfelsaft
100 ml Wasser
3 Safranfäden
1 Prise Zimt
3 Esslöffel (30 ml) Calvados
Salz und weisser Pfeffer aus der Mühle

4 säuerliche kochfeste Äpfel (Cox Orange)
flüssige Butter

Eine grosse Bratpfanne erhitzen. Die Butter und anschliessend die Hirse hineingeben. Gut durchrühren. Den Zucker und die Pinienkerne hinzufügen und unter fleissigem Rühren den Zucker leicht karamellisieren (darf nicht zu heiss werden, damit die Butter nicht verbrennt). Mit dem Apfelsaft und dem Wasser ablöschen. Die Safranfäden und den Zimt beigeben. Die Hitze senken und alles schonend einkochen. Den Calvados hinzufügen und flambieren. Mit wenig Salz und Pfeffer abschmecken. Auf einem Blech auskühlen lassen.

Das obere Viertel der Äpfel quer abschneiden. Die Äpfel mit einem Pariserlöffel aushöhlen; einen genügend dicken Boden lassen, sonst bricht er nach dem Backen durch. Den Boden eventuell zurechtschneiden, damit der Apfel gerade steht. Mit der Hirse füllen und den Apfeldeckel wieder aufsetzen. Mit der flüssigen Butter bepinseln, auf ein ausgebuttertes Blech stellen und rund 20 Minuten im auf 180 Grad vorgeheizten Backofen backen. Sofort anrichten oder kurz warm stellen.

Lauchstroh

1 Stange Lauch
Erdnussöl zum Frittieren
wenig Salz

Das unterste Ende und die äussersten Spitzen des Lauchs wegschneiden. Die Stange längs halbieren und waschen. In etwa 6 cm lange Stücke und diese mit einem scharfen Messer längs in feine Streifen schneiden. Gut trocknen. In der Fritteuse bei 140 Grad (oder in der Bratpfanne) knusprig frittieren. Auf einem Küchentuch abtropfen lassen und mit wenig Salz würzen. Warm stellen.

Anrichten

Den gefüllten Apfel, die in der Apfelweinsauce erwärmten Muscheln und den aufgeschnittenen Gamsrücken gefällig auf vorgewärmten Tellern anrichten. Mit dem Lauchstroh ausgarnieren und mit der restlichen Sauce das Fleisch umgiessen.

Der Bock der Berge und der Bock der Meere duellieren sich mit dem Schuss in den Apfel.
Mit den Miesmuscheln haben sie nicht gerechnet, diesen Peacemachern!
Die beiden Böcke: «Die vermiesen uns alles.»
«Friede herrscht», sprach Wiesner zu den Böcken.

Gems und Stockfisch sind beide sehr geschmacksintensiv. Dennoch entsteht keine geschmackliche Konkurrenz, sie halten sich die Waage. Ich unterstütze sie nun mit der Säure und der Süsse des Apfels und harmonisiere das Ganze mit den milden Miesmuscheln.

Süsses Rehleberparfait auf Kakaoblätterteig mit Süssholz-Sauternes-Birne, umgeben von Sauternessauce, Roquefortwürfeln und Vogelbeerensauce

Süsses Rehleberparfait

100 g Zucker
50 ml Wasser
60 g Rehleber, pariert
(ohne Sehnen, Haut, Blutgefässe)
5 Eigelb (100 g)
100 ml Vieille Poire (Birnenschnaps),
einreduziert auf 3 Esslöffel (30 ml)
3 Esslöffel (30 ml) Vieille Poire
(ersatzweise Williams)
300 ml Vollrahm, geschlagen

Den Zucker mit dem Wasser zu einem Sirup aufkochen. Die rohe Leber grob schneiden und kurz mixen. Den heissen Zuckersirup dazugeben, mixen und alles durch ein feines Sieb streichen.
Die Eigelbe zu einer hellen Creme aufschlagen, das warme Leberpüree beigeben und die Masse kalt schlagen. Die Vieille-Poire-Reduktion und den Vieille Poire darunter mischen und zuletzt den Schlagrahm darunter ziehen. Sofort in eine passende Form oder kleine Förmchen füllen und gefrieren.

Tipp: Dieses Rezept kann auch mit Gänse-, Enten-, Kaninchen-, Fisch- oder Geflügelleber zubereitet werden.

Kakaoblätterteig

200 g kalte Butter
40 g Kakaopulver, gesiebt
250 g Weizenmehl, gesiebt
½ Kaffeelöffel (5 g) Salz
100 ml Wasser
70 g Butter (Zimmertemperatur)
Mehl und Zucker zum Verarbeiten

Die kalte Butter mit dem Kakaopulver vermengen und zu einem quadratischen Ziegel formen. In Folie einpacken und in den Kühlschrank legen.
Die restlichen Zutaten in der Knetmaschine kurz, aber intensiv durchkneten. Den Teig herausnehmen und zu einer Kugel formen. Gut in Klarsichtfolie einwickeln und im Kühlschrank 1 Stunde ruhen lassen.
Die Teigkugel kreuzweise etwa 2 cm tief einschneiden. Die so entstandenen vier Lappen nach aussen drücken und mit dem Teigroller etwa zur Grösse des Butterziegels und ein Viertel so dick wie die Mitte auswallen; die Mitte sollte ebenfalls so gross wie der Butterziegel sein. Nun den Butterziegel auf die Mitte legen und die vier Lappen darüber schlagen. Das Ganze vorsichtig, aber zügig zu einem 1–2 cm dicken, lang gezogenen Rechteck ausrollen.
Die beiden Seiten zur Mitte legen, so dass sie sich berühren und eine Naht bilden, in der Naht nochmals zur Hälfte zusammenklappen (dies nennt sich eine doppelte Tour). Zudecken, 1 Stunde kühl stellen.
Dann ausrollen und nochmals zwei doppelte Touren geben, dazwischen jeweils 1 Stunde kühlen und wieder ausrollen.
Zucker auf die Arbeitsfläche streuen und den Blätterteig darauf gleichmässig dünn ausrollen. Rondellen in der Grösse der Parfaitförmchen ausstechen. Ein Backblech mit Backpapier auslegen und die Blätterteigrondellen darauf legen. Bei 200 Grad 5–7 Minuten knusprig backen. Auf einem Gitter auskühlen lassen und bereitstellen.
Dies ergibt viel mehr Blätterteig, als benötigt wird. Eine kleinere Menge herzustellen ist jedoch schwierig. Der restliche Blätterteig ist im Kühlschrank in Klarsichtfolie eingepackt einige Tage haltbar.

Süssholz-Sauternes-Birne

90 g Zucker
200 ml weisser Traubensaft
4 ganz kleine oder 2 grosse Birnen mit Stiel, halbiert, Kerngehäuse entfernt, geschält
1 Stange Süssholz (ca. 6 cm lang), grob geschnitten
50 ml Sauternes

Den Zucker karamellisieren und mit dem Traubensaft ablöschen. Die Birnen(hälften) mit dem Süssholz beigeben und knapp weich kochen (sie garen noch nach), im Jus auskühlen lassen. Die Birnen herausheben. Den Jus absieben und auf 100 ml einreduzieren. Den Sauternes dazugiessen, die Birnen beigeben und zugedeckt erkalten lassen.

Vogelbeerensauce

15 g Vogelbeeren (Ebereschenbeeren), gefroren (durch Einfrieren sind sie weniger bitter)
100 ml der Sauternes-Birnen-Sauce

Die Sauce aufkochen und über die Beeren giessen. Zugedeckt in den Kühlschrank stellen.

Garnitur

Roquefortwürfel
Süssholzstücke
Pfefferminzblätter

Anrichten

Die Blätterteigrondellen auf die Teller legen und das Parfait darauf setzen. Die Birnenhälften fächerförmig eingeschnitten oder ganz auf dem Parfait anrichten. Die Roquefortwürfeln um das Parfait verteilen, die Vogelbeerensauce angiessen. Mit Süssholzstücken und Minzblättern dekorieren.

Tut der Leber gut

Wir wissen ja, dass zu viel Zucker, Alkohol, Fett und Vogelbeeren für die Leber gar nicht gesund sind. Aber von allem ein wenig tut unserer Rehleber sehr, sehr gut.

Leber, Kakao, Käse, Wein und Süssholz? Kaum zu fassen,
wie kann das passen? Nein, damit ist überhaupt nicht zu spassen,
denn bei uns in der Küche, glaube ich, hat keiner was an der Birne!

Räuchern

Entlebucher Räuchereien kosmopolitisch

«Das Entlebuch ist ein altes typisches Räuchergebiet, Räuchern ist hier gang und gäbe. Zur Haltbarmachung von Fleisch war Einsalzen und Räuchern früher die einfachste und effektivste Methode. Räuchergeschmack hält auch die Fliegen fern. Geräuchert wurde vor allem Schweinefleisch, als Rauchwürste, Rippli und Speck, aber auch das Milchprodukt Ziger, eine typische Entlebucher Angelegenheit. Zigerstöckli wurden in der Hurt, dem Rauchfang über der Feuerstelle, wochenlang geräuchert, bis sie steinhart waren. Man erzählt sich, dass sie zum Verzehr auf dem Holzstock mit dem Beil zerkleinert werden mussten.

Die reichhaltige Berner Platte in der Nachbarschaft zum Entlebuch mit Dörrbohnen, Sauerkraut und verschiedenem Räucherfleisch war ein typisches Gericht aus geräucherten und eingesalzenen Lagerprodukten, die man jederzeit im Keller holen konnte.

In der heutigen Küche werden viele Speisen geräuchert, Tofu, Fisch, Geflügel. Wir gehen so weit, sogar Flüssigkeiten zu räuchern, Schnee für die Schneesuppe.

Traditionell werden zum Räuchern verschiedene Hölzer in Form von Sägemehl oder Holzspänen verwendet: Rottanne, Buche, auch Tannzweige. Wir räuchern zusätzlich mit Heu, Schwarztee, getrocknetem Torf vom Hochmoor oder sogar Cohiba-Zigarren. Beim Räuchern verbrennt das Räuchergut nicht, sondern glimmt nur und entwickelt einen dichten Rauch.

Neben der von uns verwendeten Warmrauchmethode gibt es noch die Kaltrauchmethode, bei der das Räuchergut über Wochen oder Monate im kalten Rauch hängt, beispielsweise in einer Räucherkammer hoch unter dem Dach. Bei der Warmrauchmethode gibt es wiederum zwei Möglichkeiten: Entweder man räuchert das Räuchergut nur kurz, 20 bis 60 Sekunden, so dass es innen noch roh ist und danach fertig gebraten werden muss. Oder man gart das Räuchergut gleichzeitig im Rauch während 2 bis 5 Minuten durch. Hierzu eignen sich alle Fleisch- und Fischsorten mit kurzen Garzeiten, wie zum Beispiel Forelle oder Entenbrust. Bei Stücken mit längeren Garzeiten besteht die Gefahr, dass sie beim Rauchgaren austrocknen und der Rauchgeschmack zu stark und unangenehm wird. Der Eigengeschmack der Speise sollte erhalten bleiben, der Rauchgeschmack fein und dezent sein.

Räuchern in der eigenen Küche ist einfacher, als man denkt. Es braucht dazu nur einen alten Topf.

Die wenigsten unter Ihnen werden wohl eine geräucherte Schneeflockensuppe nachkochen wollen, trotzdem möchten wir den Experimentierfreudigen die Anleitung dazu nicht vorenthalten!»

Torf

Talisker ist einer der bekanntesten Torf-Whiskys von den schottischen Inseln, einer sehr torfreichen Gegend. Um den torfigen Whiskygeschmack zu erhalten, wird zum Whiskybrennen torfiges Wasser und teilweise mit Torf geräuchertes Korn verwendet.

Ich übertrage die Whiskyproduktion von den schottischen Inseln auf unsere Gegend. Mit den Produkten, die ich hier zur Verfügung habe, setze ich die Idee des Whiskyräucherns um. Ich gebe Torfrauch an das Fleisch von Alptieren wie Alpschwein, Ziege oder Reh, die in der Umgebung des Hochmoors mit seinem Torf leben.

Wenn ich im Hochmoor bei Sörenberg Torf hole, kratze ich ihn bewusst nur aus offenen Gräben, Wasserrinnen, von offenen Borden oder Wegrändern. Das Moor darf nicht gestochen und verletzt werden! Eine bis zwei Hand voll Torf genügen für einen Räucherdurchgang. Den Torf im Backofen bei 80 Grad einige Stunden trocknen lassen.

Schwarztee

Tee gehört für mich zu Asien, und im Osten raucht es immer überall, wohin man geht: Räucherstäbchen, Räucherungen mit Kräutern und Gewürzen in Tempeln, in den Häusern. Deshalb passen für mich Tee und Räuchern wunderbar zusammen. Es hat eine spirituelle Note, verzaubert und beschwingt. Es hat zu tun mit Geistern und Reinigung, mit Mystischem, Göttlichem. Ich gehe im Geist in den Osten und schaue, welche Produkte sie da haben, wie sie etwas tun oder denken. Es ist unsere alte Räuchertradition, östlich gedacht und umgesetzt.

Heu

So fein Heu (bzw. Emd) riecht, so fein ist auch sein Räuchergeschmack. Er passt wie das Emd selbst gut zu zarten Fleisch- und Fischsorten wie Poulet, Kalb und Forelle. Aber auch Salami habe ich schon mit Heu geräuchert.

Cohiba-Zigarren

Beim Räuchern mit Cohiba-Zigarren wird nicht der Tabak erhitzt, sondern die Zigarre geraucht und der Rauch durch einen Strohhalm in die fast geschlossene Pfanne geblasen. Das ergibt einen dezenten feinen Tabakgeschmack am Räuchergut. Tabak darf nicht erhitzt und verbrannt werden, da sonst Teerstoffe entstehen!

Anleitung zum Räuchern

Selber räuchern ganz einfach

Sie brauchen einen grossen alten Topf mit passendem Deckel. Sehr gut geeignet ist zum Beispiel eine Wokpfanne mit dünnem Boden. Je besser der Deckel schliesst, desto weniger Rauch haben Sie in der Küche und desto stärker gart das Räuchergut gleichzeitig. Der Siebeinsatz hält im gewölbten Wok meist von selbst auf der richtigen Höhe, in einem normalen Topf helfen Steine als Unterlage.

Den Topf sehr stark erhitzen. Doppelt gefaltete Alufolie zu einem Teller in der Grösse des Topfs formen und in den Topf legen. Den Alufolienteller mit dem Räuchermaterial, zum Beispiel Torf und Rohzucker, füllen. Einen Siebeinsatz mit 3 bis 5 cm Abstand zum Boden darüber stellen. Sobald sich Rauch entwickelt, die Hitze zurückschalten. Das Fleisch oder anderes Räuchergut auf das Sieb legen und zugedeckt 40 bis 50 Sekunden räuchern, herausnehmen und weiterverarbeiten. Forellen kann man in etwa 2 Minuten gar räuchern.

Schneeflocken oder Flüssigkeiten räuchern

Die romantische Variante des Räucherns über dem offenen Feuer, wie wir sie der Poesie des Gedankens folgend fotografiert haben, ist nur bei starkem Schneefall möglich. Um ein ähnliches Resultat zu erzielen, wenn die Pfanne mit Schnee gefüllt ist, müsste der aufsteigende Rauch mit einem Deckel oder Tuch niedergeschlagen werden, so dass er von oben wieder auf den Schnee trifft.

Wir haben für das Schneeräuchern aus einem alten Abfallcontainer einen Räuchercontainer gebaut. Es eignet sich aber auch jede andere Konstruktion, bei der man unten ein Feuer anzünden, oben ein Gefäss mit Schnee einhängen und mit einem Deckel oder Tuch den Rauch zurückschlagen kann. Mit Rottannenholz – und unbedingt ohne Brennchemikalien – wird im Räuchercontainer ein Feuer angezündet. Sobald es schön brennt, gibt man Rottannensägemehl und Rottannenzweige darauf, so dass ein intensiver und feiner Rauch entsteht.

Variante bei starkem Schneefall:
Ein hitzebeständiges Gefäss in den Container hängen (nicht zu nah ans Feuer, sonst verdunstet das Wasser) und die Schneeflocken einrieseln lassen. Der aufsteigende Rauch räuchert dabei langsam den herunterfallenden Schnee. Wenn es frisch zu schneien beginnt, sollte man etwa eine Stunde warten, weil der erste Schnee noch viel Schmutz aus der Luft enthält.

Variante ohne Schneefall:
Das Räuchergefäss mit Schnee füllen. Dabei nur sehr sauberen Schnee verwenden, nicht aus Strassen- oder Industrienähe. Den Containerdeckel bis auf eine Öffnung von etwa 60 cm kippen. Der Rauch wird dadurch zurückgeschlagen und legt sich schön ums Wasser beziehungsweise um den Schnee. Einige Stunden so räuchern lassen und eventuell noch mehr Schnee dazugeben.

Die unkonventionelle schnelle Variante in der Küche:
Einen Topf mit Schnee füllen und aufkochen (nur absolut sauberen Schnee verwenden).

Einen alten grossen Topf mit nicht zu hohem Rand und passendem Deckel sehr stark erhitzen. Einen Alufolienteller in den Topf legen und mit Rottannensägemehl (oder Buchenholzsägemehl) füllen. Einen Siebeinsatz mit 3 bis 5 cm Abstand zum Boden darüber stellen. Wenn sich Rauch entwickelt, die Hitze zurückschalten. Ein sauberes Küchentuch gut auswaschen und auswringen. Locker auf den Siebeinsatz legen und im Topf bei geschlossenem Deckel räuchern. Das Tuch von Zeit zu Zeit wenden, bis es rundherum schön braun ist. Nun gibt man das geräucherte Tuch in den Topf mit kochendem Schneewasser und lässt es ziehen. Das Schneewasser probieren und, falls der Rauchgeschmack noch nicht intensiv genug ist, diesen Vorgang wiederholen.

Feuer und Schnee

Geräucherte Schneeflockensuppe – Winterpoesie im Teller

Schneeflocken tanzen durch Räucherrauch nieder, nehmen im Vorbeischweben alle Aromen auf und werden aufgefangen in einer weiten Pfanne, auf deren Grund sie mit ihren zahllosen Genossen duftend verschmelzen – um darauf in die unvergessliche Schneegestöber-Suppe verzaubert zu werden. Allein schon dieses Bild ist wie ein Gedicht.

Wir gestehen, wir dachten, es handle sich um einen guten Witz, als wir zum ersten Mal die Erklärung zu der getrüffelten, weissbehaubten Suppe hörten. Ohne Stefan Wiesners Erläuterungen zu jedem Gang am Tisch abzuwarten, hatten wir sie bereits gekostet und eindeutig als Specksuppe identifiziert. Sein «guter Witz» liess uns herzlich lachen, als wir allerdings den Ernst der Aussage erkannten, blieb uns der Mund einen Moment lang offen stehen. Geräucherte Schneeflockensuppe!

«Die Idee der geräucherten Schneeflocken entstammt einem Stammtisch-Wein-Gespräch mit meiner Köchin Sonja. Sie sagte, ich sei ein Spinner, und ich fand, das ziehe ich jetzt durch, das machen wir! So haben wir uns überlegt, welche Wege es gibt, um Schnee, also eigentlich Wasser, zu räuchern. Nun, wir haben Wege nach Wiesner-Art gefunden.»

Menü 7 WINTER

Schneegestöber

Wenn es draussen schneit, regnet, windig und frostig ist, wenn Sie mit kalten Füssen, klammen Fingern, roter Nasenspitze und leuchtenden Ohren kämpfen, dann gibt es nichts Schöneres, als sich in die gemütlich warme Küche zu setzen und das stürmisch gekochte Menü zu geniessen.

Geräucherte Schneesuppe mit Wintertrüffel-Eischneehaube

Geräucherte Schneesuppe

Bouillon:
1 kg frische Rindsknochen, klein gehackt
½ Zwiebel
100 g Karotten
100 g Lauch
50 g Sellerie
2,5 l gut geräuchertes Schneewasser
(siehe Anleitung Seite 145)
20 g Salz
Gewürzsäcklein mit 1 Lorbeerblatt,
1 Nelke, 6 schwarzen Pfefferkörnern und
1 Zweig Thymian

3 Eigelb (60 g)
300 ml Vollrahm
Salz und weisser Pfeffer aus der Mühle

Die klein gehackten Rindsknochen in kaltem Wasser aufkochen, abgiessen, heiss und dann kalt abspülen.
Die Schnittfläche der halben Zwiebel in einer Bratpfanne anrösten. Die Gemüse mit Schnur zu einem Bündel binden.
Die vorbereiteten Rindsknochen mit dem geräucherten Schneewasser in einem grossen Topf aufkochen. Das Salz beigeben und die Hitze zurückschalten. 2 Stunden leicht kochen lassen, dabei fleissig abschäumen und abfetten. Das Gemüsebündel und das Gewürzsäcklein beigeben und 50 Minuten weiter sieden lassen (die Geschmacksstoffe verfliegen, wenn sie zu früh beigegeben werden).
Die Bouillon vorsichtig durch ein Passiertuch oder ein dünnes Küchentuch in einen zweiten Topf abgiessen (es werden 800 ml benötigt).

Die Eigelbe und den Rahm sehr gut unter die Bouillon mischen. Unter fleissigem Rühren auf rund 80 Grad erwärmen (die Suppe bindet durch das Eigelb leicht ab; nicht kochen lassen!). Mit Salz und Pfeffer abschmecken. Die Suppe durch ein sehr feines Sieb passieren und warm stellen.

Trüffel-Eischnee

3 Eiweiss (150 g)
wenig Salz und weisser Pfeffer aus der Mühle
4 g Wintertrüffel, gehobelt
gehobelte Trüffel nach Belieben für die Garnitur

Das Eiweiss mit wenig Salz und Pfeffer nicht allzu steif schlagen und die gehobelte Trüffel darunter ziehen.

Anrichten

Die geräucherte Schneesuppe in Tassen anrichten und mit dem Eischnee gleichmässig bedecken. Im Dampf bei 95 Grad 5 Minuten pochieren oder im Backofen bei 100 Grad 8 Minuten backen. Auf einen Unterteller stellen und mit Trüffelscheiben ausgarnieren.

Trüffel vom Rigi

Trüffel gibt es auch in der Schweiz! Auf der Rigi am Vierwaldstättersee werden drei Sorten von Trüffeln gefunden:

*Sommertrüffel
(Mai–November)
Burgundertrüffel oder Wintertrüffel
(September–Januar)
Bagnolitrüffel
(Oktober–März)*

Schneewalzer

Nach Wiesner-Sitte räuchern wir die herunterschwebenden Schneeflocken. Sie tanzen voller Vorfreude auf die glücklichen Gesichter der Menschen, deren Leib und Seele sie erwärmen dürfen, um den Rauch herum.

| Eine feine Rauchsuppe, die einen leichten cremigen «Wind» besitzt, ist das Fundament, um den zarten Trüffelgeschmack zu tragen.

Weihnachtskarpfen, mit Essig und weissem Kabis gebeizt, serviert mit Karpfenmortadella, getrockneter Specktranche, blauen Kartoffelchips, schwarzem Kohlesenf und Dörrbohnenpüree

Karpfen in Essig-Weisskohl-Beize

160–200 g Lederkarpfenfilet (ohne Haut und Gräten), in 2–3 mm breite Streifen geschnitten
100 ml Apfelessig
100 ml Wasser
150 g Weisskohl, in hauchdünne Streifen geschnitten
10 g Ingwer, in hauchdünne Streifen geschnitten
2 Nelken
1 Lorbeerblatt
1 Zweig Dill
2 Wacholderbeeren
12 Korianderkörner
12 Fenchelsamen
1/2 Kaffeelöffel (5 g) Rohzucker
1/2 Kaffeelöffel (5 g) Meersalz
schwarzer Pfeffer aus der Mühle

Die Karpfenstreifen mit den restlichen Zutaten in ein flaches Glasgefäss schichten. Mit Klarsichtfolie abdecken und im Kühlschrank 5 Stunden durchziehen lassen.

Karpfenmortadella

2 Karpfenmortadellas
(siehe Wurstrezepte Seite 75)

Die pochierten und ausgekühlten Würste vor dem Anrichten in Scheiben schneiden.

Dörrbohnenpüree

1 Esslöffel (10 g) Karotte, fein gewürfelt
1 Esslöffel (10 g) Zwiebel, fein gewürfelt
1 Kaffeelöffel (5 g) Sellerie, fein gewürfelt
10 g Schweinsfett oder Butter
50 g Dörrbohnen, über Nacht in kaltem Wasser eingelegt, abgegossen
1 Tranche (20 g) Kochspeck
500 ml Gemüsefond
(siehe Grundrezepte Seite 189)
Salz und schwarzer Pfeffer aus der Mühle

Die Gemüsewürfel in einem ofenfesten Kochgeschirr in Fett oder Butter gut andünsten. Die Bohnen und den Speck beigeben und bei starker Hitze dünsten (darf sogar etwas Farbe annehmen). Mit dem Gemüsefond ablöschen. Aufkochen und 1 Stunde zugedeckt im auf 160 Grad vorgeheizten Backofen weich schmoren. Falls dann noch viel Flüssigkeit vorhanden ist, den Deckel abnehmen und die Flüssigkeit einreduzieren.
Die Specktranche entfernen. Bohnen und Gemüse im Cutter zu einer sehr feinen Masse pürieren, durch ein feines Sieb streichen und mit Salz und Pfeffer abschmecken. In einen Spritzsack mit feiner Tülle geben und bereitstellen.

Getrocknete Specktranche

4 Scheiben gesalzener, geräucherter Kochspeck (ohne Knorpel und Schwarte)

Die Speckscheiben auf ein Backblech geben und ein zweites Backblech darauf legen, so dass die Specktranchen eingeklemmt sind. 30 Minuten bei 140 Grad im Backofen trocknen lassen. Auf Küchenpapier abtropfen lassen und lauwarm servieren.

Blaue Kartoffelchips

2 kleine, gleichmässig runde, blaue Kartoffeln, sehr gut gewaschen und abgetrocknet
Erdnussöl zum Frittieren
Salz

Die Kartoffeln mit der Aufschnittmaschine in sehr feine Chips (ca. 1 mm dick) schneiden. In der Fritteuse bei 150 Grad knusprig frittieren. Auf Küchenpapier abtropfen lassen und leicht salzen.

Kohlesenf

50 g gelbe Senfkörner
50 g weisser Balsamicoessig
50 g Rohzucker
1 Esslöffel (3 g) gemahlene Holzkohle
(von Napfköhlern bei Otto's AG)
500 ml Apfelsaft, auf 50 ml einreduziert
1/2 Kaffeelöffel (5 g) Salz
100 ml Traubenkernöl

Alle Zutaten ausser dem Öl in den Mixer geben und zu einer glatten Masse verarbeiten. Bei laufender Maschine langsam das Öl einfliessen lassen. Den Senf in sterilisierte Gläser füllen und gut verschliessen. An einem kühlen Ort aufbewahren.

Anrichten

Den Weisskohl in die Mitte der kalten Teller geben. Die Karpfenstreifen und die Karpfenmortadellascheiben dazu anrichten. Mit dem Senf, dem Bohnenpüree, Kartoffelchips und Specktranchen dekorieren und mit Dillspitzen ausgarnieren.

Holzkohle

Verwenden Sie in der Küche keine industriell hergestellte Holzkohle, da sie chemische Zusätze oder Rückstände von Brennpasten enthalten kann. Bei der traditionellen Holzköhlerei, wie sie im Entlebuch noch betrieben wird, kommen keinerlei Zusätze oder Hilfsstoffe zum Einsatz.

Wunschkarpfen

Beim Fischen hängt plötzlich ein Karpfen an der Angel. Er spricht zu mir und sagt: «Wenn du mich frei lässt, hast du einen Weihnachtswunsch frei.» Zum Beispiel einen Ferrari, ein Haus, eine Jacht, viel Geld, ein Kindermädchen oder so ... Ich habe mich für den Karpfen entschieden, denn ein Weihnachtsgeschenk gibt es sowieso.

> Wie eine Weihnachtsbescherung, mit bunten Farben, Formen und viel überraschendem Geschmack, soll mein Karpfen auf dem Teller daherkommen.

Alpgänselebermousse auf gebratener Lebkuchenscheibe und karamellisierter Quitte, garniert mit Sternanis

Alpgänselebermousse

60 ml Blauburgunder oder ein anderer Rotwein
60 ml Geflügeljus oder Geflügelfond (siehe Grundrezepte Seite 188)
1 kleiner Zweig Thymian, abgezupfte Blätter
100 g ungestopfte (Alp-)Gänseleber, pariert (ohne Sehnen, Haut, Blutgefässe)
100 g Butter, im Wasserbad zerlassen
1/2 Kaffeelöffel (5 g) Salz
1 Prise Pfeffer
1 kleine Prise Muskatnuss
2 Esslöffel (20 ml) Williams oder Vieille Poire (Birnenschnaps)

4 schöne ganze Sternanis

Den Wein mit dem Jus oder Fond und dem Thymian auf 4 Esslöffel (40 ml) einreduzieren. Die rohe Leber mixen. Während des Mixens langsam die zerlassene Butter, die ausgekühlte Weinreduktion, die Gewürze und den Williams beigeben. Die Masse durch ein Sieb streichen und in eine mit Klarsichtfolie ausgelegte Form füllen. Mit Klarsichtfolie satt zudecken.
Ein tiefes Backblech mit Küchenpapier auslegen. Die Form hineinstellen und das Blech bis 1 cm unter den Rand der Form mit kochend heissem Wasser füllen. Bei 80 Grad im vorgeheizten Backofen pochieren, bis die Masse vollständig gestockt ist (kann 2–3 Stunden dauern). Über Nacht zugedeckt in der Form auskühlen lassen.
Die Masse im Mixer oder Cutter zu einer glatten Mousse aufmontieren. In einen Spritzsack mit runder Tülle füllen und bei Zimmertemperatur (nicht wärmer als 20 Grad) bereitstellen.

Karamellisierte Quitte

2 grosse Quitten
30 g Zucker
15 g Butter
200 ml Grauburgunder oder anderer Weisswein
50 ml Zitronensaft
10 Korianderkörner
10 schwarze Pfefferkörner
1/2 Zimtstange
1 Sternanis
4 Gewürznelken
150 ml Birnendicksaft

eventuell etwas Stärkemehl

Aus jeder Quitte quer 2 schöne Scheiben herausschneiden, das Kerngehäuse und die Schale aussen mit passenden Ausstechringen entfernen.
Den Zucker in einer grossen Pfanne hell karamellisieren. Die Hitze zurückschalten und die Butter beigeben. Die vorbereiteten Quittenscheiben darin hellbraun glasieren. Mit dem Weisswein ablöschen. Die restlichen Zutaten beigeben und auf kleiner Hitze etwa 15 Minuten weich kochen. Die Quittenscheiben herausnehmen und warm stellen, den Fond passieren und eventuell etwas einkochen oder mit 1/2 Kaffeelöffel angerührtem Stärkemehl leicht binden.
Die Sauce wieder zu den Quitten geben und warm stellen.

Gebratener Lebkuchen

250 ml saurer Halbrahm
200 g Zucker
80 g Birnendicksaft
1 Esslöffel (10 g) Lebkuchengewürz
1/2 Kaffeelöffel (5 g) Natron
350 g Weizenmehl, gesiebt
200 ml Milch
Gänsefett oder Butter zum Anbraten

Den sauren Halbrahm mit dem Zucker, dem Birnendicksaft und dem Lebkuchengewürz verrühren. Das Natron mit dem Mehl mischen und zur Rahmmasse sieben. Zu einem Teig verarbeiten. Die Milch beigeben und zu einer glatten Masse rühren. In eine passende, mit Backpapier ausgelegte Cakeform giessen und bei 180 Grad im vorgeheizten Backofen etwa 1 Stunde backen.
Sobald er ausgekühlt ist, den Lebkuchen in 1 1/2 cm dicke Scheiben schneiden und mit einem Ausstechring Rondellen in der Grösse der Quittenscheiben ausstechen.
Eine Bratpfanne erhitzen, Gänsefett oder Butter hineingeben und die Lebkuchenscheiben beidseitig kurz anbraten, auf Küchenpapier abtropfen lassen und sofort anrichten.

Anrichten

Zuerst die gebratenen Lebkuchenscheiben auf die Teller setzen und die Quittenscheiben darauf legen. In das Loch in der Quittenscheibe das Gänselebermousse spritzen und mit einem Sternanis ausgarnieren. Mit wenig Quittensauce umgiessen.

Sündige Alpgänse

Auf der Alp, da gibt's keine Sünd'.
Aber man muss sich doch fragen, ob unsere Alpgans wirklich keine Sünde wert ist.

Wer wohl liebt den Gedanken an weihnächtliche Gans, Lebkuchen und Anis nicht, und fühlt sich dabei gleich wie zu Hause …

Radicchioklösse, gefüllt mit hausgemachter Salami, an weisser Kaffeesauce, garniert mit Radicchiostreifen, weissen Schokoladeflocken und Kakao

Radicchioklösse mit Salamifüllung

75 g weisse Schokolade
50 g Randensaft (Rote Bete)
1 Spritzer Traubenkernöl
1 Prise Salz
weisser Pfeffer aus der Mühle
150 g Tempuramehl (im Asienshop erhältlich)
3 g Backpulver
25 g Radicchio, fein gehackt
60 g Salami guter Qualität (wir verwenden unsere selbst gemachte Salami)
2 Esslöffel (20 ml) Olivenöl
Olivenöl zum Ausstreichen

Die Schokolade, den Randensaft und das Öl mit dem Salz in eine Pfanne geben und bei kleiner Hitze vorsichtig rühren, bis die Schokolade geschmolzen ist. Etwas auskühlen lassen. Das Mehl mit dem Backpulver und dem Radicchio mischen. Alles zusammen zu einem glatten Teig verarbeiten. 5–10 Minuten zugedeckt ruhen lassen.
Die Salami mit dem Olivenöl im Cutter oder Mixer fein pürieren. Im Kühlschrank bereitstellen.
Aus dem Teig gleichmässige Kugeln formen, mit dem Finger ein Loch hineindrücken und mit etwas Salamimasse füllen. Das Loch wieder schliessen.
Den Boden eines Bambus-Dämpfkörbchens dünn mit Olivenöl ausstreichen. Die Klösse mit reichlich Abstand zueinander hineingeben und 20 Minuten bei Zimmertemperatur stehen lassen. Anschliessend das Dämpfkörbchen in einem passenden Topf über kochendes Wasser stellen und zugedeckt 6–7 Minuten dämpfen. Dabei den Deckel nicht öffnen.

Weisse Kaffeesauce

50 g Espresso-Kaffeebohnen von bester Qualität
100 ml Vollrahm

Die Kaffeebohnen mit dem Rahm mischen und 12 Stunden im Kühlschrank zugedeckt ziehen lassen. Durch ein sehr feines Sieb giessen.

Garnitur

fein geschnittener Radicchio
Kakaopulver
weisse Schokolade

Anrichten

Die heissen Klösse in die Mitte der Teller legen und mit zwei Esslöffeln Kaffeesauce übergiessen. Radicchiostreifen darüber streuen und mit Kakaopulver bestäuben. Mit einem Sparschäler oder Trüffelhobel kleine Locken von der weissen Schokolade raspeln und darüber verteilen.

Schneebälle international

**Internationale Salamiklösse? Schneebälle einmal anders!
Vom Österreicher-Appenzeller-Toggenburger-Entlebucher-Mann kreiert.
Meine italienische Luzerner-Frau ist fasziniert.**

Gebratenes Rindsfilet in der Lederschleife, gekrönt von einem Ochsenschwanzköpfchen auf Avocadocreme, mit Peperonistreifen und Muskatkürbispüree

Rindsfilet, in der Lederschleife gebraten

4 Streifen chemikalienfreies Rindsleder, 2 mm breit, 15 cm lang
50 ml Avocadoöl, mit 10 Nadeln Rosmarin parfümiert
4 Rindsfiletmedaillons à 80 g (pariert)
Salz und weisser Pfeffer aus der Mühle

Die Lederstreifen 5 Minuten im parfümierten Avocadoöl einlegen und anschliessend um das Rindsfilet binden; nicht zu fest zuschnüren.
Das Fleisch beidseitig mit Salz und Pfeffer würzen. Eine Bratpfanne stark erhitzen, das restliche Öl hineingeben und die Medaillons beidseitig scharf anbraten. Auf ein Backblech geben und im auf 200 Grad vorgeheizten Backofen etwa 2 Minuten weiterbraten. Herausnehmen und 10 Minuten an der Wärme (ca. 50 Grad) ruhen lassen.

Leder

Das von uns verwendete Naturrindsleder von eco-pell ist naturbelassen und ohne Chemikalien, mit Backpulver und Pflanzenauszügen wie Rhabarberwurzel und Tarafrucht gegerbt. Fragen Sie im Fachgeschäft nach.

In Barolo geschmorter Ochsenschwanz

1 kg Ochsenschwanz, in 4 cm breite Stücke geschnitten
100 g Karotten, grob gewürfelt
50 g Stangensellerie, grob gewürfelt
1 Knoblauchzehe
100 g Zwiebeln, grob gewürfelt
2 Lorbeerblätter
2 Nelken
750 ml Barolo
500 ml Kalbsjus
(siehe Grundrezepte Seite 188)
Avocadoöl zum Anbraten
Salz und weisser Pfeffer aus der Mühle
1 Stück Rindsleder, ca. 6 x 7 cm x 2 mm (5 g)

Den Ochsenschwanz mit Gemüse, Knoblauch, Zwiebeln und Gewürzen in eine Schüssel geben und mit dem Barolo übergiessen (der Ochsenschwanz muss vollständig vom Wein bedeckt sein). Im Kühlschrank mindestens 12 Stunden marinieren.
Das Gemüse und den Ochsenschwanz herausheben und abtropfen lassen. Den Ochsenschwanz mit Salz und Pfeffer einreiben. Einen Schmortopf erhitzen und den Ochsenschwanz im Öl rundum gut anbraten. Das abgesiebte Gemüse wieder beigeben und mitbraten, bis es schön braun ist; entfetten. Mit der Marinade ablöschen und mit dem Kalbsjus auffüllen. Zugedeckt bei 180 Grad im vorgeheizten Backofen weich schmoren (2–3 Stunden, bis sich das Fleisch vom Knochen löst). Von Zeit zu Zeit die Flüssigkeit kontrollieren und eventuell mit etwas Wasser auffüllen. Den Ochsenschwanz in der Sauce auf rund 40 Grad abkühlen lassen. Das Fleisch vom Knochen lösen und in 5–10 mm grosse Würfel schneiden. Die Sauce in eine Pfanne abpassieren, das Leder beigeben und 5 Minuten köcheln lassen. Das Leder entfernen und die Sauce stark einreduzieren. Den gewürfelten Ochsenschwanz beigeben, gut vermengen, aufkochen und warm stellen.

Ochsenschwanzköpfchen

vorbereiteter Ochsenschwanz
vorbereitetes Siedfleisch
(siehe Grundrezepte Seite 187)
4 feuerfeste Förmchen, ca. 6 cm hoch und 5 cm im Durchmesser

Die Förmchen mit dem Siedfleisch satt auslegen. Das Ochsenschwanzragout einfüllen und bei 150 Grad im vorgeheizten Backofen rund 15 Minuten backen. Warm stellen.

Avocadocreme

2 grosse, vollreife Avocados
Salz und weisser Pfeffer aus der Mühle

Die Avocados halbieren, den Stein entfernen, das Fleisch herauskratzen und durchpassieren (Vermicellepresse oder Passevite) oder pürieren. Anschliessend noch durch ein feines Sieb streichen. Mit Salz und Pfeffer abschmecken. Den Stein wieder dazugeben und das Püree sofort mit Klarsichtfolie und dann mit Alufolie zudecken, um die Oxidation zu verlangsamen.

Peperoniwürfel

1 grosse, vollreife rote Peperoni (Paprika), gehäutet, entkernt (siehe Seite 84)
wenig Avocadoöl
Salz und weisser Pfeffer aus der Mühle

Die gebackene Peperoni in etwa 5 mm grosse Würfel schneiden. Kurz im Avocadoöl andünsten, mit Salz und Pfeffer abschmecken. Sofort anrichten oder warm stellen.

Muskatkürbispüree

200 g Muskatkürbis, geschält, entkernt
20 g Butter
Salz und weisser Pfeffer aus der Mühle
Butterflocken

Ein grosses Stück Alufolie grosszügig mit Butter bestreichen und mit Salz und Pfeffer bestreuen. Den geschälten Kürbis darauf geben und gut einpacken. Im auf 160 Grad vorgeheizten Backofen 40 Minuten weich backen. In der Folie auskühlen lassen und anschliessend im Mixer oder Cutter sehr fein pürieren. Durch ein feines Sieb streichen und eventuell nochmals abschmecken. In eine Pfanne geben, erwärmen und vor dem Anrichten einige Butterflocken einrühren.

Anrichten

In die Mitte der vorgewärmten Teller etwas Avocadocreme verteilen, mit Kürbistupfern und Peperoniwürfeln umgeben. Das Rindsfilet auf den Avocadospiegel legen. Mit einem Messer das Ochsenschwanzköpfchen aus den Förmchen lösen und auf dem Rindsfilet anrichten. Mit einigen Rosmarinnadeln garnieren.

Harmonie in Leder

Verschiedene Urvölker und Krieger haben in ihrer Not Leder, zum Beispiel ihre Pferdesättel, gegessen. Zudem leistet Rindsleder hervorragende Dienste in der Harmonie mit Rindfleisch. Auch wir Menschen harmonisieren mit Leder sehr gut. Zum Beispiel mit Lederschuhen, Lederjacken, Uhrenarmbändern, Gürteln … ja, sogar mit Dessous, aber das ist eine andere Geschichte.

Zwei Kombinationen vereint.
Die erste: Rindsleder, Rindsfilet, Rindssiedfleisch, Rindsochsenschwanz.
Die zweite: Avocado, Peperoni, Kürbis.
Zusammen haben sie es in sich, wie eine schöne Winterlandschaft.

Zigerpudding mit Marc auf Eisweinparfait, garniert mit Weinschaum, Traubensaftsauce, Trester und Rebenholzasche

Zigerpudding mit Marc

125 g Ziger (ersatzweise Ricotta)
125 ml Vollrahm
2 Eier (100 g)
1 Eigelb (20 g)
90 g Zucker
20 g Rosinen, mit 4 Esslöffel (40 ml) Marc (Riesling x Silvaner) 2 Stunden mariniert

Den Ziger mit Rahm, Eiern, Eigelb und Zucker sehr fein mixen und anschliessend durch ein feines Sieb streichen. Die Masse mit Klarsichtfolie zugedeckt 1 Stunde im Kühlschrank ruhen lassen.

Die eingeweichten Rosinen mit dem Marc beigeben und verrühren. In gewünschte Formen füllen.

Im Steamer: Die Förmchen zugedeckt bei 87 Grad im vorgeheizten Kombi-Steamer 25 Minuten pochieren.

Im Backofen: Ein tiefes Backblech mit Küchenpapier auslegen. Die Förmchen hineinstellen und das Blech bis 1 cm unter den Rand der Förmchen mit kochend heissem Wasser füllen. Zugedeckt im auf 110 Grad vorgeheizten Backofen 30 Minuten pochieren.

Die Köpfchen zugedeckt im Kühlschrank auskühlen lasssen.

Eisweinparfait

150 g Zucker
125 ml Eiswein Riesling x Sylvaner
6 Eigelb (120 g)
400 ml Vollrahm, steif geschlagen

Den Zucker und den Eiswein aufkochen und auf rund 45 Grad abkühlen lassen.
Die Eigelbe zu einer hellen Creme aufschlagen und die Eisweinmischung beigeben. Kalt schlagen. Den Rahm darunter ziehen und die Masse sofort in eine geeignete Form füllen. Tiefkühlen.

Rieslingschaum

200 ml Riesling x Silvaner
100 g Zucker
2 Blatt Gelatine, eingeweicht und ausgedrückt
1 Eiweiss (30 g)

Den Wein und den Zucker in einer Pfanne bei kleiner Hitze auf rund 55 Grad erwärmen. Von der Hitze nehmen und die Gelatine einrühren. Wenn sie sich aufgelöst hat, das Eiweiss einrühren. Durch ein feines Sieb in einen Rahmbläser füllen, gut verschliessen und 3 Patronen einlassen. Sehr gut schütteln und anschliessend etwa 2–4 Stunden bei 5 Grad kühl stellen.
Vor dem Servieren nochmals gut schütteln und eventuell noch eine Patrone nachgeben. Dieses Rezept funktioniert nur mit einem Rahmbläser mit Gaspatronen (z. B. Kisag oder isi).

Traubensaftjus

400 ml Riesling x Silvaner-Traubensaft

Den Traubensaft in eine Pfanne geben und auf kleiner Hitze langsam auf einen Viertel einreduzieren. Bis zur Verwendung im Kühlschrank aufbewahren.

Trester und Rebenholzasche

100 g Trester, nicht oxidiert (erhältlich in Schnapsbrennereien oder bei Weinbauern)
500 g Riesling x Silvaner-Rebenholz, sehr gut getrocknet, in kleine Stücke zerteilt

Den Trester auf ein Backblech verteilen und im Backofen bei 100 Grad 1–2 Stunden trocknen. Im Mixer oder Cutter fein zerkleinern.

Das Rebenholz in ein sauberes feuerfestes Geschirr geben. Mit dem Bunsenbrenner anzünden (keine chemischen Brandbeschleuniger verwenden) und niederbrennen lassen. Wenn die Asche ausgekühlt ist, durch ein mittelfeines Sieb sieben. Trocken aufbewahren.

Anrichten

Das Eisweinparfait aus der Form nehmen, Portionen schneiden oder ausstechen und in der Mitte von vorgekühlten Tellern platzieren. Den Zigerpudding mit einem kleinen Messer aus den Förmchen lösen, stürzen und auf dem Parfait anrichten. Eine grosse Rosette Weinschaum auf den Pudding spritzen und einen Esslöffel Traubensaftjus darüber giessen. Mit Rebholzasche und Trester ausgarnieren.

Wir beziehen alle Riesling x Sylvaner-Produkte für diesen Gang von Bisang, Dagmersellen.

Winzersturm

**Winterzeit ist Winzerzeit. Dann wirbelt der Winzer umher wie die Schneeflocken im Sturm.
Er hegt und pflegt seine Weine und Brände. Trester entsorgen und Reben schneiden.
Dafür sorgen, dass seine Reben keinen Schaden nehmen, von der eisigen Kälte.**

> Jedes einzelne Riesling x Silvaner-Produkt soll sich selber sein.
> Aber zusammen müssen sie eine unzertrennbare Einheit bilden.

Vom Schnaps und Träsch zum Edelbrand

«Man darf die Frucht nicht quälen»
Ivano und Käthi Friedli-Studer, Distillerie Studer, Escholzmatt

Die «Liqueur- und Confiserie-Fabrik Gebrüder Studer» wurde 1883 gegründet, als die vier Brüder Studer von ihren Wanderjahren in Frankreich nach Escholzmatt zurückkehrten. Neben Confiserieprodukten – Caramel mou, Seidenbonbons, Minzpastillen, Dragées, Malzzucker, Likörstengeli – produzierten sie auch noch Liköre und Destillate nach französischem Rezept, jedoch mit einheimischen Früchten und Kräutern. Ihr Wissen über die Kunst des Brennens hatten sie in Bordeaux und Cognac erworben. Die auf 857 Meter höchstgelegene Brennerei der Schweiz musste allerdings den Grossteil der Früchte in der ganzen Schweiz einkaufen, viel mehr als Fallobst lässt sich im Entlebuch nicht kultivieren. Sie trieben bald Handel mit Frankreich, Italien und England, ein Novum für das ausschliesslich bäuerliche Tal. 1922 wurde bei einem Grossbrand das mächtige Fabrikgebäude, mit Türmchen und Zinnen wie ein Schlösschen gebaut, zerstört und musste auf den Grundmauern neu aufgebaut werden. Danach konzentrierte sich Studer auf die Produktion von Destillaten und Likören. Die Rezepturen der Confiserie wurden an die Familie Kambly verkauft.

In vierter Generation führen Käthi und Ivano Friedli-Studer die Destillerie und erhielten schon mehrfach Auszeichnungen und Goldmedaillen für ihre Edelbrände. Ivano Friedli, Luzerner, und seine Frau Käthi, Tochter aus dem Hause Studer und Grafikerin, betrieben in der Stadt Luzern eine Werbeagentur, als Vater Studer die Firma vor zwölf Jahren verkaufen wollte – ausser, sie beide wollten sie übernehmen. An eine Geschäftsübergabe hatte nie jemand gedacht, und plötzlich war der Vater alt und hatte nicht mehr die Kraft, die Firma zu führen. So sprang das Paar kurz entschlossen ins kalte Wasser, ohne Erfahrung im Alkoholgeschäft und in einer Zeit, Ende der achtziger Jahre, als der harte Spirituosenmarkt am Zusammenbrechen war. Mit dem Vorsatz, das Erbe ihrer Väter mit Innovation zu pflegen.

«Da schoss uns plötzlich durch den Kopf, wie wäre es, wenn wir die ganze Geschichte umdrehen, den Handel mit neuen Produkten aufmischen würden. Meine Frau hat begonnen, Flaschen und Etiketten zu entwerfen, neue ausgeflippte Sachen, hat Glasbläserkunst mit der Destillierkunst kombiniert. Ich verstehe was von Marketing, und so hat sich eines aus dem anderen ergeben. Unsere erste Kreation, der ‹Schnapsteufel› in der Flasche, hat ein enormes Echo ausgelöst, so etwas gab es damals noch nicht. Zusätzlich haben wir uns voll auf die Qualität der Destillate konzentriert.

Wir brennen zehn verschiedene Fruchtdestillate, hauptsächlich Williamsbirne, 110 000 Liter Brand und Liköre pro Jahr, und alle Früchte kommen aus der Schweiz. Dazu haben wir uns öffentlich verpflichtet, und es war schon das Credo der Firmengründer. Wir haben den Weg der Qualität eingeschlagen, und da muss man konsequent sein. 80% der Qualität von Edelbränden macht der Rohstoff aus, also darf man nur beste Früchte verwenden. Die Zeiten, als schlechte Früchte statt auf dem Kompost im Brennhafen landeten, sind endgültig und längst vorbei. Die restlichen 20% der Qualität kann man mit der Gärsteuerung oder der Brenndauer beeinflussen, aber wenn der Rohstoff nicht stimmt, kann man nicht mehr viel machen. Die meisten unserer Früchte kommen aus dem Wallis aus IP-Produktion. Wir haben einige Familien, denen wir die ganze Ernte abnehmen.

Die Frucht ist ein Geschenk der Natur. Doch was uns von der Natur gegeben wird, wird in unserem Gewerbe ständig geschlagen. Irgendwelche mechanischen Einwirkungen schlagen die Frucht dauernd lieblos zu Mus. Wir verwenden am wenigsten mechanische Einwirkung, und wir sind beim Williams die Besten. Ich versuche eigentlich, das anderen Produzenten auch näherzubringen, und sage, plagt die Frucht doch nicht so, ich kann da nicht zuschauen, tragt doch etwas Sorge zu ihr. Bei uns kommt die Frucht nicht unters Messer. Wir machen etwas ganz Natürliches, wir nehmen Enzyme, Gärhefe. Wir geben den ganzen Früchten Enzyme bei, und am Schluss schwimmen in den 30-, 40-Tonnen-Tanks Kerngehäuse und Stiele schön obenauf, und der Rest ist verflüssigt. Wir müssen dann nur noch den Schlauch ansetzen und die Maische absaugen.

Unser neustes Produkt ist ein Barrique-Williams, der hat schon in der Fassprobe 17 von 20 Punkten erhalten. Das ist unsere Welt, die Nischenprodukte und Spezialitäten, da sind wir stark. Wer heute nicht etwas Spezielles machen kann, kann gleich die Rollläden runterlassen. Unsere Händler fragen uns immer zuerst, was wir Neues haben, und nicht erst nach dem Preis, das ist das Schöne. Wir haben zum Glück nicht diese unsäglichen Preiskämpfe und Diskussionen wie andere Grossdestillateure. Sie wissen, der Studer hat seinen Preis, aber wir können es mit bestem Gewissen verkaufen. Anders könnte ich das Geschäft auch gar nicht führen, das wäre nicht meine Natur. Ich bin in erster Linie ein kreativer Mensch und kein harter Geschäftstyp.

Heute wird mehr geschätzt, was wir hier machen, was der Studer hier geleistet hat, wie er Leute ins Dorf zieht oder wie wir jetzt den Namen Escholzmatt in die Welt hinaustragen bis nach Australien. Heute sind die Gemeinden froh über jede Firma, die etwas macht, die hier bleibt und nicht wegzieht, das hat sich geändert. Das Entlebuch hat den höchsten Steuerfuss des ganzen Kantons, das lockt Firmen und Familien auch nicht gerade an. Dafür ist die Lebensqualität hier sehr hoch, die Ruhe, die Natur, das Aufwachsen der Kinder, fast ein Stück heile Welt. Vor lauter Beschützen und Bewahren dessen, was schon immer so war und gut war, wird alles Neue zuerst einmal abgeblockt. Aber dadurch ist auch viel Wertvolles bewahrt worden, die Natur, die Landschaft.»

Käthi Friedli-Studer hat sieben Jahre lang für die Biosphäre gekämpft und ist von Hof zu Hof gegangen, um mit den Leuten zu reden, ihnen die Chancen für die Zukunft aufzuzeigen. «Anfangs wurde die Biosphären-Idee absolut abgelehnt. Da habe ich allen gesagt, schau, du lebst in einer so schönen Naturlandschaft, du hast sie erhalten, und schon dein Vater und Grossvater haben sie bewahrt, betrachte das doch als eine Auszeichnung. Wir sollten uns zusammentun, gemeinsam neue Strategien für die Vermarktung der regionalen hochwertigen Produkte entwickeln, anstatt dass jeder allein vor sich hinwurstelt und neidisch auf den andern ist. Ich wäre noch weiter gegangen und hätte die ganze Biosphäre zu einer rein biologischen Region gemacht. Mein Traum ist sogar, dass die ganze Schweiz ein einziges Bioland würde. Da wir eh schon eine Sonderposition innehaben, eine hochpreisige Insel sind, könnten wird das durchziehen und ein Modellland für die ganze Welt werden. Aber es braucht kleine Schritte vorwärts.

Die Philosophie der Nachhaltigkeit finde ich wunderbar. Dass es dir gut geht da, wo du lebst, es schön hast, aber auch an die Kinder und die Zukunft denkst und die Natur schützt. Natur ist das Grösste im Leben, alles wird immer wieder neu in ihr, entwickelt sich, sie hört nie auf.

Es ist ein Teil unserer Lebensaufgabe, sinnvolle Entwicklungen zu fördern, das fasziniert mich. Die Probleme, die es im Entlebuch gibt, wären in Zürich und Bern nicht anders. Man muss dort kämpfen, wo man kann. Sonst hat man nichts getan im Leben.»

Spiritus, der aus Früchten destillierte Geist in der Flasche, das flüchtige Parfüm der Natur …

Wie beim Wein ist beim Brand die Nase das wichtigste Kriterium, dann folgt das Bouquet, das er im Gaumen entfaltet. Der Brand darf nicht in der Nase stechen, das Bouquet im Gaumen nicht brennen, sondern muss weich und buttrig-ölig sein. Fruchtaromen, die lange haften bleiben, zeichnen die gute Qualität eines Brandes aus.

Schaurig-schöne Luzerner Fasnacht

Winteraustreiben

Die Luzerner Fasnacht, «die schönste Zeit des Jahres», ist eine ganz eigene, archaische Fasnacht. Geprägt von unzähligen «Guggenmusigen» mit ihrem wilden, kraftvollen und unverwechselbaren Getöse. Pardon, Musik, sie spielen nicht nur laut, sondern auch wirklich gut! Keine Musikrichtung, kein Ohrwurm ist vor ihnen sicher, alles wird einverleibt und umgeschrieben auf die vieldutzendköpfigen, generationsübergreifenden «Guggenmusig»-Formationen mit ihren Blas- und Schlaginstrumenten. Ein ohrenbetäubender Lärm, der in die Beine fährt, schönste Kakophonie. Jedes Jahr ein neues Motto, zu dem in monatelanger Fronarbeit liebevolle und möglichst schräg-schaurig-schöne Kostüme genäht und gebastelt werden. Von vielen Fenstern und Balkonen im Dorf bis hin zum Hof im hintersten Seitental glotzen Masken und lebensgrosse ausgestopfte Fasnachtspuppen. Fasnacht, Geister, Winteraustreibung. Aber wie!

Das 3100-Seelen-Dorf Escholzmatt hat allein vier stolze «Guggenmusigen», die Jungschränzer, die Ratteschwänz, die Altgugger und die Äntegugger. Schon Monate vor der Fasnacht werden sie in der ganzen Schweiz eingeladen, um an Festen zu spielen, Farbe und Stimmung zu bringen. Während der Fasnachtstage ist an Schlaf nicht mehr zu denken, Auftritt reiht sich an Gastspiel, Maskenbälle, Umzüge, Guggertreffen in der ganzen Region werden besucht und beehrt, Ehrensache. Der Wechsel zwischen Schnee, Pflotsch und Kälte draussen und der verdienten Aufwärmung im nächsten Restaurant geschieht in regelmässigen und ritualisierten Abständen mit viel Alkohol. «Kafi Träsch» selbstverständlich und Bier. Zum Dank wird dem Wirt ein Ständchen gedonnert, dass allen Gästen Hören und Sehen vergeht. Und weiter geht's, zum nächsten Gig, ein einziger Taumel bis zur seligen Erschöpfung.

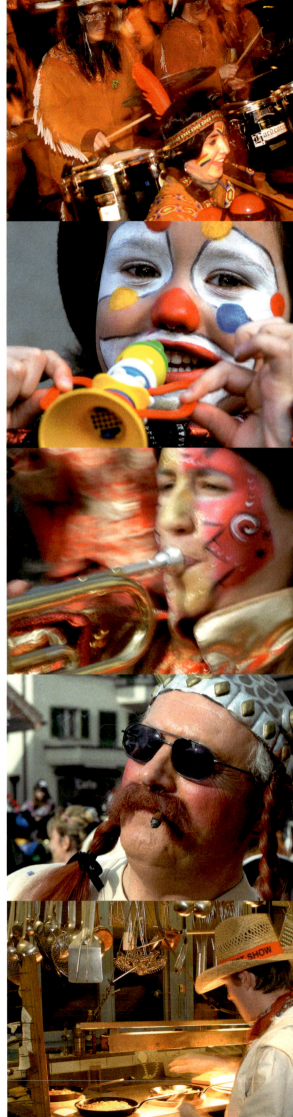

Menü 8 WINTER

Geister

Das Denken, die Zeit der Geister, das Winteraustreiben, die Umstände, das Urchige und meine Bodenständigkeit geben dem Menü seinen ehrenvollen Charakter.

Rottannenholzsuppe mit Vongole

Vongole

20–24 frische Vongole (Venusmuscheln)
Olivenöl zum Andünsten
1 kleine Schalotte, gehackt (30 g)
150 ml Prosecco oder anderer Schaumweisswein
evtl. wenig Meersalz

Die Muscheln gründlich waschen, geöffnete Muscheln entfernen. Die Muscheln in einer Schüssel, mit Wasser gut bedeckt, 1 Stunde stehen lassen. Anschliessend mit einer Lochkelle herausheben, gut abtropfen lassen.
Eine grosse, flache Pfanne erhitzen, Olivenöl hineingeben. Die Schalotte und die Muscheln dazugeben und sofort zudecken. Die Pfanne leicht schwenken. Dann die Muscheln mit dem Wein ablöschen und diesen etwa 4 Minuten leicht köcheln lassen. Muscheln, die nach dem Kochen geschlossen geblieben sind, entfernen, die restlichen im Fond auskühlen lassen. Den Fond durch ein feines Sieb passieren und für die Suppe beiseite stellen.

Rottannenholzsuppe

500 ml Vollrahm
150 g frische Rottannenholzschnitzel (beim Schreiner oder in Sägereien erhältlich)
150 g Muschelfond (siehe links)
evtl. wenig Meersalz und weisser Pfeffer aus der Mühle

Den Rahm aufkochen und die Holzschnitzel beigeben. Den Topf vom Herd ziehen und etwa 5 Minuten, je nach gewünschter Intensität, ziehen lassen (lässt man das Holz zu lange im Rahm, wird er harzig).
Den Rahm durch ein sehr feines Sieb abgiessen, den Muschelfond beigeben, nochmals aufkochen und mit Salz und Pfeffer abschmecken.

Anrichten

Die Suppe mit einem Milchschäumer oder Schwingbesen kurz aufschäumen, die Muscheln beigeben und nochmals kurz aufköcheln lassen. In vorgewärmten Suppentellern anrichten und sofort servieren. Verteilen Sie frische Rottannenholzschnitzel auf die Unterteller; der feine Holzduft verbindet sich so wunderbar mit den Aromen der Suppe.

Rottannenholz

Stellen Sie sicher, dass Sie Rottannenholz und nicht Weisstannenholz erhalten! Weisstannenholz stinkt und macht Ihre Suppe ungeniessbar.
Rottannenholz ist ein weiches, harziges Holz, man darf es daher nur kurz ziehen lassen. Kochen Sie keine Harzstellen mit.

Baumgesang

Oh Rottannenbaum, oh Rottannenbaum, wie fein sind deine Blätter.
Sie reifen nicht nur im Sommer, wenn die Sonne scheint, nein, auch im Winter, wenn es schneit.
Du gedeihst sogar in der Narrenzeit, wie es scheint.

> In diesem Gericht bringe ich die urchige Rottanne und die in ihren Muschelschalen geheimnisvoll herangewachsenen Vongole zusammen. Beide hätten es sich nie träumen lassen, dass sie so gut harmonieren.

Forelle blau mit eingesäuerten Karotten an heller und dunkler Buttersauce

Forelle blau

50 g Karotte, blättrig geschnitten
1 Esslöffel (10 g) Zwiebel, blättrig geschnitten
1,2 l Wasser
50 ml Apfelessig
1½ Kaffeelöffel (15 g) Zucker
2 Kaffeelöffel (20 g) Salz
3 schwarze Pfefferkörner
1 Zweig glatte Petersilie
1 Lorbeerblatt
2 fangfrische Forellen, filetiert, Gräten für Fond verwenden, oder 4 Forellenfilets

Die Karotte und die Zwiebel in einen genügend grossen Topf mit passendem Deckel geben und mit dem Wasser aufgiessen. Essig, Zucker, Salz, Pfefferkörner, Petersilie und Lorbeerblatt beigeben und aufkochen. Die Forellenfilets ganz oder in 2–3 Stücke geschnitten vorsichtig hineinlegen und unter dem Siedepunkt 3–5 Minuten gar ziehen lassen.

Tipp: Beim Ausnehmen und Filetieren die Forellen nicht mit einem Tuch oder Küchenpapier anfassen, sonst wird der Forellenschleim beschädigt oder entfernt. Dieser Schleim ist unter Einwirkung des Essigsuds für die Blaufärbung der Forelle verantwortlich.

Eingesäuerte Karotten

300 g eingesäuerte Karotten
(siehe Grundrezepte Seite 186)
50 g Butter
100 ml Eiswein (Süsswein)
100 ml Wasser
Salz und weisser Pfeffer aus der Mühle

Die Karotten in wenig Butter leicht andünsten, mit dem Süsswein ablöschen und mit dem Wasser auffüllen. Zugedeckt 10–15 Minuten leicht dünsten. Anschliessend offen sirupartig einkochen. Zum Schluss die restliche Butter in Flocken darunter rühren und mit Salz und Pfeffer aus der Mühle abschmecken.

Tipp: Wenn einem die Säure der Karotten zu stark ist, kann man sie zuerst mit lauwarmem Wasser abspülen.

Helle Buttersauce

100 ml Forellenfond
(siehe Grundrezepte Seite 189 oder ersatzweise Sud von der Forelle blau)
40 g kalte Butterwürfel
Forellenrogen nach Belieben
(erhältlich im Delikatesshandel)
Salz und weisser Pfeffer aus der Mühle

Den Fond auf einen Drittel einreduzieren und mit der kalten Butter aufschlagen, mit Salz und Pfeffer abschmecken. Kurz vor dem Servieren den Forellenrogen beigeben. Den aufgeschlagenen Fond nicht mehr kochen.

Dunkle Buttersauce

40 g Butter
15 ml Worcestershiresauce

Die Butter in einer Pfanne unter Rühren so lange kochen, bis sie braun wird und nussig riecht. Vom Herd ziehen und die Worcestershiresauce darunter rühren.

Anrichten

Die eingesäuerten Karotten in die Mitte der vorgewärmten Teller geben und die Forellenfilets darauf anrichten. Mit der hellen Buttersauce umgiessen und die dunkle Buttersauce über die Forelle träufeln. Mit Karottenkraut oder glatter Petersilie garnieren.

Sauergemüse

Einsäuern ist das natürlichste und älteste Verfahren zur Haltbarmachung von Gemüse. In einem Gärprozess wird das Gemüse durch Milchsäurebakterien umgewandelt. Ausser sehr wässrigen Gemüsen wie Tomaten und Gurken eignen sich fast alle Sorten. Sauergemüse ist besonders reich an Vitaminen und an Mineralstoffen. Bereits in der mittelalterlichen Schifffahrt war bekannt, dass Sauerkraut – dank seinem hohen Vitamin-C-Gehalt – vor dem gefürchteten Skorbut (einer Krankheit, die bei Vitaminmangel entsteht) und anderen Erkrankungen schützt.

Übrigens lässt sich die Gärflüssigkeit in Flaschen abfüllen und während langer Zeit an einem dunklen Ort lagern. Die Flüssigkeit lässt sich wie Essig verwenden. Salatsaucen verleiht sie eine spezielle würzige Note. Sauergemüse oder ein Gläschen Gärsaft regen nicht nur den Appetit und die Verdauung an, sondern sättigen auch gut bei geringem Kaloriengehalt (20 Kalorien in 100 g Sauerkraut). Sauerkraut wird daher gerne für Schlankheitskuren verwendet. Weiter regen Sauergemüse den Stoffwechsel an und greifen so auch Fettablagerungen an. Wissenschaftler und Ärzte haben nachgewiesen, dass solche milchsäurehaltigen Gemüse einen aktiven Beitrag zu unserer Gesundheit leisten. Sie können Nahrungsergänzungspräparate sowie die lactobiotischen Milchprodukte ersetzen.

Modeschau

An der alljährlichen Wintergerichte-Modeschau war auch Mademoiselle Forelle anwesend und präsentierte voller Stolz ihr blaues Kleidchen. Natürlich hat sie den grössten Applaus erhalten. Darauf wurde Frau Karöttchen so neidisch und eifersüchtig, dass sie ganz sauer wurde. Das sind halt die hellen und dunklen Seiten des Lebens.

Als hätten die Geister die Zeit angehalten, sehe ich immer wieder, wie meine Mutter Zitronensaft, Worcestersauce und heiss schäumende Butter über die Forellen goss. Sie schmeckten unvergesslich ... Anstelle von Zitronensaft auf den Fisch gebe ich eingesäuerte Karotten unter ihn. Und siehe da, meine Kindheit ist wieder da.

In Barolo pochierte, gebratene Kaninchenwurst mit Gold auf Griessschnitte mit in Olivenöl gesottener Kaninchenleber, Gewürzpaste und Schwarzwurzelkonfetti

In Barolo pochierte Kaninchenwurst mit Knoblauch und Chili

400 ml Barolo
4–8 Kaninchenwürstchen
(siehe Wurstrezepte Seite 74)
Olivenöl zum Anbraten

Den Barolo in einer passenden Pfanne aufkochen, die Würstchen hineingeben, nochmals aufkochen und zudecken. Vom Herd nehmen, wenden und 3–5 Minuten ziehen lassen.
Die Würstchen herausheben, trockentupfen und in Olivenöl bei mittlerer Hitze kurz saftig braten. Warm stellen.

Griessschnitten

300 ml Milch
30 g Butter
Salz, weisser Pfeffer aus der Mühle
Muskatnuss
50 g Hartweizengriess
20 g Weizenmehl, gesiebt
25 g harter Alpkäse, gerieben
2 Eigelb (40 g)
Olivenöl zum Anbraten
Weizenmehl zum Mehlen

Die Milch mit der Butter und den Gewürzen aufkochen. Abseits vom Herd den Griess und das gesiebte Mehl unter Rühren beifügen und unter fleissigem Rühren nochmals aufkochen. Wieder vom Herd nehmen und kurz stehen lassen. Die Eigelbe und den geriebenen Käse einrühren und abschmecken. Die Masse auf einem mit Klarsichtfolie belegten Blech glatt ausstreichen (ca. 2 cm dick), mit Klarsichtfolie zudecken und im Kühlschrank auskühlen lassen.
Aus der erstarrten Masse die gewünschten Formen ausstechen oder ausschneiden. Die Griessschnitten mehlen und in Olivenöl goldgelb braten. Warm stellen.

In Olivenöl gesottene Kaninchenleber

70 g Kaninchenleber
30 g Meersalz
100 ml Olivenöl

Die Leber rundherum mit dem Meersalz bestreuen und etwa 3 Stunden ziehen lassen (eine Art von Pökeln). Anschliessend das Salz abspülen und die Leber rund 10 Minuten wässern, trockentupfen.
Die Leber in einen kleinen Topf geben und mit dem Olivenöl übergiessen (sie muss vollständig mit Öl bedeckt sein). Bei schwacher Hitze auf rund 80 Grad erwärmen, vom Herd nehmen und 5–10 Minuten ziehen lassen. Die Leber sollte sich nun griffig und fest anfühlen, ansonsten lässt man sie noch etwas ziehen. Wenn sie gar ist, den Topf mit dem Öl und der Leber in Eiswasser stellen und auf Zimmertemperatur abkühlen lassen. Die Leber herausnehmen und in dünne Scheiben schneiden, zugedeckt bereithalten.

Tipp: Man kann die Kaninchenleber im Öl im Kühlschrank gut einige Wochen lagern.

Schwarzwurzelkonfetti

1 Stück Schwarzwurzel von 130–150 g, gebürstet
2 Esslöffel (20 g) Schalotte, gehackt
Olivenöl
50 ml Gemüsefond
(siehe Grundrezepte Seite 189)
Salz und weisser Pfeffer aus der Mühle

Die Schwarzwurzel halbieren und in siedendem Salzwasser 5–10 Minuten knackig kochen, anschliessend in Eiswasser abschrecken. Mit einem Sparschäler vorsichtig gleichmässig schälen und die braunen Anschnitte wegschneiden. Die Schwarzwurzel in 1 mm dicke Scheibchen schneiden.
Die Schalotte in Olivenöl kurz andünsten, die Schwarzwurzel beigeben und mitdünsten. Mit der Gemüsefond ablöschen, sirupartig einkochen und mit Salz und Pfeffer abschmecken.

Zwiebelkonfitüre

Ergibt 500 g
2 (220 g) Zwiebeln
100 ml Barolo (kräftiger Rotwein)
300 g Gelierzucker

Die Zwiebeln in 3 mm dicke Ringe schneiden. Den Barolo auf zwei Drittel einreduzieren, dann den Gelierzucker und die Zwiebeln beigeben. 10–15 Minuten auf kleiner Hitze weich kochen, dann in Sterilisiergläser abfüllen.

Tipp: Zwiebelkonfitüre ist lange haltbar und passt hervorragend zu Käse, Wurstwaren, geräuchertem Fleisch oder Fisch.

Gewürzpaste

Ergibt 500 g
75 g Weizenmehl, gesiebt
350 ml Barolo (kräftiger Rotwein)
350 ml Wasser
350 g Zwiebelkonfitüre
1 Esslöffel (10 g) Zimtpulver
1 Prise Ingwerpulver
1 Prise Nelkenpulver
1 Prise Muskatnuss
Salz

Das Mehl in einer trockenen Pfanne langsam hellbraun rösten, auskühlen lassen. Mit etwas Rotwein in einem Pfännchen zu einer glatten Masse rühren, den restlichen Wein und das Wasser beigeben und aufkochen. Bei niedriger Temperatur unter Rühren die Zwiebelkonfitüre und die Gewürze beigeben. Etwa 30 Minuten unter stetem Rühren einkochen lassen. Die Paste soll sehr dickflüssig sein. Falls sie zu dick wird, mit Wein oder Wasser etwas verdünnen. Mixen oder cuttern.

Tipp: Die Gewürzpaste ist im Kühlschrank einige Wochen haltbar und passt hervorragend zu Käse, Wurstwaren, geräuchertem Fleisch oder Fisch.

Anrichten

In die Mitte der vorgewärmten Teller die Griessschnitten geben. Die Würstchen darauf legen, rundherum die Schwarzwurzelkonfetti verteilen und mit der Gewürzpaste Würmer zeichnen. Am Schluss einige Scheiben Kaninchenleber auf die Wurst legen und das Ganze mit etwas Schnittlauch und nach Belieben Blattgold (mindestens 22 Karat) dekorieren.

Auf gedankenvoller Weinreise

Welch eine Hektik, bis ich meine Kaninchenwürstchen kreiert hatte! Ich und mein Würstchen waren beide der Meinung, es hätte jetzt ein paar schöne gedankenvolle Ferientage verdient. Nicht einmal eine Postkarte schickte es mir aus dem Piemont, so sehr war es damit beschäftigt, passende Freunde mit nach Hause zu bringen. Und es ist ihm gut gelungen. Wie sonst hätte es den Barolo finden können, der es so schön blau färbt.

Hier schlägt das Piemont, meine heimliche Liebe, voll zu.
Geschmäcker, die einfach passen.

Mangoldwickel, gefüllt mit Daube de Bœuf, an saurer Most-Baumnuss-Sauce

Daube de Bœuf

250 g Ochsenbacke (ca. 1 Stück)
250 g Kochsalz
100 g gemischte kleine Gemüsewürfel (Stangensellerie, Karotte, Lauch, Zwiebel)
4 Knoblauchzehen
150 g Pinot Noir oder anderer Rotwein
70 ml Portwein
70 ml Madeira
Salz und weisser Pfeffer aus der Mühle
Mehl zum Bestäuben
Olivenöl zum Anbraten
2 Esslöffel (25 g) geräucherter Kochspeck, gewürfelt
½ Orange, abgeriebene Schale
1 Zweig Thymian
1 Zweig Rosmarin
1 Lorbeerblatt
50 g getrocknete Tomaten, klein gewürfelt

5 cm Süssholz
50 g kalte Butter
250 ml Rindsbouillon (siehe Seite 189)
Salz und weisser Pfeffer aus der Mühle

Die Ochsenbacke mit dem Salz rund 6 Stunden pökeln, von Zeit zu Zeit wenden. Das Fleisch vom Salz befreien und gut abwaschen.
Das Fleisch zusammen mit Gemüse, Knoblauch, Rotwein, Portwein und Madeira zugedeckt 12 Stunden im Kühlschrank marinieren. Das Fleisch und das Gemüse aus der Marinade nehmen und getrennt bereitstellen.
Die Marinade aufkochen, abschäumen und durch ein feines Sieb passieren.
Das Fleisch mit Küchenpapier trockentupfen, pfeffern und mehlen. Einen Schmortopf oder eine grosse ofenfeste Bratpfanne erhitzen, Olivenöl beigeben und das Fleisch rundherum anbraten. Das Marinadengemüse beigeben und bei mittlerer Hitze mitbraten. Mit der aufgekochten Marinade ablöschen und mit der Bouillon auffüllen. Speck, Orangenschale, Kräuter und Trockentomaten beigeben. Aufkochen, in den auf 160 Grad vorgeheizten Backofen stellen und 3–4 Stunden zugedeckt weich schmoren. Mit einer Fleischgabel den Garpunkt prüfen: Das Fleisch muss von der Gabel fallen und darf nicht daran «kleben» bleiben.
Das Fleisch in der Sauce auskühlen lassen, dann herausnehmen, in kleine, 5 × 5 mm grosse Würfel schneiden und beiseite stellen. Die Sauce aufkochen und eventuell noch etwas einreduzieren. Das Süssholz etwa 2 Minuten mitkochen, dann zusammen mit dem Thymian und dem Rosmarin entfernen.

Die Sauce mixen, mit der kalten Butter aufschlagen und mit Salz und Pfeffer abschmecken. Die Fleischwürfelchen in die fertige Sauce geben und alles auskühlen lassen.

Tipp: Die Herstellung der Mangoldwickel geht einfacher, wenn man aus dem Daube de Bœuf auf Klarsichtfolie 24 kleine Häufchen von ½ Kaffeelöffel formt und einfriert.

Mangoldwickel

12 Mangoldblätter
150 g Magerquark
2 Eier (100 g)
Salz und weisser Pfeffer aus der Mühle
Muskatnuss
125 g Weizenmehl, gesiebt
Daube de Bœuf (siehe links)
50 g Butter

Den weissen Stiel der Mangoldblätter ganz herausschneiden (für ein Gemüse verwenden). Die Blätter blanchieren und in Eiswasser abschrecken.
Den Quark und die Eier verrühren, mit Salz, Pfeffer und Muskat würzen und mit dem Mehl zu einem glatten Teig verarbeiten.
Die Mangoldblätter auf eine Grösse von 4 × 8 cm zurechtschneiden. Auf jedes Blatt einen gehäuften Kaffeelöffel (ca. 30 g) Quarkmasse geben und 2 gefrorene Häufchen oder 1½ gehäufte Kaffeelöffel Daube de Bœuf hineindrücken. Das Ganze vorsichtig einwickeln.

Vor dem Servieren die Mangoldwickel kurz beidseitig in Butter anbraten, in die Sauce geben und 3–5 Minuten zugedeckt gar köcheln. Aus der Sauce heben und warm stellen, während die Sauce fertiggestellt wird.

Saure Most-Baumnuss-Sauce

150 ml Rindsbouillon (siehe Seite 189)
50 ml saurer Apfelmost
150 ml Vollrahm
1 Esslöffel (6 g) Baumnussschale, im Mörser grob zerstossen, leicht angeröstet (in der Drogerie als Tee erhältlich)
1 Kaffeelöffel (2 g) Baumnusskreuze, im Mörser grob zerstossen, leicht angeröstet (in der Drogerie als Tee erhältlich)
geschlagener Vollrahm
Salz und Pfeffer aus der Mühle

2–4 Baumnusskerne
wenig Butter

Die Rindsbouillon, den sauren Most und den Rahm mit der Baumnussschale und den Baumnusskreuzen etwa 10 Minuten auf kleiner Hitze köcheln lassen, anschliessend durch ein feines Sieb passieren.
Nachdem die Mangoldwickel in der Sauce gegart wurden, die Sauce einreduzieren, mit geschlagenem Rahm verfeinern und mit Salz und Pfeffer abschmecken.
Die Baumnusskerne grob zerstossen und in wenig Butter anrösten.

Anrichten

Die Mangoldwickel in die Mitte der vorgewärmten Teller geben, mit der Sauce übergiessen und mit den gerösteten Baumnüssen dekorieren.

Baumnussaussenschale und -kreuze

Die äusseren Baumnussschalen stammen von den grünen frischen Baumnüssen, die Baumnusskreuze sind die holzigen Innenteile zwischen den Nusshälften. Beides wird in Drogerien als Medizinaltee verkauft.

Bodenständiges Gezanke

Wenn der Bündner (Mangoldwickel) mit dem Franzosen (Daube de bœuf) streitet, dann geben sie sich Saures, bis die Schalen brechen. Dabei haben die beiden nicht gemerkt, dass sie die gleiche Bodenständigkeit besitzen und sich eigentlich sehr gut ergänzen. Wir konnten sie traurigerweise nur noch mit ein paar Kreuzen begraben.

> Der Franzose verspeist Käse mit Nüssen und Früchten.
> Der Bündner liebt sein Nussbrot mit Obst zu seinem Käse.
> Dieses Gericht prägt sich ins Gedächtnis wie der eigenwillige
> Charakter des Franzosen und des Bündners.

Lammkarree, in der Weidenrinde im Bachsand gegart, auf Lasagne aus Lammbolognaise, Sbrinzsauce, gebackenen Kastanienteigblättern und Kohlrabischeiben

Lammkarree, in der Weidenrinde im Bachsand gegart

4–6 kg Bachsand, trocken
400 g Lammkarree mit Rippenknochen, ohne Kamm, gebunden
Meersalz und weisser Pfeffer aus der Mühle
Olivenöl zum Anbraten
2 Weidenästchen vom Bachufer, 20 cm lang, gewaschen, abgezogene Rinde

Den Sand in einen Schmortopf geben, zudecken und im auf 100 Grad vorgeheizten Backofen auf 100 Grad erhitzen.
Eine Bratpfanne stark erhitzen, das Lammkarree mit Salz und Pfeffer würzen und in Olivenöl scharf und gleichmässig anbraten. Alufolie und Klarsichtfolie auslegen. Das angebratene Lammkarree auf die Klarsichtfolie legen und auf der knochenfreien Seite mit der Weidenrinde bedecken. Vollständig abgedichtet in die Klarsichtfolie und dann in Alufolie einschlagen (sie darf nirgends reissen). Das so entstandene Paket vorsichtig im erhitzten Sand vergraben. Pro 1 cm Fleischdurchmesser (vor dem Braten gemessen) im Sand im Backofen bei 100 Grad 7 Minuten ziehen lassen.

Lammbolognaise

Olivenöl zum Andünsten
50 g Karotte, sehr klein gewürfelt
50 g Zwiebel, fein gehackt
1 Knoblauchzehe, fein gehackt
1 kleines Stück (20 g) Stangensellerie, sehr klein gewürfelt
150 g Lammschulter, durch die Scheibe 5 des Fleischwolfs gedreht
1 Esslöffel (10 g) Rohschinken, in kleine Würfelchen geschnitten
1 Zweig glatte Petersilie, gehackt
20 g Butter
300 g Dosentomaten (Pelati), grob zerkleinert, passiert
70 ml Rindsbouillon
(siehe Grundrezepte Seite 189)
1 Esslöffel (15 g) Tomatenmark
1 Prise Zucker
Meersalz und weisser Pfeffer aus der Mühle

Das Öl in einem weiten Topf erhitzen, Karotte, Zwiebel, Knoblauch und Stangensellerie darin andünsten. Die Hitze erhöhen, das Lammfleisch hinzufügen und unter fleissigem Rühren gut durchbraten. Den Rohschinken und die gehackte Petersilie beigeben und 5 Minuten mitbraten. Die Butter hinzufügen, mit den Dosentomaten und der Bouillon auffüllen, mit Salz und Pfeffer würzen. Auf kleiner Hitze 1 Stunde weich schmoren. Mit dem Zucker und eventuell Salz und Pfeffer abschmecken.

Gebackene Kastanienteigblätter

120 g Weizenmehl, gesiebt
80 g Kastanienmehl, gesiebt
1 Ei (50 g)
2 Eigelb (40 g)
¼ Kaffeelöffel (2 g) Salz
Wasser nach Bedarf
Mehl zum Ausrollen

Die beiden Mehle mischen und zu einem Kranz formen. Das Ei und die Eigelbe mit dem Salz verquirlen und in die Mitte geben. Das Mehl nach und nach mit der Eimischung vermengen und alles zu einem Teig verarbeiten. Oder die Teigzutaten mit den Knethaken in der Küchenmaschine verarbeiten. Falls der Teig etwas brüchig erscheint, wenig Wasser beigeben. Den Teig so lange kneten, bis er glatt, glänzend und elastisch ist. In Klarsichtfolie gewickelt 1 Stunde ruhen lassen.

Den Kastanienteig mit einem Teigroller oder der Nudelmaschine mit wenig Mehl 1 mm dick ausrollen. Rondellen von 7–10 cm Durchmesser ausstechen, jeweils in der Mitte ein fingerdickes Loch ausstechen. Die Rondellen in viel Salzwasser 2 Minuten al dente kochen, vorsichtig mit einer Lochkelle herausheben und in Eiswasser abkühlen. Die Teigblätter mit Küchenpapier trockentupfen, auf ein mit Backpapier belegtes Blech geben und im auf 180 Grad vorgeheizten Backofen etwa 5–10 Minuten knusprig backen.

Kohlrabischeiben

1 grosser Kohlrabi
wenig Butter
Salz und weisser Pfeffer aus der Mühle

Den Kohlrabi mit der Aufschnittmaschine in 1 mm dicke Scheiben schneiden und etwas kleiner als die Kastanienteigblätter ausstechen, da die Teigblätter beim Backen eingehen.
Die Kohlrabischeiben in siedendem Salzwasser knapp weich kochen, in Butter kurz schwenken und mit Salz und Pfeffer abschmecken.

Sbrinzsauce

100 g Sbrinz, gerieben
100 ml lauwarmes Wasser

Den Sbrinz mit dem lauwarmen Wasser im 45 Grad heissen Wasserbad etwa 5 Minuten sehr fein mixen. Der Sbrinz löst sich dabei auf und es entsteht eine cremige Sauce. Warm stellen. Achtung: Wenn die Sauce über 45 Grad erwärmt wird, beginnt sie zu scheiden.

Anrichten

Einen blühenden Weidenzweig auf eine Länge von 15 cm zurückschneiden, im unteren Drittel die Rinde abschälen und den Zweig anspitzen. Die gebackenen Kastanienteigblätter, Kohlrabischeiben, Lammbolognaise und Sbrinzsauce abwechselnd zu einem schönen gleichmässigen Turm aufeinander schichten, das Lammkarree darauf setzen und den Weidenzweig vorsichtig durch alles hindurchstechen.

Lamm am Strand

Tatort: Restaurant-Küche
Zeit: Fasnachtsmittags-Service
«Stefan, hast du schon gehört?»
«Nein, was?»
«Monika hat gesagt, das Lamm sei ausgegangen.»
«Wohin denn?»

... ans Meer gefahren!
Es steckt seine Käsefüsse in den Sand, liegt unter Schatten spendenden Sträuchern,
schmeckt das Meersalz und geniesst die südländische Atmosphäre. Währenddessen versuchen wir hier,
auch bei uns mit Hilfe der Fasnacht den Winter zu vertreiben.

Randenküchlein und weisses Heu-Schokoladenmousse, umringt von Kumquatskompott und Cassis-Kürbiskernöl-Sauce

Randenküchlein

Haselnuss-Mürbeteig:
150 g Weizenmehl, gesiebt
100 g kalte Butter, in Würfel geschnitten
50 g Zucker
50 g Haselnüsse, gemahlen
½ Ei (25 g)

Füllung:
50 g Zucker
200 g Randen (Rote Beten), gekocht, geschält und ausgekühlt
10 g Butter
50 ml Milch
1½ Eier (75 g)
100 ml Vollrahm

Das Mehl, die Butter, den Zucker und die Haselnüsse mischen und mit den Händen verreiben. Zum Schluss das verquirlte Ei beigeben und alles schnell zu einem Teig kneten. Mit Klarsichtfolie zugedeckt 1 Stunde kühl stellen.
Alle Zutaten für die Füllung im Mixer oder Cutter sehr gut pürieren. Durch ein feines Sieb streichen.
Den Mürbeteig 5 mm dick ausrollen und mit einem Ring Rondellen von 11 cm Durchmesser ausstechen. Die Teigrondellen in ausgebutterte Formen von 10 cm Durchmesser legen, mit einer Gabel den Rand andrücken und den Boden einstechen.
Die Randenmasse bis wenig unter den Rand einfüllen. Die Küchlein im auf 180 Grad vorgeheizten Backofen 25–30 Minuten backen und anschliessend 2 Minuten ruhen lassen, sofort servieren.

Tipp: Die Randenküchlein schmecken auch ausgekühlt hervorragend.

Heu-Schokoladenmousse

1 Hand voll (5 g) frisches biologisches Emd
300 ml Vollrahm
150 g weisse Schokolade, gehackt
2 Eier (100 g)

Das Emd 30 Minuten im kalten Rahm einlegen, anschliessend durch ein feines Sieb passieren. Den Heu-Rahm steif schlagen.
Die Schokolade im Wasserbad bei 60 Grad schmelzen lassen; aufpassen, dass kein Wasser in die Schokolade kommt. Sobald sie geschmolzen ist, sofort aus dem Wasserbad nehmen.
Die Eier im Wasserbad bei 60 Grad schaumig schlagen, bis die Creme im Band vom Löffel fliesst, anschliessend in der Küchenmaschine kaltschlagen.
Die geschmolzene Schokolade zum kaltgeschlagenen Ei geben und vorsichtig vermischen. Den geschlagenen Rahm nach und nach unter die Ei-Schokoladen-Masse ziehen und sofort in passende Formen abfüllen. Mit Klarsichtfolie zudecken und 4–5 Stunden im Kühlschrank durchkühlen lassen.

Kumquatskompott

120 ml Wasser
70 g Zucker
150 g Kumquats, längs geviertelt und entkernt

Wasser und Zucker aufkochen. Die Kumquats beigeben und 6 Stunden im Kühlschrank ziehen lassen.

Cassis-Kürbiskernöl-Sauce

250 ml Cassislikör
10 ml Kürbiskernöl

Den Cassislikör auf 150 ml einreduzieren. Das Kürbiskernöl beigeben und gut vermischen. Bei Zimmertemperatur bereithalten.

Anrichten

Das Schokoladenmousse auf die Teller stellen. Die Randenküchlein sorgfältig aufschneiden, dazulegen. Die Kumquats gefällig dazu anrichten und mit der Cassissauce umgiessen.

Heu oder Emd?

Heu ist der 1. Grasschnitt, Emd der 2. Schnitt im August. Emd enthält mehr Kräuter und weniger Gräser als Heu und ist deshalb feiner und aromatischer im Geschmack.

Gutes Emd hat eine grünliche Farbe. Für die Verwendung in der Küche darf es nicht braun oxidiert sein, nicht von saurem Boden stammen und muss abseits von Strassen und Industrie gewonnen werden. Nur die beste Qualität ist gut genug – natürlich wenn möglich biologisch.

Geisteraufbäumen

Zum Schluss, wie es sich gehört, ein letztes Aufbäumen der schon fast erloschenen Fasnachtsgeister.
Noch schnell nachholen, was man verpasst hat. Äntlibuecherkafi, Chöbeli, Konfettischlacht, Schesiwage-Rennen,
Ländlerkapelle, Guggenmusik ... Fazit: traditionell, bekannt und doch immer ein Erlebnis.

Randen, Heu, Kürbis, weisse Schokolade, Cassis, Kumquats.
Fazit: brav, bekannt und zusammen doch raffiniert.

Ausklang: Schlafen auf dem Bauernhof

Um Mitternacht im Subaru

Zum Schluss nach dem fulminanten sechsgängigen Mahl – ermattet hängt man im Stuhl, aber doch eher von den guten Weinen als vom wohldosierten, ja leichten Essen – holt einen die Bäuerin oder der Bauer spätnachts ab, um die «Gaschtig» zu sich nach Hause ins Gästezimmer auf dem Hof zu fahren. Und ihnen am nächsten Morgen ein währschaftes «Zmorge» zu bereiten. Was während der nächtlichen kurvenreichen Fahrt in der Dunkelheit (und vielleicht im Alkohol) versinkt, erstrahlt am nächsten Morgen beim ersten Blick aus dem Fenster: eine andere Welt, irgendwo, weit abgelegen im Entlebuch. Die Schrattenfluh aus nächster Nähe und weidende Lamas wie bei Familie Häfliger in der Krümpelhütte, ein schön geschnitztes, stattliches Bauernhaus über weiter Hügellandschaft wie bei Familie Wüthrich auf der Meisenegg oder eine kleine Biokäserei im neuen Heimet bei der Familie Aeschlimann in der Chnubelsegg. Man atmet tief durch in der plötzlichen Ruhe und Abgeschiedenheit, gibt sich einige Stunden der schönen Illusion eines langsameren Lebens hin und hat nach der vorabendlichen Schlemmerei schon wieder Lust auf Speck und Eier, selbstgemachten Zopf und Konfitüre. Gespräche und Kontakte ergeben sich, und bald diskutiert man wie ein Hiesiger über Milchkontingente und Agrarpolitik. Bis man sich wiederfindet beim Bahnhof oder beim eigenen Auto auf dem Parkplatz neben dem «Rössli».
Oder – vielleicht doch noch schnell eine «Rössli»-Bratwurst mit Rösti zum Abschied?

Wiesners Welt II

Gasthof Rössli, Escholzmatt

«Die Einheimischen haben Vorrang»

Das «Rössli», mitten im Dorfkern von Escholzmatt, gleich neben der Kirche und hinter dem Dorfbrunnen, ist keine Schönheit. Schon eher ein hässliches Entlein, das Sorgen macht. Das einfache Haus stammt aus den vierziger Jahren, erstellt, nachdem der schöne alte, stattliche Gasthof niedergebrannt war. Der Stil ist nüchtern, schmuck- und fantasielos. Es ist ein Kind seiner Zeit, gebaut in einer ärmlichen Gegend in schwierigen Zeiten und dennoch grundsolide – die Mauern trotzen jedem einzelnen einzuschlagenden Nagel. Es ist jedenfalls keine heimelige, behäbige Wirtschaft wie jene gegenüber, auf die das Auge sofort fällt, wenn man zum ersten Mal das «Rössli» sucht.

Wiesners, die den Gasthof sehr jung von seinen Eltern übernommen haben, haben das Beste daraus gemacht, was mit bescheidenen Mitteln möglich war. Weit entfernt von einem Edelrestaurant, es soll auch keines sein. Aber «etwas mehr» würde dem Niveau der Küche zweifellos besser entsprechen. Manch einer ist schon auf dem Absatz umgekehrt, weil er sich beim Betreten der Dorfbeiz nicht vorstellen konnte, an diesem Ort, im hinteren «Stübli», eine Spitzenküche vorzufinden. Dennoch haben Wiesners es geschafft, dem Haus einen eigenen, originellen Stempel aufzudrücken, eine liebevolle persönliche Note zu geben. Die Hirschgeweihe, sakrosankte Erbstücke aus der Familiengeschichte, sind über die Jahre eins ums andere verschwunden; nur noch ein kleiner Teil der einstigen Sammlung ziert das «Jägerstübli», und der ausgestopfte Fuchs lugt nicht mehr in jeden Teller. Im Sommer ist vor dem Haus eine lauschige Gartenwirtschaft eingerichtet – und da die Lage an der Strasse nicht wirklich lauschig ist, muss man eben mit schönem Gartenmobiliar, Pflanzenkübeln und einem roten Ledersofa Stimmung schaffen.

Vorne die «Äntlibuecherstube» für die Dorfjugend und rauchresistente Gäste, daneben das «Chrüterganterli» für einfachere Mittag- und Abendessen, und hinten das «Jägerstübli» für die Gourmets und Geniesser – das unscheinbare Hinterzimmer für paradiesische Erlebnisse. Der Weg ins Gourmetrefugium führt durch die Dorfbeiz, am Stammtisch und an der Küche vorbei, im Treppenhaus scharf abgebogen – und dort, im engen Gang gleich davor drängt sich in die letzte freie Ecke noch die Theke mit Entlebucher Mitbringseln und Bauernhofspezialitäten. Der Platz ist überall knapp, die Küche zu klein («da lernt man, Ordnung zu halten»), Gästezimmer fehlen, aber man lebt und arbeitet mit den Bedingungen, die nun einmal da sind – und macht das Beste daraus.

Das Gourmetmenü ist bei Wiesners ein Überraschungsmenü, das auf keiner Karte steht. Sich diese Überraschung entgehen zu lassen, ist schon beinahe eine Sünde. Die Anzahl Gänge kann man wählen, seine kulinarischen Abneigungen kundtun, und dann lasse man auftragen. Der Chef erscheint höchstpersönlich zu jedem neuen Gang am Tisch, um die Geheimnisse zu lüften und zu erklären, was erklärungsbedürftig ist. Schon manch einer hat hier seine vorgefasste Meinung über bestimmte Gerichte oder Nahrungsmittel verloren; das «Rössli» ist beste Therapie gegen Wurstphobien, Kutteltraumata und kulinarische Antipathien. Und wer den Heimweg nach solchen Freuden nicht mehr antreten möchte, dem wird ein Zimmer auf dem Bauernhof besorgt.

Neben den Gourmetgästen, die zum Teil aus der ganzen Schweiz anreisen, besteht die «Gaschtig» aus Einheimischen – der Dorfjugend, Bauern, Arbeitern, Lastwagenfahrern – und Passanten. Wiesners wollen für alle gleichermassen da sein. Wenn Lotto- oder Vereinsabend ist, haben die Einheimischen Vorrang, dann ist für Gourmetgäste kein Platz im «Säli». «Die Einheimischen haben uns erhalten. Ich würde es nicht ertragen, wenn sie nicht mehr in ihre Dorfbeiz kämen.»

Gaschtig

«Sich in die Hände eines Kochs geben können»

«Meine Gäste sind oft Künstlertypen, Menschen, die tiefer denken, denen es tatsächlich ums Essen geht. Die für ein Gourmetmenü sparen und dafür den letzten Franken ausgeben. Gäste, die aus blossen Prestigegründen in ein Restaurant gehen, ein teures Menü mit Stopfleber und allem Drumherum erwarten, kommen nicht zu mir. Sie finden bei mir nicht ihre gewohnte Küche. Sie haben keine Anhaltspunkte mehr, wissen bei mir nicht, woran sie sind, und fühlen sich verloren. Sie wollen keine neue Welt, sind überfordert damit. Vielleicht gehen sie mal zu den grossen neuen Köchen wie Ferrá oder Bras, um auch da gewesen zu sein, aber eigentlich können sie sich nicht in die Hände eines Kochs geben.»

«Stefan Wiesner hat am Ende der Welt, wo die Bäche Gold führen, wo die Köhler umgehen und in den dunkelsten Winkeln der Wälder am Napf noch Erdleute hausen, eine kulinarische Oase geschaffen, ganz eigenständig, ohne nach links und rechts zu schauen und schon gar nicht nach oben zu den Sternen und Hauben, sondern er hat minutiös und gleichsam naiv beobachtet, was denn da alles gedeiht und duftet im Entlebuch. Nun macht er eine typische Entlebucher Küche, aber eine, die es so noch nie gegeben hat, und eine, die niemand mehr vergisst, wer einmal bei Wiesners zu Gast war. Denn mit seinem unerhörten sinnlichen Talent und seiner Ausdauer ist es ihm geglückt, das Leben eines ganzen Landstrichs kulinarisch einzufangen. Er schenkt uns das Entlebuch, so wie er selber ein Geschenk ist für das Entlebuch.»
Jost Auf der Maur, Journalist der «NZZ am Sonntag», Basel

«Welch eine Überraschung, als wir das erste Mal bei Stefan im ‹Rössli› zu Gast waren! Noch nie hatten wir so feine, zarte Süppchen, derart raffiniert zubereitete Würste oder gar Gold gegessen! Seit diesem ersten, unvergesslichen Erlebnis empfehlen wir auf unseren Konzerttourneen jedem aufgeschlossenen Geniesser diese Oase, wo wir die gastfreundlichsten Menschen dieser Welt trafen. Es ist zu unserer Tradition geworden, so oft wie möglich bei Stefan unsere Gagen zu verschlemmen. Wir sind stolz, Stefan und seine Crew zu kennen und sie zu unseren Freunden zählen zu dürfen.»
Gigi Moto and Band, Zürich

«Eigentlich bin ich ‹rüüdig› stolz auf Dich, lieber Stefan. Wurde doch vor zehn Jahren mein gastronomischer Horizont mit der Escholzmatter ‹Rössli›-Neuentdeckung gehörig erweitert. Vorsichtige und doch recht muntere, kulinarische Sprünge hast Du damals mit Deinem ‹Rössli› gewagt. Bis heute bist Du Deiner eigenen Kochphilosophie treu geblieben. Mit den Jahren ist aus dem ‹Rössli› ein eigenwilliges, rebellisches, gastronomisches Zugpferd geworden. Als fröhlicher, offener Gastgeber wirst Du weiterhin auf dem richtigen Pfad reiten. Mit Deiner Frau Monika und Deinem jungen Team. Und so Gäste glücklich machen. Im Escholzmatter ‹Rössli› oder mit den Rezepten aus Deinem gelungenen und spannenden Kochbuch. Hüpfe, trabe und galoppiere weiter so!»
Dein Freund Herbert Huber, Gastronom

«Stefan Wiesner hat sich mit seinen Kochkünsten weit über Escholzmatt hinaus einen Namen gemacht. Seine Gäste kommen von weit her, um seine Gourmetkünste zu geniessen, selbst Prominente finden den Weg hierher. Und trotzdem hat er uns einfache Leute vom Dorf nicht vergessen. Stefan und Monika geben sich Tag für Tag grosse Mühe, um uns in der gemütlichen Gaststube zu verwöhnen. Selbst da bietet Stefan uns eine Gourmetkarte, denn die Gerichte, die sich auf dieser Karte befinden, sind für uns jedesmal ein Genuss.»
Lienhard Christian und Alias Fido, Escholzmatt

«Tafelnd bei unseren Freunden im ‹Rössli› tauchen bange Fragen auf: Wie wäre es uns ohne die Wiesners zu Mute? Wer würde uns mit perfekt abgeschmeckten Kreationen immer wieder neu überraschen? Wo fänden wir ein solches Bündel von Bescheidenheit, Naturtalent, Kreativität und minutiöser Fachkompetenz? Wo wäre ein Meister der Küche zu finden, der liebevoll der Natur die Geheimnisse entlockt und sie so blendend auf den Tisch zaubert? Hoffentlich ersparen uns Stefan und Monika die Beantwortung solcher Fragen auf immer.»
Vreny und Kurt Gebistorf, Emmenbrücke

«Manche sagen, er koche im falschen Haus. Am falschen Ort. Für die falschen Leute. Doch nur hier kann er alles richtig machen.»
Joachim Seeberg

«Als wir vor einigen Jahren auf Stefan Wiesners ‹Rössli› aufmerksam wurden, fragten wir einen Bekannten aus Escholzmatt nach Koch und Restaurant. Klar, das sei seine Stammbeiz. Und wie die Küche sei? Keine Ahnung, er trinke immer nur sein Bier am Stammtisch.
Diese Anekdote ist typisch für Stefan. Still und bescheiden hat er hinten in der Küche, hinten im Entlebuch ohne viel Aufhebens seine Kochkunst entwickelt. Nicht einmal seine Stammgäste wussten um all die magischen Vorgänge, die sich in seinen Kochtöpfen abspielten und deren Ergebnis er beinahe verlegen den immer zahlreicheren Gästen präsentierte.
Wir waren begeistert vom ersten und vielen weiteren Besuchen und sind Wiesners Freunde geworden. Wir haben uns auf seine kulinarischen Abenteuerreisen eingelassen und werden immer wieder mit neuen Entdeckungen belohnt. Aus Stefan ist ein selbstbewusster Zauberer geworden, der in seiner Küche stundenlang experimentiert, bis das Ergebnis dem entspricht, was sich als Bild in seinem Kopf entwickelt hatte. Es gibt Menschen, die das absolute Musikgehör haben. Stefan verfügt über die möglicherweise noch seltenere Gabe des absoluten Geschmackssinnes. Er und seine Küche sind zu einer grossen Bereicherung unseres Lebens geworden, die wir nicht mehr missen möchten.»
Elisabeth Graber Werren und Kurt Werren, Bern

«Das Schöne beim Wirten ist, verschiedene Menschen und Charaktere kennen zu lernen. Ich habe viel Menschenkenntnis entwickelt. Es macht mir Freude, mit den Leuten zusammen zu sein und zu sehen, wie wir mit feinem Essen Freude bereiten können. Meine Aufgabe als Gastgeberin ist, dass die Gäste sich willkommen und wie zuhause fühlen.
Für das Küchenteam bin ich die gute Seele, die sie immer mal wieder rühmt und lobt. Ich bewundere, welche enorme Leistung sie jeden Tag erbringen.»

Monika Wiesner

«Verheiratet mit einem Künstler voller Spinnereien im Kopf»

«Dies soll kein Kochbuch im üblichen Sinn sein. Es soll kein Kochbuch nur zum Nachkochen, sondern auch eines zum Nachdenken und Lesen sein. Es soll ein Kochbuch mit einem und über einen Menschen sein, der vielleicht etwas anders ist als andere, der vielleicht eine andere Philosophie, eine andere Meinung hat, der mit anderen Augen durch die Welt geht. Das ist mein Mann.

Des Öftern werde ich gefragt: ‹Wie kommt Ihr Mann denn immer auf solche Ideen?›
Ich staune manchmal selber, was er alles hervorbringt. Denn ich sollte ihn eigentlich kennen.

Wenn er seine ‹kreative Phase› hat, kann dies sehr anstrengend für unser ganzes Team und für mich sein.
Das ist dann, wenn er sagt, ich habe eine Idee, sie ist vielleicht blöd, aber …
Das ist dann, wenn er nachts plötzlich aus dem Bett springt und eine Weile wegbleibt. Meistens höre ich ihn gar nicht mehr zurückkommen.
Das ist dann, wenn heute etwas gut ist und morgen schon nicht mehr. Wenn unsere Köche zum x-ten Mal etwas kochen müssen, obwohl man der Meinung war, das Gericht, Rezept oder Menü sei ausgereift. Ich (als gelernte Köchin) könnte nicht mit ihm in der Küche arbeiten, ich glaube, wir hätten immer Streit. Es würde mich zu viele Nerven kosten, ich hätte zu wenig Geduld. Er aber ist unermüdlich, und alles Gute braucht seine Zeit.
Das ist dann, wenn ich ihn nach einem neuen Gericht frage, er mir mit zwei, drei Worten antwortet und dann in Gedanken versinkt, so als würde er das Ganze wieder hinterfragen: Ist es auch wirklich gut? Sollte ich dieses oder jenes nicht noch ändern? Und ich weiss immer noch nicht, was er nun eigentlich kreiert hat. Zum Glück haben wir noch unsere Köche, die ich fragen kann.
Manchmal fragt er mich nach meiner Meinung. Aber die findet er nicht wirklich wichtig. Es muss für ihn selbst stimmen. Denn er glaubt nur, was er selber gesehen, erlebt oder ausprobiert hat. Das ist nicht böse gemeint, er ist eben so.

Die Natur ist wesentlich für seine Inspirationen, nie wird er den Respekt ihr gegenüber verlieren. Eine wichtige Rolle spielen aber auch die Einflüsse aus unserer Gegend, dem Entlebuch, von Reisen, Literatur, Kulturen, Kunst, Menschen, Gesprächen und alltäglichen Lebenssituationen. Beispiele? Er sucht krampfhaft nach einer Suppe für das neue Gourmetmenü. Am Tisch schnappt dies unsere Tochter auf und sagt: ‹Mach doch eine Salamisuppe!› Die Salamisuppe ist geboren. Beim Feierabendbier mit unseren Köchen entsteht aus einer Blödelei die geräucherte Schneesuppe. Nie zuvor hatte sich jemand über eine Schneesuppe ernsthaft Gedanken gemacht. Bei einem Ausritt durch den Wald entscheidet er sich, mit Farn zu kochen. Denn was den Rehen gut tut, kann uns Menschen nicht schaden.

Was sind seine Überlegungen? Wieso mit Holz kochen? Wieso nicht? Wo steht geschrieben oder wer hat gesagt, dass man nicht mit Holz kocht? Er ist überzeugt davon, dass man mit Holz kochen kann. Er kocht, was ihm gefällt. Grenzen kennt er nicht.

Harmonie hat im einzelnen Gericht und im ganzen Menü immer Priorität. Ebenso wie die Harmonie wichtig ist, sind es die Gegensätze. Ausserdem: Der Gast soll sich nach dem Essen nicht vollgestopft fühlen, auch nicht nach sieben Gängen. Nach einem Abendessen bei uns soll er noch gut schlafen können.

Ich denke, er ist ein Künstler, aber ein Künstler ist nur dann gut, wenn er ankommt. Das weiss er auch, sonst würde er kaum so oft an sich selber zweifeln und sein Tun hinterfragen. Selbstkritisch und ehrlich mit sich selbst zu sein ist ihm wichtig. Er kann auch gut einen Misserfolg ertragen und fängt dann einfach wieder von vorne an.

Es ist seine Überzeugung, dass Kochen nicht nur in der Küche stattfindet. Für ihn gehören die Liebe zu den Menschen, die Anerkennung, die Leidenschaft für den Beruf, die Gefühle aus dem Bauch heraus, das Leben, die Natur und die Familie dazu. Er beschränkt sich aber nicht nur aufs Kochen. Ebenso wichtig ist für ihn die Rolle des Wirts und Gastgebers. Er will, dass sich unsere Gäste wie zu Hause fühlen. Er versucht immer, das Beste zu geben. Ob sie etwas trinken oder essen.

Ihn interessiert einfach alles. Er spricht gerne über Gott und die Welt. Auch steckt seine ganze Liebe, seine Persönlichkeit und Kreativität in den Räumlichkeiten des ‹Rössli›. Alles ist aus seinem Kopf hervorgegangen. Neuerungen entstehen fast immer auf seine Initiative und als Fortsetzung seiner kreativen Phasen. Alles, jede Kleinigkeit, muss von ihm abgesegnet sein. Er muss alles wissen …
Sein Lieblingssatz ist: ‹Wir müssen wieder einmal etwas machen!› Meine Lieblingsantwort darauf ist: ‹Wir machen ja nie etwas!› Er neigt dann zu Höhenflügen, von denen ich ihn nicht selten herunterholen muss. Nur nicht stehen bleiben, denn wir könnten etwas verpassen. Er ist der Kreative, der Träumer und Tempomacher und ich die Realistin, die Geldverwalterin und (Not-)Bremserin. Wir ergänzen uns bestens!

Er ist halt ein verrückter Spinner, mein Mann.»

Das «Rössli»-Team

«Dann gibt es keine Grenzen mehr»

Das «Rössli» ist ein Gasthof im ehemaligen Armenhaus der Schweiz, einer noch heute wirtschaftlich schwachen Gegend, zudem weitab der grösseren Städte. Dem Preisniveau sind somit Grenzen gesetzt, es gibt hier klare Vorstellungen, was etwas kosten darf. Daher setzt sich die kleine Küchenmannschaft neben Stefan Wiesner aus nur einer gelernten Köchin, Sonja, und drei Kochlehrlingen zusammen, Beat, Lukas und Christian. Sie zusammen erbringen die ganze Leistung einer komplizierten, gesponnenen Gourmetküche neben der währschaften Alltagsküche.

«Ich bin der Dirigent in der Küche, ich koche mit Worten und Anweisungen, und mein Team stellt meine verlängerten Arme dar. Ich kann nicht gleichzeitig die Küche leiten und selber kochen, sonst verliere ich mich in einem Gericht und vergesse alles rundherum. Wie der Teamführer seine Fussballmannschaft coacht, sage ich meinen Köchen, was sie wann und wie tun sollen und helfe hier und da mit einem Handgriff. Ich bin sehr stolz auf mein Team, es sind tolle junge Leute mit grossem Potenzial; sie bringen alle vollen Einsatz und leisten sehr viel. Wir sind wie eine Familie, mit mir als Papa. Wie oft in kleinen Familienbetrieben geniessen die Lehrlinge keine Schonfrist, sie müssen von Anfang an Verantwortung übernehmen.

Meiner Ansicht nach kommt beim Kochen von einem gewissen Punkt an nur noch die Philosophie zum Tragen. Wie ein Karatekämpfer, der ab dem zehnten Dan blind kämpfen kann, weiss ein guter Koch genau, worum es geht. Dann ist alles möglich. Meine Köche denken wie ich, sie haben dasselbe Gefühl für das Kochen. Alles ist da, es gibt keine Grenzen mehr, sie verstehen alles. Kommt dieser Geschmack nach vorne oder jener, die Säure oder die Schärfe?

Wenn ein junger Koch Karriere machen will, muss er in die Welt hinaus zu den besten Köchen. Meiner Meinung nach sollen die frisch ausgebildeten Köche nach der Lehre erst mal weiterziehen. Daher wechselt mein Team jedes Jahr. Es ist nicht ganz einfach, mit so jungen Köchen immer die gleiche Leistung zu erbringen. Doch ich merke immer, welche Lehrlinge tatsächlich Freude an der Arbeit haben und verstehen lernen wollen. Ob einer aber einmal ein herausragender Koch wird, zeigt sich erst mit der Zeit. Ältere, erfahrene Berufsleute könnten nicht mit mir arbeiten. Sie haben schon zu viele eigene Ideen und feste Vorstellungen, wie man kocht. Deshalb arbeite ich lieber mit ganz jungen Leuten, die sich noch an mich anpassen können.»

Christian Häfliger, 1. Lehrjahr:

«Für mich war immer klar, dass ich Koch werden will. Ich habe schon im Kindergarten mit meinem Vater gekocht und immer gern gegessen. Ich bin sehr zufrieden mit der Lehre und auch mit dem Lehrbetrieb. Die spezielle Küche, das gute Team, der persönliche Familienbetrieb waren die Gründe, dass ich hier die Lehre machen wollte. Wir sind so ein kleines Team, dass es schwierig wäre, wenn jemand ausfallen würde. Aber es war bisher nie jemand krank, man beisst sich durch, wenn es einem nicht gut geht.

Der Posten bedeutet viel Verantwortung für einen Lehrling. Du kommst am ersten Tag, und es heisst, das ist jetzt dein Posten, und du bist verantwortlich dafür, dass alles läuft. Natürlich wird man unterstützt von den anderen, aber es geht alles so schnell, dass man erst mal nicht nachkommt. Hier im ‹Rössli› werde ich als Lehrling ernst genommen, wenn ich etwas sage oder vorschlage. Meine Vorschläge werden überlegt und diskutiert. Ich kann an meinem Posten selber entscheiden und selbständig arbeiten, wie ich es für richtig empfinde. Ich versuche immer, so zu kochen und anzurichten, dass ich selber Freude hätte, wenn ich diesen Teller als Gast erhalten würde.

Mein Lebensmotto ist, Freude am Leben zu haben. Das passt sehr gut zu meinem Beruf. Lukas und ich machen immer die Musik in der Küche, im Duett, ich singe und Lukas pfeift. Die anderen haben komischerweise nicht immer Freude daran…»

Lukas Zihlmann, 2. Lehrjahr:

«Die Kochlehre ist für mich sehr interessant und lehrreich, ich war anfangs nicht gefasst auf so viel Neuland. Ich habe schon als Kind gern gekocht und gebacken, für mich war eigentlich früh klar, dass ich Koch werden wollte. Hier im ‹Rössli› haben wir eine sehr interessante Küche, spannende, lustige Kombinationen und ein kleines Team, einen Familienbetrieb, man ist unter sich.

In der Küche hat jeder Lehrling seinen Posten und ist verantwortlich dafür, dass alle Waren für den Posten da sind. Im ersten Lehrjahr ist man der Gardemanger, kalte Vorspeisen und Desserts, im zweiten Entremetier, warme Vorspeisen, Suppen, Beilagen und Gemüse, im dritten Saucier, Fleisch, Fisch, Saucen. Mir gefällt die Patisserie, alles Süsse sehr gut. Wichtig ist, dass einen interessiert, was man macht, und dass man Spass daran hat. Der Umgang mit Lebensmitteln, das schöne, feine Essen, selber gut essen gehen, auch exotische Sachen, die man sonst nicht kennt, das macht Spass.

Es ist schön, mit dem Kochbuch ein Andenken an die Lehre zu haben, ich kann damit dann ein bisschen ‹plagieren›.

In der Küche bin ich der, der immer fröhlich pfeift, aber sonst bin ich eher ein ruhiger Mensch.»

«Und der Kompromiss ist dann das Perfekte»

Beat Müller (20), Kochlehrling im dritten Lehrjahr

«Ich wusste eigentlich schon sehr früh, schon mit zehn, elf, dass ich Koch lernen wollte. Wir haben immer gut gegessen zu Hause, mein Vater hat oft gekocht. Ins ‹Rössli› kam ich auf Empfehlung vom ‹Adler› in Nebikon. Es war ein Glücksfall, ich habe gleich gemerkt, dass hier wirklich mit Herz gekocht wird, dass eine Philosophie dahintersteht und ein super Team.

In der Berufsschule wurde unsere Küche anfangs belächelt, aber langsam wird sie ernst genommen, weil man sieht, wie hochstehend sie trotz der Verrücktheiten ist. Man beneidet mich vor allem um das tolle Team und das gute Verhältnis zum Chef. Dass meine Ideen ernst genommen werden und ich viel Mitspracherecht habe. Ich finde die Art unserer Küche sehr schön. Heutzutage nehmen die so genannten Konzeptbetriebe Überhand, in denen die Dinge nicht mehr hinterfragt werden, wo es einfach laufen muss und die Gäste irgendwie verpflegt werden. Unser Chef blickt weiter, er fragt sich, welche Wirkungen die Produkte haben, er denkt nach über Geschmäcker, die zusammenpassen könnten. Er sucht auch ganz andere Zusammenhänge: wo etwas lebt, was ein Tier frisst, und serviert es dann damit zusammen. Er überlegt sich wirklich etwas dabei. Seine Philosophie habe ich insofern übernommen, dass ich mir genau überlege, weshalb ich etwas so oder so koche oder kombiniere. Kochen mit Steinen oder Holz ist aber klar seine Domäne, das ist unantastbar.

Wir sind die Ausführenden und damit oft die kritische Instanz in der Küche. Der Chef kommt mit einer neuen Idee, und wir probieren sie aus. Das ist ganz gut so. Er kann sich manchmal verlieren in seinen Fantasien, und das Resultat ist am Schluss oft ein Kompromiss zwischen seinem und unserem Standpunkt. Der Kompromiss ist es dann, das Perfekte. Wir sind kritisch, haben unseren eigenen Blick und unsere eigene Meinung, und das ergänzt sich sehr gut. Dennoch ist es immer faszinierend zuzuhören, wenn der Chef ‹abhebt› und fast davonfliegt. Dann müssen wir ihn wieder auf den Boden zurückholen und sagen, so kann es nicht funktionieren, wir können aber einen anderen Weg gehen. Er ist wirklich der Künstler, und wir sind die ausführenden Realisten. Ein Spinner ist er überhaupt nicht, im Gegenteil. Was er macht, sind keine kopflosen Spinnereien, sondern hat immer Hand und Fuss.

Ich bin noch jung, ich möchte mir nun zuerst verschiedene Kochphilosophien anschauen und davon übernehmen, was mir gefällt.

Gegen Abend, wenn wir ‹richtig› kochen, schalten wir das Gehirn ein, dann werden wir wach. Bei uns ist es ein Balanceakt zwischen der einfacheren Mittagsküche und der hochstehenden Abendküche. Man muss unterscheiden, wo man wie viel Zeit und Mühe einsetzen kann und wo es sich nicht rechnet. Trotzdem darf man nicht denken, die einfache Küche laufe nur nebenbei, da müsse man sich nicht so viel Mühe geben. Auch da muss gut gekocht werden. Es wäre leichter, sich auf eines zu beschränken. Aber mit einer Routineküche, in der sich die Rezepte durch das ganze Jahr wiederholen, hätte ich auch wiederum Mühe.

Mein Beruf ist – leider – mein grösstes Hobby. Ich komme von der Arbeit nach Hause und habe plötzlich Lust, für meine Familie zu kochen. Das ist ja eigentlich ziemlich verrückt. Aber es ist einfach das Grösste zu sehen, wie andere sich freuen, wenn man etwas Gutes gekocht hat. Ich finde das etwas vom Schönsten, wenn man jemandem eine Freude machen kann. Wenn man gearbeitet hat und das Resultat unmittelbar sieht. Kochen ist wirklich meine Welt.

Als der Chef uns fragte, ob wir das Kochbuch zusammen angehen wollen, haben wir natürlich sofort ja gesagt. Super, machen wir. Ob wir uns wirklich bewusst seien, wie viel Arbeit das mit sich bringe. Aber wir haben seine Skepsis anfangs gar nicht verstanden. Als es losging, hat es erst viel Freude gemacht. Dann kam eine Zeit, in der ich realisierte, wie viel Arbeit und Energie es braucht, Knochenarbeit, Stunden um Stunden in der Freizeit … Dann im Winter habe ich festgestellt, wie der ganze Betrieb mit dem Kochbuch mitwächst, wie es dem Ganzen nochmals einen Schub gibt. Es hat viel gefordert, genaueres Arbeiten, viel mehr Präzision beim Rezeptieren, noch mehr Mitdenken. Wir haben sehr viel gelernt, es war eine neue Welt. Wir haben die Gerichte weiter perfektioniert. Ohne das Kochbuch wären wir nie so weit gekommen. Wir sind wirklich daran gewachsen, und das hat Freude gemacht. Wir sehen, wie weit wir gekommen sind und was wir zusammen geschafft haben.»

Das «Rössli»-Team

«Das Gespür dafür, wann etwas völlig stimmt»
Sonja Brun (23), Köchin, Entlebuch

«Ich wollte erst Kleintierarzthelferin werden, habe dann aber in meinem Zwischenjahr als Kindermädchen entdeckt, wie gerne ich koche. Nach zwei Kochlehrjahren in einem Hotel ergriff ich bei einem Pächterwechsel die Gelegenheit, das dritte Lehrjahr hier im ‹Rössli› zu absolvieren. Ich kannte das ‹Rössli› als Gast schon gut, und die Küche hat mir immer imponiert. Die speziellen Sachen, das Kochen mit Heu etwa, waren für mich ganz neu.

Kochen hatte für mich bis dahin bedeutet, etwas nach Rezept, nach Lehrbuch zuzubereiten, und als ich hierher kam, war ich der Meinung, ich könne nach zwei Lehrjahren schon ziemlich viel. Aber ich habe schnell gemerkt, dass das eigentlich noch gar nicht viel war. Ich habe erst hier richtig kochen gelernt, mit Herz, mit Leib und Seele. Das Gefühl für das Essen, das Abschmecken, runde Geschmäcker zu entwickeln, die Geschmacksnerven zu trainieren. Wir haben auch an der vorherigen Stelle schön gekocht, klassisch, aber nie mit so viel Herz und Liebe dahinter, und wir haben nichts Neues erfunden. Kochen nach Lehrbuch mit einem guten Rezept kann jeder. Es reicht nicht, ein paar Sachen zusammenzuschmeissen, Salz und Pfeffer darüber und fertig. Man muss immer wieder probieren, fünf-, sechsmal, das Gespür dafür bekommen, ob etwas fehlt und was genau fehlt. Ist es Säure oder Schärfe oder etwas Salz? Das habe ich erst hier gelernt. Das Gespür dafür, wann etwas völlig stimmt.

Wir haben ein gutes Klima in der Küche. Wir haben es trotz der strengen Arbeit lustig und albern herum, das hilft, Stress abzubauen. Manchmal fliegen beim Saubermachen die Putzlappen durch die Küche, aber handkehrum können wir wieder sehr ernst sein und uns voll aufs Kochen konzentrieren. Unser Team ist wie eine grosse Familie. Wir können mitbestimmen, welcher neue Lehrling zu uns kommt. Wir merken schnell, ob einer unseren Humor versteht und ins Team passt. Und wie offen er für diese Art Küche ist. Ich war nach der Lehre nur ein Jahr weg an einer Saisonstelle und bin dann als Sous-Chefin hierher zurückgekehrt. Das war eine riesige Herausforderung. Ich habe anfangs immer gesagt, das kann ich nicht. Und Stefan hat immer gemeint, das kannst du, und was du nicht kannst, lernst du von mir. Er hatte Recht, ich habs gepackt, und den Rest habe ich gelernt.

Stefan kann Geschmäcker manchmal sozusagen erfühlen. Er denkt sich etwas aus, sagt, das passt zusammen, dies gibt die Säure hinein, jenes die Schärfe und so weiter, ohne dass er es je vorher gegessen oder probiert hätte. Er weiss einfach, wie etwas schmeckt, was harmoniert und weshalb es von der Überlegung her zusammengehört. Vieles kreiert er aus dem Kopf oder Bauch, aus einer Idee heraus. Ich habe schon oft gedacht, das haut nicht hin, das geht nun wirklich nicht. Aber schliesslich bringt er es immer fertig, und es harmoniert tatsächlich.

Den Gedanken der Biosphäre finde ich sehr gut. Dass wir Produkte aus der Region verwenden und die Leute berücksichtigen, die hier produzieren, statt exotische Fische oder Früchte von weit her zu transportieren. Wir erhalten dann eben erst Ende Juni Erdbeeren, dafür sind sie aus der Region, richtig reif, frisch und gesund. Saisongerechtes Kochen ist damit schon vorgegeben. Da wir alles Fleisch aus dem Entlebuch beziehen, kennen wir die Bauern und wissen, woran wir sind. In der Regiometzgerei Huwiler ist jedes Fleisch gekennzeichnet, von welchem Bauern es stammt. Je nach Aufzucht bestehen deutliche Geschmacksunterschiede, und ich kann gezielt Fleisch von bestimmten Bauern bestellen. Vor allem bei Schweinchen schmeckt man, wenn sie nur Kraftfutter gefressen haben, damit sie möglichst schnell fett werden.

Stefan ist sehr geduldig. Er ist manchmal ein Spinner und ein Chaot, aber gleichzeitig ein Perfektionist, so sehr, dass er nerven kann. Und ein sehr, sehr lieber Mensch, der keiner Fliege etwas zuleide tun und das letzte Hemd weggeben würde. Wir können sogar

mit privaten Problemen zu ihm gehen, oder er hilft uns, wenn wir eine neue Stelle suchen.
Seine Frau Monika gehört auch zu jenen, die den Chef wieder auf den Boden holen und aufpassen, dass er eben nicht sein letztes Hemd hergibt. Sie erledigt die Finanzen, macht das Büro, organisiert den Service, muss die Küche im Auge behalten und sorgt ausserdem noch für die Kinder. Es ist eine schwierige Aufgabe, sie hat den Kopf überall gleichzeitig. Und ist dabei immer fröhlich.

Stefan geht insofern neue Wege, als dass er nicht herkömmlich kocht, nicht sagt, das gibt es schon, das machen wir auch. Natürlich kann man das Rad nicht neu erfinden, wir gehen auch von Bekanntem aus. Aber er geht dann weiter. Beispielsweise mit Zutaten, die man nicht kennt. Er hat ein riesiges Wissen, womit man kochen kann und was gut ist. Ich gehe auch seinen Weg. Ich denke inzwischen wie er, wenn ich koche. Frage mich, was passt zueinander und wieso, denke über die Hintergründe nach, kaufe nur Produkte aus der Region. Es muss ehrlich gekocht sein, ohne mit Päckchen und Pülverchen zu mogeln. Die Arbeit darf für mich nicht nur zum Geldverdienen da sein, sondern muss einen Bezug zu meinem Leben haben, muss ein grosser Teil des Lebens sein.

Die Arbeit am Kochbuch war anstrengend und hat an der Substanz gezehrt, war aber sehr spannend. Wir haben uns dadurch noch intensiver mit der Sache beschäftigt, haben noch perfekter gekocht. Es hat wirklich eine Entwicklung gegeben bezüglich Qualität, Frische, Perfektion. Ich finde es auch wichtig, dass das Kochbuch nicht nur Rezepte zeigt, sondern auch die Philosophie dahinter und die schöne Welt, in der wir leben. Es beweist, dass man auch aus einfachen Dingen etwas machen kann, dass man sich, auch wenn man so abgelegen ist, verwirklichen kann und nicht eine einfache Dorfbeiz bleiben muss.

Wir pflegen im ‹Rössli› gleichzeitig zwei verschiedene Arten von Küche: Das Mittagsmenü muss ehrlich gekocht, gut, reichlich und nicht zu ausgefallen sein. Am Abend herrscht eine andere Welt, das feine, schöne, verrückte Kochen. Der Mittag ist Alltag, das läuft nebenher. Ich mag diese Mischung, die Abwechslung. Nur Mittagmenüs und A-la-Carte-Gerichte wäre mir zu langweilig, und nur Gourmetküche zu aufreibend. Sobald wir uns eine Routine erarbeitet haben, wechselt das Gourmetmenü schon wieder, und es geht von vorne los.
Der Stress im Beruf war anfangs schwierig für mich. Ich musste lernen, mich in den Pausen zu entspannen und abzuschalten. Lesen, schwimmen, skaten. Abends mit einem Buch in eine andere Welt abtauchen. Ich bin in der Freizeit viel mit Kollegen unterwegs, wir gehen oft essen. Ich geniesse es, in der Freizeit essen zu gehen und mich bedienen zu lassen. Dann ist Essen, was es eigentlich sein sollte, ein Geniessen mit Musse.

Der Beruf, das Kochen, darin aufzugehen ist mir wichtig, so kann ich gut auf anderes verzichten. Eigentlich will ich nichts anderes.»

Eingesäuertes Gemüse

Ergibt 1 kg

1 kg Karotten, geschält und längs geraffelt, oder anderes Gemüse
50 g Zwiebel, in grobe Stücke geschnitten
1 Knoblauchzehe, halbiert
2 Gewürznelken
1 grosses Lorbeerblatt
1 kleiner Zweig Dill
1 kleiner Zweig Estragon
Kabisblätter zum Abdecken
60 ml Molke oder Buttermilch (regt den Gärprozess an und beschleunigt ihn)
1 l Wasser, mit 25 g Salz aufgekocht und ausgekühlt (braucht evtl. nicht alles)

Das Gemüse und die Würzzutaten abwechslungsweise in einen Gär- oder Steinguttopf schichten und ein wenig stampfen, aber nicht zerquetschen, anschliessend mit den Kabisblättern zudecken. Die Beschwerungssteine oder ein Brettchen mit Gewichten auf das Gemüse legen (es entsteht dadurch ein gleichmässiger Druck, der für die Gärung erforderlich ist).
Nun giesst man die Molke dazu und füllt mit dem Salzwasser auf, bis die Flüssigkeit 2–5 cm über den Beschwerungssteinen oder dem Brettchen steht. Den Deckel auflegen und die Wasserrinne mit Wasser auffüllen, so dass der Topf luftdicht verschlossen ist. Falls ein Steinguttopf verwendet wird, mit einem in ein Tuch gewickelten flachen Deckel zudecken (er schliesst so besser). Zur Anregung und Förderung des Gärprozesses 10–14 Tage bei Zimmertemperatur (18–20 Grad) stehen lassen. Danach lässt sich das eingesäuerte Gemüse im Gärtopf bei 4–8 Grad 4–8 Wochen aufbewahren (je nach Gemüseart). Dabei die Wasserverdunstung in der Wasserrinne des Gärtopfes beobachten und bei Bedarf mit Wasser auffüllen. Wenn Luft eindringt, kann sich auf den Beschwerungssteinen, dem Brettchen oder auf dem Gemüse eine schleimige Schicht bilden. Diese mit lauwarmem Wasser abwaschen, befallenes Gemüse wegwerfen.

Champagneressig, selbstgemacht

400 ml Champagner
1 Spritzer Weissweinessig

Statt Champagner kann man auch andere Weine (Rot- oder Weisswein) verwenden.
Um Essig selbst herzustellen, bedarf es einer Essigmutter. Dies ist eine Ansammlung von Bakterien, die eine feste schwabbelige «Masse» bildet, ähnlich anzufühlen wie eingeweichte Gelatine. Um selbst eine Essigmutter zu züchten, gibt man in ein Steingut- oder Glasgefäss rund 400 ml Wein oder Champagner und «impft» ihn mit etwas Essig (Metall oder Plastik wird von der Essigsäure angegriffen). Mit einem Küchentuch zugedeckt in den Keller stellen. Nach einigen Wochen hat sich an der Oberfläche eine Essigmutter gebildet und der Wein oder Champagner ist in Essig umgewandelt. Um die Essigmutter bei Laune zu halten, sollte sie kühl (z. B. im Keller) aufbewahrt werden, da sonst die Gefahr von Fäulnis besteht. Ausserdem sollte man ihr regelmässig «Nahrung», also Champagner oder Wein hinzufügen. Es sollte aber immer noch nach Essig riechen. Damit sie Luft hat, immer mit einem Tuch abdecken, niemals mit Folie.
Generell gilt: Je besser der Champagner oder Wein, desto besser der Essig. (Man kann jedoch auch einen Wein mit Zapfen- oder Korkgeschmack dafür verwenden; der schlechte Geschmack verfliegt bei der Essigherstellung.)

Getrocknete Pilze

Zum Trocknen eignen sich festfleischige und gesunde Pilze. Totentrompeten ganz belassen, grössere Sorten in Scheiben von 2–3 mm schneiden. Die Pilze locker auf einem Rost ausbreiten und im Backofen bei 50 Grad bei leicht geöffneter Backofentüre unter gelegentlichem Wenden trocknen, bis sie trocken sind, sich aber noch elastisch anfühlen. Abkühlen und in luftdichte Gefässe abfüllen. Die getrockneten Pilze vor Gebrauch 4 Stunden lang in der vierfachen Wassermenge einweichen.

Pilzpulver

Getrocknete Pilze (Rehpilze, Steinpilze, Totentrompeten o. a.) grob hacken und im Cutter oder Mixer sehr fein mahlen, durch ein feines Sieb sieben und luftdicht verpacken.

Tannensprösslingshonig
(Originalrezept von Pia Wicki, Wiggen)

je ein halber Topf Rottannen- und Weisstannensprösslinge
1 kg Zucker pro 1 Liter Tannenfond

Einen Topf je zur Hälfte mit Rottannen- und Weisstannensprösslingen füllen. Mit Wasser auffüllen, zum Kochen bringen und 10 Minuten leicht köcheln lassen. Über Nacht bei Zimmertemperatur stehen lassen. Am anderen Tag absieben und pro 1 Liter Tannenfond 1 kg Zucker beigeben. In einem sehr grossen Topf zum Kochen bringen. Es ist wichtig, dass der Topf gross ist, da der Sirup beim Kochen stark schäumt. 3 bis 5 Stunden bis zur Geleedicke leicht köcheln lassen. Zum Testen, ob der Honig die richtige Konsistenz erreicht hat, etwas davon auf einen Teller geben und im Kühlschrank auskühlen lassen. Den Honig heiss in Gläser abfüllen.

Tannensprösslingshonig passt hervorragend zu Käse, kalten und warmen Saucen, Wild, Fisch und als Brotaufstrich.

Grundrezepte

Fleisch

Siedfleisch

250 g Rindshohrücken, gebunden
3 Liter Rindsbouillon
(siehe Grundrezepte Seite 189)
70 g Karotte
50 g Lauch
50 g Sellerie

Das Fleisch kurz in kochendem, leicht gesalzenem Wasser blanchieren, anschliessend heiss und dann kalt abspülen. Das Wasser wegschütten. Das Fleisch mit dem zu einem Bündel gebundenen Gemüse in die leicht siedende Bouillon geben und je nach Qualität 1–3 Stunden weich kochen. Von Zeit zu Zeit abschäumen und abfetten. Das Fleisch in der Bouillon auskühlen lassen (die gehaltvolle Bouillon beliebig weiterverwenden). Das Siedfleisch von der Schnur befreien und mit der Aufschnittmaschine gegen die Fasern in 1 mm dünne Scheiben schneiden.

Gebeizter Wildpfeffer

Dafür eignet sich Steinbock, Reh, Gemse, Hirsch, Wildsau, Rind, Schwein, Kaninchen

1 kg Fleisch von der Schulter, bei grossen Tieren wenn möglich vom Vorderviertel, bei kleinen Tieren wie Kaninchen ein ganzes Tier
500 ml Barbera oder anderer Rotwein
50 ml Apfelessig nach Belieben
40 g Zwiebel, in Würfel geschnitten
40 g Karotte, in Würfel geschnitten
1 Knoblauchzehe
1 kleiner Zweig Thymian
1 kleiner Zweig Bohnenkraut
1 Lorbeerblatt, 1 Nelke, 2 getrocknete Wacholderbeeren, 3 schwarze Pfefferkörner, in einem Stück Stoff zu einem Säcklein gebunden

1. Methode: Alle Zutaten gut mischen und im Kühlschrank bei 5 Grad 10 Tage oder bei Kellertemperatur (ca. 15 Grad) 3 Tage beizen. Täglich umrühren.

2. Methode: Die Beize ohne Fleisch aufkochen, auf rund 50 Grad abkühlen lassen und dann zum Fleisch giessen. Bei Zimmertemperatur (20 Grad) etwa 24 Stunden beizen. Mehrmals umrühren.

Wachtelschenkelconfit mit Birkenholz

2 ganze Wachteln von ca. 300 g
1½ Esslöffel (37 g) Meersalz
25 g Zwiebel, in grobe Würfel geschnitten
½ (2 g) Knoblauchzehe, leicht zerdrückt
2 g Birkenrinde (ein Stück von 6 x 6 cm)
100 g Enten-, Gans- oder Schweinefett

Alle Federstoppeln von der Haut der Wachteln entfernen (über einer Gasflamme absengen). Die Schenkel abtrennen. Haut und Fett von der Unterseite der Schenkel, wo der Knochen entfernt wurde, abschneiden. Anschliessend die Brüstchen auslösen und beiseite legen. Die Schenkel in einem flachen Bratgeschirr mit Salz bedecken und 2 Stunden in den Kühlschrank stellen (sie werden dadurch zarter).

Den Backofen auf 150 Grad vorheizen. Die Wachtelschenkel abspülen und mit der Zwiebel, dem Knoblauch und der Birkenrinde in eine Pfanne geben. Mit dem erwärmten Fett vollständig bedecken und 1–2 Stunden im Backofen garen, bis das Fleisch sich fast von den Knochen löst. Wenn Sie mit einer Gabel in das Fleisch stechen, sollte kein Blut mehr austreten, die Flüssigkeit muss ganz klar sein. Herausnehmen und das Fleisch vollständig von den Knochen lösen. Das Schenkelfleisch und die Haut in einen Steinguttopf oder ein anderes passendes Behältnis füllen, mit dem flüssigen Fett begiessen (es darf keinen Fleischsaft enthalten), so dass das Fleisch vollständig mit Fett bedeckt ist (falls nötig, noch zusätzlich flüssiges Fett nachgiessen). Abkühlen und ruhen lassen. Anschliessend kalt aufbewahren. Das Confit ist mehrere Wochen haltbar.

Tipp: Confit lässt sich ebenfalls aus Tauben-, Enten-, Gänse- oder Schweinefleisch herstellen.

Fonds

Geflügelfond

Ergibt 1 Liter
1 kg Geflügelknochen (Hals, Flügel, Abschnitte) oder 1 Suppenhuhn
200 ml Grauburgunder oder anderer trockener Weisswein
150 g Zwiebeln, grob geschnitten
50 g Karotte, grob geschnitten
50 g Knollensellerie, grob gewürfelt
50 g Lauch, grob geschnitten
1 Tomate, geviertelt
1 Lorbeerblatt
1 Gewürznelke
6 weisse Pfefferkörner
1 Knoblauchzehe, ungeschält
1 Zweig Thymian
1 Zweig Rosmarin
1 Zweig Flachpetersilie

Die grob zerhackten Knochen oder das ganze Suppenhuhn mit dem Weisswein und kaltem Wasser bedecken und zum Kochen bringen. Bei schwacher Hitze etwa 1 Stunde sieden lassen, mit einer Schöpfkelle immer wieder abschäumen und abfetten. Die Gemüse beigeben. Lorbeerblatt, Gewürznelke, Pfefferkörner und Knoblauch in einem Stück Stoff zu einem Säcklein binden und zusammen mit den Kräutern ebenfalls beifügen. Nochmals 1 Stunde sieden lassen. Durch ein Tuch oder ein feines Sieb passieren und auf einen Liter einreduzieren.

Tipp: Den Fond erkalten lassen und dann die erstarrte Fettschicht entfernen.

Geflügeljus

Ergibt 1 Liter
1 kg Geflügelknochen (Suppenhuhn oder Poulet)
2 Esslöffel (20 ml) Erdnussöl
100 g Zwiebeln, grob gewürfelt
50 g Karotte, grob gewürfelt
50 g Knollensellerie, grob gewürfelt
1 Esslöffel (15 g) Tomatenmark
300 ml Rotwein
1 Lorbeerblatt
1 Gewürznelke
6 schwarze Pfefferkörner
1 Knoblauchzehe, ungeschält
1 Zweig Rosmarin
1 Zweig Thymian

Die Knochen fein zerhacken und in einer Kasserolle im erhitzten Öl anbraten. Das Gemüse dazugeben und anbraten. Überschüssiges Fett abgiessen und das Tomatenmark hinzufügen, nochmals kurz anrösten. Mit einem Drittel des Rotweins ablöschen und gänzlich einkochen lassen. Mit dem restlichen Rotwein nochmals ablöschen und mit Wasser aufgiessen, bis alles bedeckt ist. 2 Stunden leicht sieden lassen und dabei fleissig abschäumen und abfetten. Lorbeerblatt, Gewürznelke, Pfefferkörner und Knoblauch in einem Stück Stoff zu einem Säcklein binden und zusammen mit den Kräutern beifügen, 1 Stunde leicht weiter sieden lassen. Durch ein feines Tuch oder Haarsieb passieren und auf 1 Liter einreduzieren. Falls nötig abfetten.

Tipp: Den Fond erkalten lassen und dann die erstarrte Fettschicht entfernen.

Kalbsfond

Ergibt 1 Liter
1 kg Kalbsknochen, zerkleinert
1 Kalbsfuss
100 ml trockener Weisswein
150 g Zwiebeln, grob gewürfelt
50 g Karotte, grob gewürfelt
50 g Knollensellerie, grob gewürfelt
50 g Lauch, grob gewürfelt
1 Tomate, geviertelt
1 Lorbeerblatt
1 Gewürznelke
6 weisse Pfefferkörner
1 Knoblauch, ungeschält
1 Zweig Thymian
1 Zweig Rosmarin
1 Zweig glatte Petersilie

Die Knochen grob zerhacken. In viel kaltem Wasser aufsetzen, aufkochen und abschütten, zuerst heiss, dann kalt abspülen. Die blanchierten Knochen und den Kalbsfuss mit dem Wein und so viel kaltem Wasser aufsetzen, dass sie bedeckt sind; aufkochen und dann die Hitze so weit zurückschalten, dass es nur noch ganz leicht Blasen wirft. Rund 2 Stunden sieden lassen, immer wieder abfetten und abschäumen. Die Gemüse beigeben. Lorbeerblatt, Gewürznelke, Pfefferkörner und Knoblauch in einem Stück Stoff zu einem Säcklein binden und zusammen mit den Kräutern ebenfalls beifügen. 50 Minuten weiter sieden lassen. Durch ein Tuch oder ein feines Sieb passieren und auf einen Liter einreduzieren.

Kalbs- oder Lammjus

Ergibt 1 Liter
1 kg Kalbs- oder Lammknochen, in walnussgrosse Stücke zerkleinert
2 Esslöffel (20 ml) Erdnussöl
100 g Zwiebeln, grob gewürfelt
50 g Karotte, grob gewürfelt
50 g Knollensellerie, grob gewürfelt
50 g Lauch, grob gewürfelt
1 Esslöffel (15 g) Tomatenpüree
300 ml Blauburgunder oder ein anderer Rotwein
1 Lorbeerblatt
1 Gewürznelke
6 schwarze Pfefferkörner
1 Knoblauchzehe, ungeschält
1 Zweig Thymian
1 Zweig Rosmarin
1 Zweig glatte Petersilie

Eine Kasserolle erhitzen, das Öl beigeben. Die klein gehackten Knochen bei mittlerer Hitze rundherum schön braun anrösten. Die Zwiebeln, die Karotte und den Sellerie beigeben und anbraten, überschüssiges Öl abgiessen. Den Lauch und das Tomatenpüree hinzufügen und nochmals kurz mitrösten (nicht zu lange, da sonst der Jus bitter wird). Mit etwa einem Drittel des Rotweins ablöschen und diesen ganz einreduzieren. Mit dem restlichen Rotwein nochmals ablöschen und mit kaltem Wasser auffüllen, bis die Knochen gut bedeckt sind. 2 Stunden leicht sieden lassen. Fleissig mit einer kleinen Kelle abschäumen und abfetten.
Lorbeerblatt, Gewürznelke, Pfefferkörner und Knoblauch in einem Stück Stoff zu einem Säcklein binden und zusammen mit den Kräutern ebenfalls beifügen. 1 Stunde weiter leicht sieden lassen. Den Jus vorsichtig durch ein Tuch oder ein feines Sieb passieren und auf einen Liter einreduzieren, eventuell nochmals abfetten.

Glace de Viande

1 Liter Kalbsjus

Den Kalbsjus langsam einreduzieren, bis er dickflüssig wird.

Grundsatz: *Alle Jus sind dunkel aufgrund der gerösteten Knochen; alle Fonds sind hell, da die Zutaten nicht geröstet werden.*

Grundrezepte

Fischfond

Ergibt 1 Liter
500 g Fischgräten von Forelle oder Seezunge (von blutigen Stellen befreit, keine Köpfe und Innereien)
100 g Schalotten oder Zwiebeln, klein gewürfelt
50 g Lauch vom weissen Teil, klein gewürfelt
50 g Stangensellerie, klein gewürfelt
Butter zum Andünsten
50 g Champignons
500 ml trockener Weisswein (je besser der Wein, desto besser der Fond)
1 l Wasser
1 kleines Lorbeerblatt
1 Gewürznelke
6 weisse Pfefferkörner
1 Zweig Estragon
1 Zweig glatte Petersilie

Die Gräten grob zerkleinern, in eine Schüssel geben und unter fliessendem Wasser auswaschen, trocknen.
Die Gemüse in Butter andünsten, die Champignons beigeben und mitdünsten. Mit dem Weisswein ablöschen und mit dem Wasser auffüllen. Lorbeerblatt, Gewürznelke und Pfefferkörner in einem Stück Stoff zu einem Säcklein binden und zusammen mit den Kräutern und den Fischgräten ebenfalls beifügen. 20 Minuten sehr schwach köcheln lassen, fleissig abschäumen und abfetten. Den Fond vorsichtig durch ein Tuch abgiessen und auf 1 Liter einreduzieren.

Wildjus

Ergibt 1 Liter
1 kg Wildknochen und Parüren
2 Esslöffel (20 ml) Erdnussöl
100 g Zwiebeln, grob gewürfelt
100 g Karotte, grob gewürfelt
50 g Knollensellerie, grob gewürfelt
1 Esslöffel (15 g) Tomatenmark
500 ml Barbera oder anderer Rotwein
1 Lorbeerblatt
2 Gewürznelken
6 schwarze Pfefferkörner
3 Wacholderbeeren
1 Knoblauchzehe mit Schale
je 1 Zweig Rosmarin, glatte Petersilie, Thymian und Rottanne

Die Knochen in einem Topf im erhitzten Öl rundherum gut anbraten. Die Gemüse dazugeben und mitbraten. Überschüssiges Fett abgiessen, das Tomatenmark hinzufügen und kurz mitrösten. Mit der Hälfte des Rotweins ablöschen und gänzlich einkochen lassen. Den restlichen Rotwein beigeben und mit Wasser aufgiessen, bis alles bedeckt ist. 2 Stunden leicht sieden lassen, dabei immer wieder abschäumen und abfetten. Lorbeerblatt, Gewürznelke, Pfefferkörner, Knoblauch und Wacholderbeeren in einem Stück Stoff zu einem Säcklein binden und zusammen mit den Kräutern beifügen. Nochmals 1 Stunde leicht sieden lassen. Durch ein feines Tuch oder Haarsieb passieren und auf 1 Liter einreduzieren. Eventuell nochmals abfetten.

Gemüsefond

Ergibt 1 Liter
1 kg Gemüse (Lauch, Stangensellerie, Karotten, Knollensellerie, Fenchel, Zwiebeln nach Belieben), grob gewürfelt
Olivenöl zum Andünsten
1 Lorbeerblatt
1 Gewürznelke
6 weisse Pfefferkörner
1 Knoblauchzehe, ungeschält
1 Zweig Thymian
1 Zweig Rosmarin
1 Zweig glatte Petersilie
1 Zweig Basilikum
2 Tomaten, geviertelt

Olivenöl erhitzen, das Gemüse darin andünsten. Mit kaltem Wasser bedecken. Lorbeerblatt, Gewürznelke, Pfefferkörner und Knoblauch in einem Stück Stoff zu einem Säcklein binden, zusammen mit den Kräutern und den Tomaten ebenfalls beifügen und alles eine halbe Stunde köcheln lassen. Durch ein feines Haarsieb oder Tuch passieren. Den Fond auf 1 Liter einreduzieren.

Rindsbouillon

Ergibt 1 Liter
1 kg Rindsknochen, zerkleinert
1 grosse Zwiebel, halbiert, in einer trockenen Bratpfanne die Schnittseite anrösten
100 g Karotte, geschält
100 g Knollensellerie, geschält
100 g Lauch
1 Lorbeerblatt
1 Gewürznelke
6 weisse Pfefferkörner
1 Knoblauchzehe, ungeschält
je 1 kleiner Zweig Thymian, Rosmarin und glatte Petersilie

Die Knochen in viel kaltem Wasser aufsetzen, aufkochen und abschütten. Zuerst heiss, dann kalt abspülen. Die blanchierten Knochen mit so viel kaltem Wasser aufsetzen, dass sie bedeckt sind, aufkochen und zurückschalten, so dass es nur ganz leicht Blasen wirft. 2 Stunden sieden lassen, immer wieder abfetten und abschäumen. Das Gemüse beigeben. Lorbeerblatt, Gewürznelke, Pfefferkörner und Knoblauch in einem Stück Stoff zu einem Säcklein binden und zusammen mit den Kräutern beifügen. 50 Minuten weiter sieden lassen. Durch ein Tuch abschöpfen und auf 1 Liter einreduzieren.

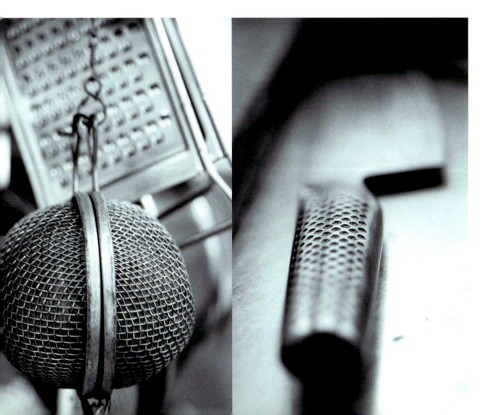

Adressverzeichnis

Gasthof Rössli:
Monika und Stefan Wiesner
Hauptstrasse 111
6182 Escholzmatt
Tel. 041 486 12 41
Fax 041 486 12 11
www.gasthofroessli.ch

UNESCO Biosphäre Entlebuch:
Biosphärenmanagement
Chlosterbüel 28
6170 Schüpfheim
Tel. 041 485 88 50
Fax 041 485 88 01
www.biosphaere.ch

Alpkäse:
Regula und Toni Vogel
Alp Küblisbühlegg
6174 Sörenberg
Tel. 041 488 11 14

Alter Emmentaler:
Dorfkäserei Studer
Fredy und Hedy Studer
Hauptstr. 17
6170 Schüpfheim
Tel. 041 484 21 41
Fax 041 484 21 37

Ätherische Öle 100% naturrein:
Primavera Life GmbH
Am Fichtenholz 5
D-87477 Sulzberg
Tel. +49 8376 8080
Fax +49 8376 80839
www.primaveralife.de/
www.primaveralife.ch

Biogemüse und -eier:
Biohof Anita und Ruedi Lischer
Längmatte
6196 Marbach
Tel. und Fax 034 495 65 36

Bioheu/-emd und Heublumenbad:
Biohof Franz-Josef und Andrea Wicki
Brandhof
6182 Escholzmatt
Tel. und Fax 041 486 10 26

Blattgold und Blattsilber:
Conservus
Grossacherstrasse 39
8634 Hombrechtikon
Tel. 055 244 18 21
Fax 055 244 18 22
www.conservus.ch

Dagmerseller Wein:
Ines und Thomas Bisang
Rumi
6252 Dagmersellen
Tel. 062 756 00 55
Fax 062 756 50 45

Distillerie Studer & Co. AG
Käthi und Ivano Friedli-Studer
Möösli
6182 Escholzmatt
Tel. 041 486 12 04
Fax 041 486 12 56
www.distillery.ch

Erdbeeren und Erdbeerwein:
Duss Franz
Tellenmoos
6182 Escholzmatt
Tel. 041 486 11 08

Erdbeerlikör und Erdbeerprodukte:
Franz Schnider
Birkenhof
6174 Sörenberg
Tel. 041 488 13 77
Fax 041 488 25 31
www.birkenhof.ch

Fleisch echt entlebuch:
Regiometzgerei Huwiler
Wissebach
6170 Schüpfheim
Tel. 041 484 10 10

Holzprodukte echt entlebuch:
Franz Stadelmann
Schreinerei
Hauptstr. 124
6182 Escholzmatt
Tel. 041 486 13 30
Fax 041 486 18 30

Holzschnitzel:
Sägerei Wickiholz / Daniel Wicki
Flühlistrasse 35
6170 Schüpfheim
Tel. 041 484 16 15
Fax 041 484 28 15

Kalbfleisch und Fleischspezialitäten:
Elsbeth und Walter Thalmann
Thorbachstr. 8
6173 Flühli
Tel. und Fax 041 488 13 65
www.entlebucher-kalbfleisch.ch

Kartoffeln:
Beat Röösli
Steiwurf
6170 Schüpfheim
Tel. 041 484 28 83

Kräuter:
Entlebucher Drogerie
Markus Zehnder
Dorf
6162 Entlebuch
Tel. und Fax 041 480 11 88

Leder ecopell:
Jörg & Co. GmbH
Hinterdorfstr. 10
3550 Langnau im Emmental
Tel. 034 402 50 05
Fax 034 402 55 53

Mehl:
Mühle Jakob Wicki
Chratzerestrasse 24
6170 Schüpfheim
Tel. 041 484 11 45
Fax 041 484 31 45

Napfkohle Vertrieb:
Otto's AG Zentralverwaltung
Wassermatte 3
6210 Sursee
Tel. 041 925 05 05
Fax 041 925 05 15
www.ottos.ch

Napfköhlerei:
Willy Renggli
Unter-Bramboden
6167 Bramboden
Tel. 041 484 17 92

Quellwasser-Forellenzucht:
Hans Bieri
Hinter Bodenmatte
6182 Escholzmatt
Tel. 041 486 24 58

Rahm und Milchprodukte:
Käserei Zemp
Dorf 10
6166 Hasle
Tel. 041 480 04 50

Soppenseekrebse:
Fischereiverein Luzern
Guido Muff
Schuelmatt 3
6018 Buttisholz
Tel. 041 928 18 47

Tomaten und Blumen:
Andreas Glanzmann
Alpach
6182 Escholzmatt
Tel. 041 486 18 46

Trüffel vom Rigi:
Marco D`Arcangelo
Mösliweg 6
6353 Weggis
Tel. 041 390 02 67
Fax 041 390 42 67

Verein Puuremärt/Geschenkkörbe:
Pia Wicki
Steinig Dorbach
6192 Wiggen
Tel. 034 493 30 45
Fax Verein: 041 486 11 08 Duss A.

Ziegenkäse und andere Käsespezialiäten:
Käserei Landbrügg
Heinz und Pia Stalder
Landbrügg 2
6170 Schüpfheim
Tel. 041 484 26 64

Schlafen auf dem Bauernhof:

Fam. Häfliger-Gerber
Krümpelhütte
6192 Wiggen
Tel. 034 493 33 43

Fam. Wüthrich-Rohner
Meisenegg
6196 Schärlig
Tel. 034 493 34 46 oder 493 37 85

Fam. Aeschlimann-Glesti
Knubelsegg
6182 Escholzmatt
Tel. 041 486 20 52

Fam. Wicki-Emmenegger
Stotzig-Torbach
6192 Wiggen
034 493 33 93

Fam. Gerber-Bähler
Stalden
6192 Wiggen
041 486 17 67

Fam. Stalder-Bächler
Egligut
6182 Escholzmatt
041 486 24 70

Rezeptverzeichnis

Alpenrosenblätter-Schrattenstein-Suppe	78	Honigsauce	102	Rindsfilet, in der Lederschleife gebraten	156
Alpenrosenblütenöl	78	Hühnerwurst mit Kaffee und w. Schokolade	74/122	Rote Thaicurry-Kokos-Sauce	116
Alpgänselebermousse	152	Joghurtsauce	68	Rosenholz-Sirtensuppe	60
Alpkäse-Chips	78	Johannisbeersauce	80	Rothirschragout mit Campari und Gin	46
Alpschweinfilet, mit Hochmoortorf geräuchert	122	Kakaoblätterteig	142	Rothirschrücken in Wacholderkruste	46
Auberginen-Limetten-Glace	70	Kalbsfiletmedaillon, mit Rottanne geräuchert	68	Rothirschwurst mit Curry und Joghurt	46/75
Avocadocreme	156	Kalbsfond	188	Rottannenholzsuppe	164
Bachkressegelee	80	Kalbssauce dunkel / hell	68/86	Rucolasalat	42
Bärlauchnudeln	66	Kalbsjus	188	Rüebli-Crème-Brulée	48
Bärlauchstroh	66	Kalbskopf	116	Rüeblitorte	48
Barolo-Zwiebelsauce	118	Kaninchenleber, in Olivenöl gesotten	168	Sauerkraut-Limetten-Glace	124
Blaue Kartoffelchips	150	Kaninchen-Strudelteigtäschchen	84	Sauerrahmküchlein	62
Blumenkohlcouscous	46	Kaninchenwurst in Barolo pochiert	168	Saure Most-Baumnuss-Sauce	170
Blutwurst mit Schokolade und Oliven	75/98	Kaninchenwurst mit Knoblauch und Chili	74/168	Sbrinzsauce	172
Borlottibohnenküchlein	136	Karamellisierte Quitte	152	Schneesuppe, geräuchert	148
Brezelknödel	64	Karpfen in Essig-Weisskohl-Beize	150	Schokoladenpudding	124
Buttersauce, hell und dunkel	166	Karpfenmortadella	75/150	Schwarze Olivenmeringues	40
Camparizucker	46	Kartoffel-Brennnessel-Mousse	68	Schwarze Tauben-Tintenfisch-Tortellini	102
Cassis-Kürbiskernöl-Sauce	174	Kartoffelkugeln mit Steinpilzfüllung	120	Schwarzwurzelkonfetti	168
Champagneressig, selbstgemacht	186	Kastanienteigblätter, gebacken	172	Senfsauce	68
Champagner-Hollandaise	64	Kefenpralinen	88	Siedfleisch	187
Cherrytomaten mit Wachtelschenkelconfit	118	Kirschensuppe	96	Sonnenblumen-Rehhackplätzchen	104
Chorizo-Rehwurst mit Crevetten	74/136	Klares Rehragout	132	Soppensee-Krebse	116
Crêpes	138	Kohlesenf	150	Sorbet von schwarzem Pfeffer	88
Damhirschtatar	62	Kohlrabischeiben	172	Spanisches Brot	70
Daube de Boeuf	170	Kumquatskompott	174	Specksauce	66
Dörrbohnenpüree	150	Kutteln	116	Specktranche getrocknet	150
Dunkle Stroh-Talisker-Geflügelsauce	122	Lachs, mit Rottannenholz gebeizt	68	Spinatpüree	40
Dunkler Rehjus	86	Lammbolognaise	172	Steinbockpfeffer	138
Eichenholz-Gemüse-Tintenfischbrühe	132	Lammhaxe in Marsala geschmort	42	Steinbockpfefferköpfchen	138
Eigelb, mit Sardellenpüree gefüllt	66	Lammjus	188	Stein-Moos-Suppe	114
Eingesäuerte Karotten	166	Lammkarree, in der Weidenrinde im Bachsand	172	Steinpilzbiskuit	134
Eingesäuertes Gemüse	186	Lauchstroh	141	Stockfischpüree	140
Eisweinparfait	158	Lebkuchen, gebraten	152	Strudelteig	84
Entenbrust, gebraten	82	Limettenrösti	104	Stubenküken im Cohiba-Zigarrenrauch	100
Entenfiletmousse im Haselnussblatt	82	Limettenscheiben, getrocknet	104	Süsse Gemüseessenzen	70
Erdbeer-Erbsen-Kompott	88	Linsen, grüne und rote	86	Süsses Rehleberparfait	142
Fenchelstreifen	46	Löwenzahnblätteröl	62	Süssholz-Sauternes-Birne	142
Fischfond	189	Löwenzahnblütenöl	62	Tannensprösslingshonig	186
Fischrisotto-Sauce	44	Mangoldwickel	170	Tarte Tatin mit roten Zwiebeln	118
Forelle blau	166	Miesmuscheln	140	Thunfischcarpaccio mit Tomatenmarinade	40
Forellenfilet, gedämpft	98	Moscardini	102	Thunfischsauce	102
Forellenlebertruffe, aschiert	80	Muskatkürbispüree	156	Tintenfischgelee	132
Forellennocken	114	Ochsenschwanz, im Barolo geschmort	156	Tomatenkonfitüre	98
Forellenparfait	80	Ochsenschwanzköpfchen	156	Traubensaftjus	158
Forellentatar, geräuchert	80	Olivenölcreme	98	Trester und Rebenholzasche	158
Frischkäse, selbstgemacht	60	Olivenöl-Ingwer-Sorbet	40	Trüffel-Eischnee	148
Frittierte Holunderblüten	48	Orangen-Kardamom-Sauce	104	Vanillemilch-Gerstotto	122
Gamsrücken, gefüllt	140	Orangenravioli, gefüllt mit Entenkeule und -leber	82	Vogelbeerensauce	142
Gamstrockenwurst	75	Panierte Kokosnussmilch	136	Vongole	164
Gebeizter Wildpfeffer	187	Peperonicoulis, rotes und gelbes	84	Wacholderkrokant	124
Geflügelfond	188	Peperoniwürfel	156	Wachtelbrüstchen, im Birkenblatt gebraten	118
Geflügeljus	188	Pilze, getrocknet	186	Wachtelschenkelconfit mit Birkenholz	187
Gemüsefond	189	Pilzpulver	186	Waldpilze	134
Gewürzpaste	168	Pilz-Trüffel-Tiramisù	134	Weisse Kaffeesauce	154
Gitziwürstchen mit Morcheln	64/74	Polenta	100	Weisse Salamisuppe	38
Glace de Viande	188	Popcorn	100	Weisser Tomatensabayon	118
Goldhirse-Apfel mit gerösteten Pinienkernen	141	Portwein-Honig-Sauce	134	Wildjus	189
Goldrisotto nach Marchesi- und Wiesner-Art	20	Portweinjus	66	Wildspargel	64
Griessschnitten	168	Radicchioklösse mit Salamifüllung	154	Würfelravioli mit Rindsmark und Wasabikern	44
Hagebuttensalsa	136	Randenküchlein	174	Ying und Yang von Sommerrehbock u. Kalbsfilet	86
Haselnuss-Balsamico-Sauce	82	Rehsauce dunkel	86	Ziegenkäsebällchen, in Kornblüten paniert	122
Haselnussschaum	83	Rehnüsschen, mit Schwarztee geräuchert	104	Ziegenricotta, hausgemacht	122
Heidelbeerkompott mit Heidelbeerblättern	106	Reh-Tintenfisch-Kürbis-Päckchen	132	Zigerpudding mit Marc	158
Heidelbeersorbet	106	Rhabarber, getrocknet	42	Zimt-Scampi-Spiess	38
Heu-Schokoladenmousse	174	Rhabarberaschenöl	42	Zwiebelbrot	98
Heusuppe	25	Rhabarberküchlein	42	Zwiebelkonfitüre	168
Hirschsauce	46	Rieslingschaum	158	Zwiebeln und Knoblauch in der Schale	98
Holunderblüten-Quarkköpfchen	48	Rindsbouillon	189	Zwiebelpüree	40

Meinen herzlichsten Dank…

meiner Frau Monika –
du bist das Herz im Haus, stehst am Morgen mit den Kindern auf, schreibst die Menüs, servierst, machst das Büro, verpflegst die Kinder, fährst sie zum Karate, wäschst, glättest, bist Hausfrau und meine Geliebte. Wenn ich an dich denke, bin ich verliebt in dich und meine Knie werden weich wie Butter. Apropos Butter: Für das Kochbuch hast du meine Sprüche verfeinert und warst mir eine grosse Hilfe. Danke für dein Verständnis, wenn ich zu jeder Unzeit zu schreiben anfing und gedanklich nicht bei dir war. Danke, dass ich an deiner Seite durchs Leben darf.

meinen Kindern Amy und Jo –
ihr musstet euren Papi oft entbehren. Manchmal wart ihr Nervensägen und dann wieder zur richtigen Zeit Engel. Ihr inspiriert mich und ich geniesse jede Sekunde mit euch. Mein Vorsatz ist, mit euch mehr Zeit zu verbringen. Hab euch lieb.

Grosi –
du hast so oft zu den Kindern geschaut und warst zur richtigen Zeit am richtigen Ort.

Sonja Brun, meiner Küchenchefin –
seit du bei uns bist, gibt es viel Heiterkeit, Glück und Segen im «Rössli». Danke für deinen Einsatz, für deine Unerschrockenheit und deinen Mut, mit jemandem wie mir zu arbeiten. Auch hast du die Jungs ganz schön im Griff. Hoffe, dass dein zukünftiger Chef dich zu schätzen weiss. Ohne dich gäbs dieses Buch nicht. Bleib, wie du bist, wünsche dir nur das Beste im Leben.

Beat Müller, meinem Drittjahrlehrling –
du warst mein Schreiberling. (Gewissermassen hatte der Aushilfslehrer in der 2. Primarklasse Recht, als er meinen Eltern schrieb, ich wäre dumm wie Bohnenstroh. Ja, ich, der Chef, verstehe den Computer nicht, dafür weiss ich mit Stroh und Bohnen umzugehen …) Auch warst du der «McGywer» im «Rössli», der alles Unmögliche möglich machte. Ich darf mich glücklich schätzen, dich mit deiner Ausdauer, Exaktheit und Zuvorkommenheit bei uns gehabt zu haben, und jeder ist ein Glückskäfer, der an deiner Seite arbeiten darf. Jetzt dann arbeitest du bei Philippe Chevrier in Satigny auf 19 Gault-Millaut-Punkten und 2 Michelin-Sternen, und ich bin der stolzeste Lehrmeister auf der Welt. Viel Glück für deine Zukunft! Ich habe deine Anwesenheit genossen.

Lukas Zihlmann, meinem Zweitjahrlehrling –
du weckst mich immer wieder aufs Neue. Deine Arbeit war im Hintergrund – so unauffällig, wie du bist, so auffällig schätze ich dich.

Christian Häfliger, meinem Erstjahrlehrling –
du bist mein Benjamin. Dein Lachen und deine Heiterkeit sind wunderschön. Bleib so, wie du bist, und danke für die Arbeit, die niemand sieht. Auf weitere Jahre der guten Zusammenarbeit.

Gisela Räber, meiner Mitautorin, und Markus Kuhn, dem Grafiker –
ganz speziellen Dank an euch beide, ohne euch gäbe es gar kein Buch, und ich wüsste gar nicht, was für ein Koch und Mensch ich wäre. Erst jetzt sehe ich mich ganz und alles rundherum. Ihr seid meine grössten Geniesser. Ihr habt viel Mut und Überzeugung gehabt, mit einem vagen Konzept zum AT Verlag zu gehen, und wart schon ein bisschen verrückt, mir das Vertrauen zu schenken.
Gisela, durch dein herzliches Wesen brachtest du uns immer Sonnenschein ins Haus. Auch wie du es verstanden hast, die Leute zu interviewen, die Geduld mit uns, dein Lachen und überhaupt.
Markus, deine grafische Arbeit verdient meinen Respekt und Hochachtung.

Gerdi Poschung, dem Porträt- und Landschaftsfotografen –
du gabst uns und dem Entlebuch das Herz zum Anschauen. Ich fühle und spüre, was du sagen willst. Mit deinem freundlichen Wesen muss man einfach fröhlich sein, sei es im Schneesturm, auf der Alp oder im Käsekeller…

Andreas Thumm, dem Food- und Küchenfotografen –
deinem Credo «glüschtig muss es sein» sind wir gefolgt und haben die Teller auf unserer Augenhöhe angerichtet. Die Food-fotistische Zusammenarbeit wird uns unvergesslich bleiben. Wünsche dir beste Gesundheit und viel Glück in der Familie.

Britta Schilling, der Fotoassistentin –
du warst die Tellermeisterin und gabst uns das Gefühl, in den richtigen Händen zu sein. Ich wünsche dir die beste Gesundheit und viel Lebensfreude.

Rebekka Thumm, der zweiten Fotoassistentin –
herzlichen Dank für dein Einspringen, du warst uns und deinem Papa eine grosse Hilfe. Ich wünsche dir, dass du mal eine grosse Fotografin wirst.

Markus Zehnder, dem Drogisten –
du bist die gute Seele im Entlebuch und überhaupt auf der ganzen Welt. Durch deine Zuvorkommenheit, Fachkompetenz und deinen Wissensdurst hast du mich und das Buch bereichert, ihm einfach die Seele gegeben.

Herrn Hunziker vom AT Verlag –
Sie waren sehr cool, grosszügig und tolerant unserem Vorhaben gegenüber und schenkten uns Ihr vollstes Vertrauen.

Frau Schmidhofer vom AT Verlag –
für Ihre präzise, aufmerksame Begleitung.

Übrigens – an dieser Stelle noch ein besonderes Anliegen: Ich kann Namen überhaupt nicht erinnern, eine Folge meiner Legasthenie. Auch langjährige Gäste und sogar Freunde kann ich beim besten Willen nicht mit dem Namen begrüssen. Weiss ich ihn vorher, ist er im Moment weg, und sagen sie ihn mir, ist er zwei Sekunden später auch wieder weg. Das ist mir immer sehr peinlich. Nicht dass jemand denkt, der Wiesner habe es nicht mehr nötig…

Bildnachweis
S. 11: Charles Seiler, Zürich
S. 109 oben: Roland Zemp, Luzern
S. 13 li,14, 52, 112: Gisela Räber, Zürich
S. 3, 12 2. Bild, 78 re, 122 re: Markus Kuhn, Zürich
alle übrigen Bilder von Andreas Thumm und Gerhard Poschung

Literatur
«Alchemie der Küche» von Dr. med. Peter Schleicher und Eckart Witzigmann, Mosaik Verlag, München 2001.

«Gratwegs ins Entlebuch» von François Meienberg, Rotpunktverlag (Naturpunkt), Zürich 2002.

«Notlandung im Entlebuch» von Dominik Brun, Benziger Verlag, Köln 1982.

© 2003
AT Verlag, Aarau und München
Rezepte: Stefan Wiesner, Escholzmatt
Texte: Gisela Räber, Zürich
Fotos: Andreas Thumm, Freiburg i. Br. (Food, Küche) und Gerhard Poschung, Hemberg (Reportagen, Porträts)
Konzept, Gestaltung, Satz und Lithos:
Kuhn Grafik Communication Design, Zürich
Druck und Bindearbeiten: Appl, Wemding
Printed in Germany

ISBN 3-85502-939-3

www.at-verlag.ch